Allschwil
Neuallschwil
Waldheim
Mülibach
Neuwiller
Bim Chrüz
Binningen
Paradieshof
Weiherhof
Ziegelhof
Spittelhof
Bielhübel
Biel-
Bernhardsberg
Therwil
Oberwil
Bottmingen
Birsig
Schloss
St. Margarethen
Batterie
Klosterfiechten
Neumünchenstein
St. Jakob
Brüglingen
Neuewelt
Predigerhof
Bruederholzhof
Hinterberg
Vorderberg
Marchbach

Kartenausschnitt:
Schulkarte Basel-Landschaft/Schulkarte Basel-Stadt
1:50 000
Reproduziert mit Bewilligung des Bundesamtes für Landestopographie (BA013354).

Die Erarbeitung und Herausgabe dieses Buches wurde mit
namhaft Beiträgen unterstützt von:

Solothurner Bank SoBa

LOTTERIEFONDS
BASEL-LANDSCHAFT

Bider&Tanner
Ihre Reisebuchhandlung, Your English Bookshop

Pestalozzistiftung

EBM
Elektra Birseck

ISBN 3-9522231-1-5

Herausgeber: Verkehrsverein Leimental,
CH-4107 Ettingen
Gestaltung: Kurt G. I. Walter
Satz: mk Pica Service GmbH
Lithos und Druck: Reinhardt Druck AG, Basel

Vo hinge füre

Eine Gebrauchsanweisung für das Leimental

J.R. Thüring-Favre, Ettingen
Das Leimental: unser Tal – Ihr Tal 3

Eduard Spielmann, Rodersdorf
Des Leimentals Geschichte 7

Eduard Spielmann, Rodersdorf
Wolschwiller 47
Burg 51
Biederthal 55
Rodersdorf 59
Liebenswiller 63
Leimen 67
Landskron 73
Flüh-Hofstetten 81
Mariastein 85
Metzerlen 91
Biel-Benken 95
Bättwil 99
Witterswil 103
Ettingen 107
Therwil 111
Oberwil 115
Bottmingen 119
Binningen 123
Basel 127

Walter Gerber, Ettingen
Von der Birsigthalbahn zur Baselland Transport AG 131
Damals 137
Heute 147

Hansruedi Thüring-Favre, Ettingen
Brauchtum im Leimental 151

Jacques Wirz, Therwil
Kulturschaffende im Leimental 171

Otto Buser, Therwil
Grund und Boden 177
Gewässer 181

Michael Zemp, Basel
Ein Streifzug durch die Pflanzenwelt 187

Peter Brodmann-Kron, Ettingen
Von der Leimentaler Tierwelt 201

Der VerkehrsVerein Leimental 219

Sponsoren- und Dankesliste 223

Literatur 224

Das Leimental: unser Tal – Ihr Tal

Das liebliche Leimental am Fusse des Jura hat in den letzten hundert Jahren eine starke Wandlung erfahren. Was sich um 1900 noch als Tal der Bauern respektive Versorgungsgegend für Basel präsentierte, hat sich via Arbeitsreservoir der Grossindustrie zur Wohnlandschaft und zum Naherholungsgebiet der Stadt Basel gewandelt.

Der Aufschwung verlief parallel zur Entwicklung der Stadt Basel, deren Industrie und zum Ausbau der Birsigtalbahn respektive des BLT-Angebotes. Arbeiteten vor hundert Jahren die meisten Leimentaler noch in der Landwirtschaft oder als Handwerker im eigenen Dorf, so wurde nach und nach Basel der Arbeitsort der meisten Talbewohner. Heute zeichnen sich noch längere Arbeitswege ab. Die allgemeine Mobilität hat sich vervielfacht.

Anfang des Jahrhunderts prägten die Bräuche und das alte überlieferte Gedankengut noch das Dorfleben. Je mehr die Industrialisierung fortschritt, umso mehr ging davon verloren. Die vielen neu im Leimental auftretenden Dialekte, respektive Sprachen sowie Fernsehen und Radio lassen die in jedem Dorf gesprochenen Nuancen des Dialektes verschwinden. So kann man nicht mehr auf Anhieb feststellen, ob das Gegenüber aus Oberwil, Therwil oder Metzerlen kommt. Zum Glück schlossen sich Interessierte zusammen und sorgten dafür, dass möglichst viel Kulturgut erhalten bleibt.

Der 1901, im Zusammenhang mit dem Ausbau der Birsigtalbahn, gegründete Verkehrsverein des Birsig- und Leimentals setzte sich von Beginn weg zum Ziel, sich für das Kulturgut einzusetzen. Anfänglich standen sicher die Werbung für das Tal und die bestehenden Kurbäder (Sie haben richtig gelesen: solche gab es in Ettingen, Flüh und Burg!), das Wandergebiet und die Birsigtalbahn im Vordergrund. Sicher war auch die Förderung des Tourismus respektive die Steigerung der Attraktivität des Tales für erholungshungrige Basler eine wichtige Aufgabe. Bald aber ging es um das Vertrautmachen der neu angesiedelten Einwohner mit den vorhanden Bräuchen und Kulturdenkmälern. Auch für die Erhaltung von alten Denkmälern, zum Beispiel der Burgruine Landskron oder des Wegs durch die Chällengrabenschlucht, setzte sich der Verein ein.

Heute sind nach hundert Jahren die Vorzeichen für den nun als Verkehrsverein Leimental auftretenden Verein anders. Der grosse Tourismusstrom ist ausgeblieben; das Leimental wird vielmehr als Naherholungsgebiet für die Stadt Basel genutzt. Der Verein organisiert mit viel Einsatz Besichtigungen von Museen, Dörfern, Ruinen, Ausstellungen und Firmen des Leimentals. Interessante Exkursionen und Vorträge im Zusammenhang mit dem Tal und seiner Umgebung runden das Angebot ab. So manche gut erhaltene Dorfpartie oder interessante Anekdote eines gestandenen Leimentalers erfreuen unsere Mitglieder.

Ein Jubiläum muss gebührend gefeiert werden. Mit hundert Jahren gehört man als Mensch schon zu den älteren Semestern und darf sich auf den Lorbeeren ausruhen. Bei einem Verein sieht das anders aus. Er muss sich immer weiter entwickeln und seinen Mitgliedern attraktive Angebote unterbreiten. Nur dank einem aktiven Vorstand und fleissigen Mitgliedern wird ein Verein weiter bestehen.

Anlässlich von Jubiläen werden Rückblicke und Vereinsgeschichten geschrieben. Der Verkehrsverein will da keine Ausnahme bilden und hat sich entschlossen, den Leimentalern ein Buch zu schenken. Das Tal soll in seiner ganzen Vielfalt vorgestellt werden. Zudem wird ein geschichtlicher Überblick geboten, welcher nicht nur auf die einzelnen Kantone respektive Länder bezogen ist. So werden Sie in der Lage sein, die Entstehung der vielen Grenzen in unserem Leimental besser zu verstehen. Unser Grenzland erbringt die Bestätigung, dass trotz der Grenzen und der verschiedenen Mentalitäten ein friedliches Zusammenleben von Menschen möglich ist.

Birsig- oder Leimental? Der geneigte Leser wird sich fragen, warum zwei verschiedene Namen für unser Tal existieren. Es ist in zwei Teile aufgeteilt: Das Haupttal bildet der Birsig von Burg über Rodersdorf, Leimen, Benken, Biel, Oberwil, Bottmingen und Binningen. Dieses Tal ist das «Birsigtal». Aus dem Hochtal Hofstetten / Mariastein zwängt sich der Binnbach durch die Klus bei Flüh und bildet, dem Blauen vorgelagert und durch die Egg vom Birsig getrennt, neben dem Hochtal zwischen Flüh und Therwil ein eigenes Tal. Der Begriff Leimental bezeichnet beide Täler, begrenzt im Osten durch das Bruderholz, im Süden durch den Blauen, im Westen durch die Anhöhe bei Wolschwiller und im Norden durch den Hügelzug von Wolschwiller bis Allschwil.

Einige Diskussionen hat der Vorschlag unseres Grafikers, Kurt G. Walter, für den Buchtitel ausgelöst. Gibts

einen gemeinsamen Dialekt? Was ist richtig: «vo hinde füre»? «vo hinge füre»? «vo hinde fire»? Sicher ist, dass in Biel-Benken, Bottmingen und Binningen eine andere Aussprache als im solothurnischen Teil des Leimentales und im ehemaligen Birsecker Teil sowie im elsässischen Gebiet vorhanden ist. Nach Rücksprache mit dem Spezialisten, Herrn Professor Dr. R. Schläpfer, steht fest, dass «vo hinge» die ältere und «vo hinde» die neuere Form darstellt. Die Redaktionskommission hat sich für «vo hinge füre» entschieden. Eine Bestätigung gibt ein Spottvers der jüngeren Generation auf die Mundart und Redeweise der «rückständigen» Alten aus den Sechzigerjahren. Diese hatten den ursprünglichen «ng»-Laut in «hinde, Hündli» bewahrt.
«Z' hingerscht hinge im Gängli hinge het's Hüngli's Chingli ins Hängli bisse.»

Zum Schluss gilt es, den vielen Helfern zu danken. Die Autoren haben sich mit viel Elan an ihre Arbeit gemacht. Die Fotografen, die Gewährspersonen, Bildersammler und Fachpersonen leisten einen unscheinbaren, aber wichtigen Anteil an diesem Buch. Damit die Vereinskasse nicht aus dem Lot gerät, haben sich Sponsoren zur Verfügung gestellt und einen finanziellen Beitrag geleistet. Beachten Sie bitte unsere Sponsoren- und Dankesliste.

Als Ergänzung zu diesem Buch geben wir alle zwei Jahre die Broschüre «Von Binningen bis Burg» heraus. Darin erfahren Sie alle Informationen zu den Museen, Sehenswürdigkeiten und Restaurants. Zudem sind alle wichtigen Angaben zu den Gemeinden aufgeführt.

Rückblickend dürfen wir mit viel Energie und Zuversicht in die Zukunft schauen. Der Schritt ins zweite Jahrhundert des Verkehrsvereins wird sicher gut gelingen. Das Zeitalter des www.leimental.ch haben wir bereits mit einer eigenen Homepage eingeläutet. Der Mitgliederbestand nähert sich den Zahlen aus den Anfängen. Interessierte und einsatzfreudige Mitarbeiter für den Vorstand werden sich auch finden. Lesen Sie das Buch mit Vergnügen und benützen Sie es beim Durchstreifen unseres Tales als Orientierungshilfe.

Im Mai 2001 J.R. Thüring-Favre

Des Leimentals Geschichte

Eine Geschichte des Leimentals? Gibt es das überhaupt? Das Leimental französisch? Das Leimental solothurnisch? Das Leimental basellandschaftlich? Das Leimental baselstädtisch? Oder gar österreichisch oder baslerisch-fürstbischöflich? Wo ist da der gemeinsame Nenner?

Der gemeinsame Nenner ist das Tal, seine Beschaffenheit, seine Leute; seine Verkehrslage, seine Lage im Spannungsfeld der Mächte. Diese Gegebenheiten haben sich zu verschiedenen Zeiten unterschiedlich ausgewirkt. Das Tal lag selten im Windschatten der Zeitströmungen, es wurde vielmehr öfter von ihren Strudeln erfasst. Die vielfältigen Grenzverläufe der Gegenwart widerspiegeln auf eindrückliche Weise das Machtgerangel von Jahrtausenden. Die politische Zerrissenheit des Tales ist auch ein Zeichen dafür, dass die äusseren Einflüsse stärker waren als das Verbindende, welches das offene, wenig ausgeprägte Talrelief der Bevölkerung zu vermitteln vermochte. Beschaffenheit und Situation liessen keine andere Entwicklung zu. *Wenn etwas typisch ist für das Leimental, so sind es die Grenzen!*

Wo anfangen?

Der Mensch macht Geschichte. Aber mit seinem Auftreten im Tal anzufangen, hiesse die Rolle der Grundlagen verkennen. Das Leimental hat seinen Namen von der Bodenbeschaffenheit. Und diese hat ihre Ursache in den Eiszeiten. Das Leimental war nie von Eis bedeckt und trotzdem ist der Lehm eine Folge der Vergletscherung. Die Eiszeiten waren trocken, kalt und windig. Die Winde trieben den von den Eismassen gemahlenen Gesteinsstaub vor sich her und lagerten ihn im Windschatten der letzten Juraketten ab, wo er in Dünen verfrachtet wurde. Als das Klima sich zum Besseren wendete, festigten sich diese Staubmassen, Pflanzen wuchsen und aus den Dünen entstanden die landschaftsprägenden, welligen Hügel des Leimentales.

Am Puls des Geschehens
Im Gefolge des milderen Klimas erschien der Mensch, vorerst als seltener Gast auf seinen saisonalen Jagdzügen, dann immer häufiger.

Nun wird sich bereits ein Kriterium ausgewirkt haben: die Verkehrslage. Durch das Leimental führt die kürzeste Verbindung vom Rhein-Donau-Gebiet zur burgundischen Pforte. Und dort steht der Weg offen ins Rhonetal, ins Seinebecken, ins Loiretal und damit auch zum Atlantik und zum Mittelmeer.

Diesen Weg werden die ersten Sammler/Jägergesellschaften genommen haben, welche unsere Gegend entweder vom Donau-Rhein-Gebiet oder vom Mittelmeer her durch das Rhonetal erreichten.

Aber schon keimten im Gebiete des fruchtbaren Halbmondes die ersten primitiven Getreidesorten auf bestellten Äckerchen. Dort wurden auch die ersten Haustiere domestiziert. Langsam breiteten sich diese Neuerungen über den Kontinent aus. In ihrem Gefolge änderten sich zwangsläufig auch Gesellschaft und Religionen.

Immer neue Völkerschaften, neue Ideen und neue Techniken folgten im Laufe der Jahrtausende. Der Archäologe versucht mit Begriffen wie Mesolithikum, Neolithikum (Mittel-, Neusteinzeit) und Bronzezeit Ordnung in diese Abläufe zu bringen. Er kann Kulturen nach der Form ihrer Keramik unterscheiden, zum Beispiel die Glockenbecherleute, die Schnur- oder die Bandkeramiker.

Die damals Betroffenen hätten mit diesen Begriffen nicht viel anzufangen gewusst. Dem Jäger-Sammler müssen Neuankömmlinge, welche sich in seinem Revier breit machten, Tiere zähmten, sich an Böden und Pflanzengesellschaften vergriffen und über längere Zeit am selben Fleck blieben, als Eindringlinge in eine heile Welt vorgekommen sein. Ihr Tun muss ihm erschienen sein als Sakrileg an der Natur, mit welcher er eins und mit allen Fasern verhaftet war; der Zweck solchen Tuns war ihm unbegreiflich.

Aber neue Techniken schafften Vorteile. Der Ackerbau, so primitiv er auch anfänglich noch gehandhabt wurde, war der Sammelwirtschaft überlegen. Bronzewerkzeuge waren besser als Steinwerkzeuge – und Bronzewaffen erst recht! Der Unterlegene konnte sich im besten Falle die neuen Techniken aneignen, im schlechteren Falle wurde er abgedrängt und im schlechtesten vernichtet.

Wie liefen diese Entwicklungen im Leimental ab? Wann und woher kamen die Impulse? Um diese Fragen zu beantworten, sind die bisherigen Funde zu spärlich. Es liegt hingegen auf der Hand, dass neue Techniken auch neue örtliche Vorteile schaffen konnten. Durch die in der Jungsteinzeit aufkommende Töpferei zum Beispiel wurde der bei uns im Überfluss vorhandene Lehm auf einmal zum Rohstoff.

Vom Stein zur Bronze
Mit zunehmender Handelstätigkeit gewann auch die günstige Verkehrslage an Bedeutung. Einen Hinweis liefert ein kürzlich unweit der Landesgrenze gefundenes Depot aus der mittleren Bronzezeit. 72 Kilogramm Bronze in Form von Barren, Gerätschaften und Schmuck sind dort vor rund dreitausend Jahren in der Nähe einer Quelle vergraben worden. Ob es sich um den Hort eines Händlers oder eines Giessers handelt oder um ein Opfer? Diese Fragen versuchen nun die Fachleute zu ergründen.

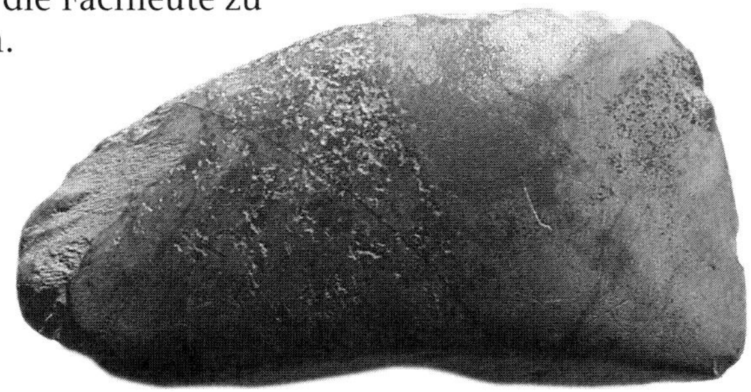

Eisen, ein einheimischer Rohstoff
Um 800 vor Christus bahnte sich eine umwälzende Neuerung an: das Eisen. Die Rohmaterialien für die Bronze, Kupfer und Zinn, hatten von weit hergeschafft werden müssen – das Zinn sogar von den Britischen Inseln. Das Eisenerz jedoch lag im Leimental buchstäblich vor der Haustüre. Überall in und um den Jura gab es Bohnerz, auch Rasenerz genannt wegen seiner knapp unter der Oberfläche liegenden Vorkommen. Es war verhältnismässig leicht zu gewinnen und leicht zu verarbeiten, was diesen Gebieten Aufschwung gab. Im Leimental gesellte sich zu diesen Vorteilen noch die günstige Verkehrslage: am Rande der Erz führenden Formationen war man näher bei den Absatzmärkten.

Die Auswirkungen zeigten sich nicht von einem Tag auf den andern; die neuen Techniken wollten gelernt sein und an das neue Material musste man sich, bei all seinen Vorteilen, erst gewöhnen.

Jetzt kommt erstmals ein Name ins Spiel, welcher uns etwas sagt; ein Volk, zu dem wir eine direkte Bindung haben: die Kelten.

Die Kelten

Sie kamen aus dem Osten. Vom Kerngebiet an der oberen Donau breiteten sie sich im Laufe des ersten Jahrtausends vor Christus über weite Teile Europas aus. Antike Schriftsteller haben von ihnen berichtet, Archäologen ihre Hinterlassenschaft ausgegraben; man weiss viel von ihnen, aber noch mehr bleibt im Dunkeln.

Sie haben in unserer Gegend handfeste Spuren hinterlassen, etwa die fünf Hektaren grosse, mit Wall und Graben umgebene Anlage auf dem Hofstetter Köpfli und die Schmelzöfen für die Eisenverhüttung in Hofstetten.

In Bättwil wurde um 1850 ein «heidnisches Idol» aus Sandstein gefunden, als nicht geheueres heidnisches Zeugnis vorsichtig gemustert, dann jedoch zerschlagen und als Baumaterial verwendet. Was von seiner Gestalt überliefert ist, lässt auf ein keltisches Kultbild schliessen.

Zwischen den ersten archäologischen Zeugnissen der Kelten im Leimental und der ersten Kunde aus der geschriebenen Geschichte vergingen Jahrhunderte, deren teilweise turbulenten Verlauf man in grossen Zügen kennt, deren Bedeutung für das Leimental jedoch aus den spärlichen Funden nicht erschlossen werden kann. Eindeutig keltische Brocken in unserer Umgangssprache beweisen, dass die Wurzeln unserer heutigen Bevölkerung zu den Kelten zurückreichen, denn Wörter wie zum Beispiel *Bänne, Gufe* oder *Chris* werden von Fachleuten als keltischen Ursprungs identifiziert.

Im ersten Jahrhundert vor Christus machte sich der keltische Stamm der Rauracher in unserer Gegend breit. Zusammen mit den Helvetiern ennet dem Jura brach er 58 vor Christus zu neuen Ufern auf, wurde aber mit diesen bekanntlich von den Römern bei Bibracte besiegt und wieder heimgeschickt. Dass die Römer die Rauracher und Helvetier bei der Heimkehr begleiteten und von nun an hier den Ton angaben, versteht sich.

Die Römer

Die drei bis vierhundert Jahre, in denen sie bei uns das Sagen hatten, wurden von den Römern in ihrer bekannten Tüchtigkeit und Gründlichkeit weidlich ausgenützt. Ihre Spuren sind im Leimental allgegenwärtig, und das nicht nur im Boden. Sie haben unsere Gegenwart in vielfältiger Weise geprägt und auf vielen Gebieten vorgespurt. Auch hat unsere Sprache mehr Worte aus dem Lateinischen übernommen, als uns gemeinhin bewusst ist.

Das Leimental war Hinterland von Kaiseraugst. Diese für damalige Verhältnisse grosse Stadt wollte mit Landesprodukten versorgt sein. Viele Nahrungsmittel mussten wegen der langsamen Transporte im näheren Umkreis angebaut werden. Aber auch für andere wichtige Produkte, wie Futtermittel für Tiere, Leder, Holz als Bau- oder Brennmaterial, Steine, Ziegel und dergleichen, bestand ein Markt. Dieser war umso mehr auf die Juragegend angewiesen, als der Rhein zeitweise eine Grenze bildete, welche Augusta Raurica vom nördlichen Umland weitgehend abschnitt – eine Situation, die an diejenige des heutigen Basel erinnert.

Hier mag der Grund für die Dichte der römischen Gutshöfe im Leimental liegen. Die fruchtbaren Böden und die grosse Nachfrage verlockten dazu, die Möglichkeiten voll auszuschöpfen. Kaum ein Dorf im Leimental, welches nicht römische Hinterlassenschaften aufzuweisen hat.

Verschiedene Funde lassen auch darauf schliessen, dass die schon von den Kelten betriebene Eisenproduktion von den Römern noch angekurbelt worden ist.

All diese Aktivitäten bedingten ein Heer von Arbeitskräften, denn noch gab es kaum Maschinen, welche dem Menschen die Arbeit abnahmen. Diesbezüglich mussten sich vermutlich vor allem die Abkömmlinge der Rückkehrer des keltischen Exodus nützlich machen.

Ein Teil der modernen Gemeindegrenzen dürfte auf römische Gutsgrenzen zurückgehen, sodass diese möglicherweise die heutige Siedlungsstruktur mitbestimmt haben. Die nächstgelegene grosse römische Überlandstrasse führte, von Besançon – Pruntrut herkommend, über Oltingen – St. Bläsi – Bettlach an den Rhein. An der Stelle, wo heute in Oltingen die ehrwürdige St. Martinskirche steht, zweigte eine Strasse ab, welche über St. Britzgi und den ganzen Höhenzug dem Leimental entlang gegen Allschwil führte. Über die Anbindung des Leimentales an Kaiseraugst und an das Birstal und seine Binnenerschliessung weiss man wenig. In der Regel wurden für die Strassenführung Höhenzüge bevorzugt und die feuchten und bodenlosen Niederungen gemieden.

Darüber, wie das Leimental in die politische Organisation der Römer eingegliedert war, gibt es kaum Hinweise.

Aus der Distanz gesehen, erscheint diese Zeit als eine schöne, blühende Epoche im Schosse der Pax Romana. Die Wirklichkeit dürfte wesentlich prosaischer ausgesehen haben. Im unermesslichen Römerreich wurden die Erfahrungen, welche wir heute mit der Globalisierung machen, gleichsam vorweggenommen. Die häufigen politischen Machtkämpfe und Turbulenzen wurden meist

Gallo-römische Bevölkerungsgruppen – fränkisch-alamannische Siedlungen

Die Gräberfelder beweisen es. Die gallo-römischen Sippen, welche die schweren Zeiten des 5. Jahrhunderts überlebt hatten, arrangierten sich mit den Neuzuzügern und integrierten sich mit der Zeit. Dafür gibt es noch andere Beweise ausser Bodenfunden. Von den Neuankömmlingen wurde die gallo-römische Bevölkerung als Walen oder Walchen bezeichnet, wir würden heute Welsche sagen. Im Wort Walnuss für welsche Nuss hat sich übrigens die Bezeichnung bis heute gehalten, aber auch in Flurnamen. Es gibt es im Leimental eine ganze Reihe von ihnen, welche auf Orte hinweisen, wo Gallo-Römer neben den Neuankömmlingen gewohnt haben müssen. Eine Anhäufung ist im hinteren Leimental auszumachen. Zwischen Leimen und Rodersdorf finden wir den Walrauss – heute würden wir Welschen-Runse sagen. Das oberhalb gelegene Schloss Waldegg heisst in der Mundart Wallig Schloss, darüber liegt, schon im Banne von Metzerlen, der Walenbrunnen und am Blauen oberhalb Hofstetten das Wallental. Fast in jeder Gemeinde finden wir solche Spuren, in Oberwil zum Beispiel der 1774 bezeugte Walchrain.

So wie die römische Präsenz durch Bodenfunde bestätigt wird, so lassen diese Flurnamen auf ein Nebeneinander der beiden Kulturen schliessen.

Ein Münzschatz auf dem Landskronberg

Auf dem Landskronberg wurde 1516 ein römischer Schatz von 80 Münzen gefunden. Deren zehn wurden hinter der Wappenplatte am Eingang der neu entstehenden Festung eingemauert, wo sie 1964 wieder zum Vorschein kamen. Die prägefrischen Stücke müssen nach 293 und vor 305 bei einem Überfall versteckt worden sein.

gewaltsam ausgetragen. Ihre Auswirkungen strahlten ebenso in die entlegensten Provinzen aus wie die der nicht seltenen Revolten. Seuchenzüge konnten die Bevölkerung dezimieren und ganze Landstriche veröden lassen. Und die zunehmend verlotternde Staatsmacht forderte die hinter den Grenzen lauernden Barbaren direkt zu Beutezügen heraus.

Schon in der ersten Hälfte des dritten Jahrhunderts machten sich die Alamannen an der Nordgrenze bemerkbar. 254 setzten sie dem Donau-Main-Limes zu, 260 überrannten sie ihn. Einer ihrer Züge nahm den Weg zur Burgundischen Pforte; das Leimental dürfte nicht ungeschoren davongekommen sein. In den Jahren nach 270 wurde Kaiseraugst zerstört. Erst die Errichtung eines neuen Donau-Iller-Rhein-Limes nach 300 brachte den Grenzlanden eine gewisse Entlastung.

Archäologische Funde lassen darauf schliessen, dass die Kämpfe bei diesen Einfällen mit äusserster Grausamkeit geführt wurden. Am Ende des dritten Jahrhunderts wurde an Stelle der offene Stadt Augusta Raurica das stark befestigte Castrum Rauracense errichtet. Auch wurde unsere Gegend der Provinz Maxima Sequanorum zugeteilt, was die spätere kirchliche Ausrichtung auf dessen Hauptstadt Besançon zur Folge hatte. Aber es gelang nicht mehr, an die Zeiten vor den Einfällen anzuknüpfen. Nur ein Bruchteil der Gutshöfe existierten noch und 352–353 wurde auch das Kastell Kaiseraugst von den Alamannen überrannt und beschädigt.

Die Präsenz der Römer im Leimental dürfte in dieser Zeit auf einen absoluten Tiefstand gesunken sein. Die römischen Gutsbesitzer und die assimilierte keltische Oberschicht waren umgebracht worden oder geflohen, die Zahl der gallo-römischen Bevölkerung dezimiert, die wirtschaftlichen Aktivitäten am Erliegen. Das Bewusstsein, ständig den mörderischen Raubzügen der auf dem anderen Rheinufer siedelnden Alamannen ausgesetzt zu sein, muss sich lähmend auf alle Aktivitäten ausgewirkt haben, und die staatliche Ordnung wird weitgehend dem Recht des Stärkeren gewichen sein, vor allem auf dem Lande. Wie Spuren im Ettinger Büttenenloch zeigen, haben damals Überlebende an dieser prähistorischen Siedlungsstätte Schutz gesucht.

Vermutlich hatte das Christentum schon im dritten Jahrhundert eine gewisse Verbreitung gefunden. Im Kastell Kaiseraugst ist denn auch eine christliche Kirche bezeugt und um 350 ein Bischof. Hingegen ist fraglich, wie weit sich christliche Gemeinden nach dem Zusammenbruch der Ordnung auf dem Lande halten konnten.

Wenn auch vieles über diese schwierigen Zeiten im Ungewissen bleibt, eines weiss man sicher: Die Alamannen haben immer wieder Raubzüge in unserer Gegend unternommen, aber dauernd angesiedelt haben sie sich nicht – noch nicht! Um 470 zogen alamannische Scharen durch die Burgundische Pforte bis zum Doubs und darüber hinaus, ohne dass etwas über eine Herrschaftsbildung bekannt wäre. Aber es waren viele Völker in Bewegung in diesem wilden Jahrhundert. Das von den Römern hinterlassene Machtvakuum hatte einiges zum Brodeln gebracht. Erst als es sich zu Ende neigte, zeichnete sich eine Beruhigung ab, die weitgehend einher ging mit dem Aufstieg des Stammes der Franken.

Die fränkisch-alamannische Landnahme

Die Franken waren es, welche den Alamannen den Meister zeigten und sie 496 besiegten. Um 537 kamen die Nordschweiz und Rhätien unter fränkische Botmässigkeit. Grabbeigaben lassen den Schluss zu, dass sich die Franken vorerst als Herren niederliessen und dass sich die Alamannen erst in ihrem Gefolge angesiedelt haben. Die Zeit der Latifundien war allerdings vorbei. Zwar wurde vielerorts an der Stelle römischer Gutshöfe wieder – oder immer noch? – gewohnt. Mit Ausnahme von Metzerlen, welches auf lateinisch maceria – Gemäuer – zurückzugehen scheint, sind aber alle Ortsnamen des Leimentales germanischen Ursprungs, auch die solcher Siedlungen, die sich eindeutig in römischen Ruinen festgesetzt haben, so dass hinter ein Fortleben zumindest der einheimischen gallo-römischen Bevölkerung ein Fragezeichen gesetzt werden muss.

Auf den grossen Arealen der römischen Güter entstanden meist weitere Siedlungen, die vielfach später wieder aufgegeben wurden. Man kennt zum Beispiel Rugglingen und Gampelen im Banne Metzerlen, Rinolfingen an der Grenze von Hofstetten und Ettingen oder Wisslingen in Leimen sowie Bisisdorf im Banne Rodersdorf, welches kürzlich im Zuge des Gasleitungsbaues auch archäologisch erfasst werden konnte.

Die Franken verhalfen dem Christentum zum Durchbruch. Schliesslich hatte ihr König Chlodwig vor der grossen Alamannenschlacht von 496 dem Christengott seine Bekehrung versprochen, wenn er ihm zum Siege verhelfe. Auf diese Missionierung gehen die dem Frankenheiligen Martin geweihten Urpfarreien zurück. Ein Beispiel ist St. Martin zu Wisschilch im Banne Leimen, hart an der Grenze von Biel-Benken. Ursprünglich muss diese Pfarrei Leimen, Biel, Benken, Hofstetten, Witterswil und Bättwil umfasst haben, vielleicht auch Therwil und Ettingen. Die Kirche von Metzerlen, welche den Franken Remigius und St. Martin geweiht ist, dürfte ebenfalls eine fränkische Gründung sein. Daneben bestehen aber noch andere weit zurück reichende Pfarreien, deren Patrone auf die spätrömischen Christen zurückgehen könnten. Hier sind St. Peter und Paul von Oberwil zu nennen, zu welchem auch Neuwiller gehörte, oder St. Laurentius von Rodersdorf mit den Gemeinden Burg, Biederthal und Liebenswiller. Im nahen Elsass nimmt man an, dass die späteren Urpfarreien mit ihren Kirchspielen auf die grossen römischen Güter zurückgehen, wie zum Beispiel das in römischen Ruinen stehende St. Martin bei Oltingen mit seinen vier zugehörigen frühmittelalterlichen Siedlungen Oltingen, Kolbsingen, Hüttingen und Horwa, von denen nur Oltingen als Siedlung überlebt hat. Ob bei der Leimentaler Urpfarrei St. Martin von Wisschilch zwischen Leimen und Biel-Benken ähnliche Verhältnisse vorliegen?

Wie die Gräberfelder zeigen, kam es mit der Zeit zu einer Verschmelzung der keltisch-römischen Restbevölkerung mit den Franken und Alamannen; eine neue Kultur entstand. Flurnamen weisen allerdings darauf hin, dass es noch Generationen dauerte, bis das Romanische, wie die Sprache der späten gallo-römischen Bevölkerung genannt wird, in unserer Gegend erlosch. Erst im Laufe der Jahrhunderte bildeten sich aus dem sprachlichen Flickenteppich geschlossene Sprachgebiete.

Über das Königreich Burgund zum Heiligen Römischen Reich

Den Franken gelang es erstaunlicherweise, trotz immerwährender Kämpfe an allen Fronten und ränkereichen blutigen Familienzwisten einen grossen Teil Europas unter ihre Botmässigkeit zu bringen. Sie stellten im hohen Mittelalter von Süditalien bis in den Norden die herrschende Schicht. Als Gegenpol zu ihrer politischen Dominanz erhob sich das Papsttum nach und nach zur absoluten religiösen Autorität. Das Machtgerangel, welches daraus entstand, prägte die folgenden Jahrhunderte.

In unserer Gegend scheinen die Elsassgrafen eine Zeit lang den Ton angegeben zu haben. Später findet sich Basel beim Königreich Hochburgund. Wo die Grenze zum Elsass verlief und ob das ganze Leimental zu Burgund gehörte, ist unklar. Über die lokalen Geschehnisse dieser Epoche gibt es kaum direkte Nachrichten. Die Ungarneinfälle vor der Jahrtausendwende kennen wir, weil Basel betroffen wurde. Sie werden am Leimental nicht spurlos vorüber gegangen sein.

Ein politischer Wechsel ist für das Jahr 1033 zu verzeichnen. Das Königreich Hochburgund ging im Reich auf; die Weichen für die kommende Entwicklung, welche nun nach und nach in vorerst spärlichen schriftlichen Dokumenten ihren Niederschlag findet, waren gestellt.

Die Saat zur politischen Zerstückelung wird gelegt

Im 12. und 13. Jahrhundert finden wir das Leimental im Spannungsfeld der regionalen Mächte, der Grafen von Pfirt, des Bischofs von Basel, der Stadt Basel, des Stadt- und des Landadels.

Dem Bischof gelang es 1271, sich über die Grafen von Pfirt zu setzen, indem er die Grafschaft kaufte und die Grafen damit belehnte. Ein zukunftsträchtiger Akt, welcher der Geschichte der Region einen ganz anderen Verlauf hätte geben können. 1324 starben nämlich die Pfirter im Mannesstamme aus und der Sundgau wäre an den Bischof gefallen wenn… ja eben, wenn der Bischof nicht sechs Jahre vorher der Umwandlung des Mannlehens in ein sogenanntes Kunkellehen zugestimmt hätte, womit die Töchter erbberechtigt geworden waren. Nun trat Johanna von Pfirt das Lehen an und heiratete gleichzeitig Albrecht von Habsburg. Die Grafschaft Pfirt ging in den habsburgischen Besitzungen im Elsass auf und obwohl der Fürstbischof von Basel formell immer noch weltlicher Oberherr war, wurde sie 1648 im Westfälischen Frieden der französischen Krone zugesprochen. Der bischöfliche Protest verhallte ungehört.

So blieb es auch im Leimental bei den kleinteiligen Verhältnissen, wo fast in jedem Dorf andere Herren den Ton angaben. Die Hoheitsrechte der künftig zum Fürstbistum Basel gehörenden Gemeinden von Oberwil bis Ettingen waren bereits in der Hand des Bischofs. Benken hatte verschiedene Herren und kam im 16. Jahrhundert mit Biel zur Stadt Basel. Ebenso wechselten Binningen und Bottmingen 1534 durch Verpfändung vom Bischof zur Stadt. Die zur Stadt Basel gehörigen Dörfer wurden zu Beginn des 16. Jahrhunderts mit der Stadt eidgenössisch, diejenigen des Fürstbistums Basel blieben bis zur französischen Revolution beim Reich.

Im hinteren Leimental lassen die aus den ersten Urkunden aufscheinenden Verhältnisse auf einen grösseren Herrschaftskomplex der Herren von Biederthan schliessen. Dieses edelfreie Geschlecht wird 1141 urkundlich erwähnt. Doch schon 1168 wurde seine Burg von Kaiser Friedrich I. Barbarossa den Habsburgern übertragen und seine Güter teilweise enteignet. Über die Gründe dieser Massnahmen kann man nur mutmassen. Nicht alle Adeligen hatten den Übergang von Hochburgund an das Reich ohne weiteres hingenommen. Und gerade von Barbarossa weiss man, dass er versuchte, das ehemalige Königreich fester an das Reich zu binden. Möglich, dass die von Biederthan zu den Widerspenstigen gehörten.

In der nächsten Generation werden dann die beiden verwandten Familien der Ritter von Biederthan und von Ratolsdorf (Rodersdorf) aktenkundig, welche dasselbe Wappen, einen goldenen Schild mit schwarzem Balken, führten. Auf der anderen Seite des Rämels sassen auf dem Blauenstein bei Kleinlützel die Herren von Blauenstein. Sie führten das gleiche Wappen. Um 1270 erscheinen die als Seitenlinie der Ratolsorfer geltenden Herren von Rotberg. Ihre Stammburg war das reichsfreie Rapperch (Rotberg) am Blauenhang oberhalb Mariastein. Zur Herrschaft

Rotberg gehörten die sieben reichsfreien Dörfer am Blauen, nämlich Metzerlen, Hofstetten und Witterswil im Leimental und Blauen, Nenzlingen, Dittingen und Brislach im Laufental. Von den Grafen von Pfirt hatten die Rotberger Rodersdorf und den Leihauser Hof zu Lehen. Schon früh waren die Rotberger in der Stadt ansässig geworden, wo sie später eine wichtige Rolle spielten.

1462 verkauften sie die im Laufental liegenden reichsfreien Dörfer dem Bischof von Basel. Als Basel 1501 eidgenössisch wurde, zogen sie sich ins Badische zurück. 1515 dann verkauften sie das Reichslehen Rotberg und das zur Grafschaft Pfirt gehörige habsburgische Lehen Rodersdorf samt dem Leihauser Hof an Solothurn.

Die Habsburger ihrerseits hatten schon 1269 die Burg Biederthan – heute kurz Burg genannt – dem Bischof verkauft, den dazugehörigen Hof, das heutige Biederthal, und Liebenswiller aber behalten.

Leimen bestand aus den Herrschaften Waldegg und Landskron. Waldegg, ursprünglich den Rotbergern gehörig, gelangte um 1500 als habsburgisches Lehen in die Hände der Reich von Reichenstein, welche schon 1461 von den Markgrafen von Hachberg mit der Herrschaft Landskron belehnt worden waren und die somit alleinige Dorfherren wurden.

Damit war der künftige Grenzverlauf im hinteren Leimental festgelegt. Burg blieb bischöflich und gehörte somit bis zur französischen Revolution zum Reich. Biederthal und Liebenswiller waren habsburgisch und fielen 1648 mit dem übrigen Sundgau an Frankreich. Mit dem Übergang der Herrschaft Rotberg an Solothurn hatte die Eidgenossenschaft im hinteren Leimental Fuss gefasst. Die Waldegg'sche Hälfte von Leimen fiel 1648 an den König von Frankreich; die mittlerweile markgräflich-badische andere Hälfte erwarb der König 1663 samt der Landskron. Die letzte Grenzkorrektur erfolgte 1671, als Solothurn das exponierte Leihausen wieder verkaufte.

Damit sind nur jene Herrschaftsrechte aufgezeigt, welche später die Staatszugehörigkeit bestimmten und die dafür verantwortlich sind, dass, wer heute von Biel-Benken nach Burg reist, vier Mal die Landesgrenze überqueren muss, indem er drei Dörfer durchquert.

Es gab daneben aber noch viele andere Rechte, welche das tägliche Leben viel mehr beeinflussten: etwa diejenigen der Lehensnehmer, diejenigen der Zehntbeständer, diejenigen der Zinsherren und diejenigen der Grundherren. Gerade letztere, mit welchen die Leibeigenschaft verbunden war, griffen stark in das Leben des Einzelnen ein und beschränkten seine Handlungsfreiheit in vielen Dingen. Damit wird ein weiteres Spannungsfeld erkennbar, welches das Leben im Tal über Generationen prägte.

Herr und Knecht

Nachdem im hohen Mittelalter die königlichen Ämter erblich geworden waren und die Zehntanteile handelbar, hatten Adel und Klerus auf theologischer Grundlage eine göttliche Weltordnung zusammengezimmert, welche die Lasten fein säuberlich aufteilte. Der Adel trug die weltliche Verantwortung, der Klerus die geistliche, und die übrigen durften arbeiten und gehorchen. Fein ausgeklügelt stand sogar fest, dass der Untertan auch einem ungerechten Herrn ohne Murren zu gehorchen habe; für den Ausgleich war das Jenseits zuständig.

Dass immer wieder an diesem System gerüttelt wurde, ist verständlich. Es waren vor allem Bauernunruhen, die der Adel fürchtete. Noch in der Mitte des 15. Jahrhunderts schlug der Zürcher Chorherr Felix Hemmerlin vor, den Bauern einmal in jeder Generation die Gehöfte niederzubrennen, damit sie nicht aufmüpfig würden.

Inzwischen war aber diese göttliche Weltordnung durch andere Kräfte bereits in arge Schieflage geraten. Durch sein wirtschaftliches Erstarken war es dem Bürgertum in den Städten gelungen, sich eine Mitsprache am Stadtregiment zu erzwingen oder es gar ganz zu übernehmen. Damit wurde das Machtmonopol des Adels untergraben. Mehr noch kam der Adel durch die aufkommende Geldwirtschaft in Bedrängnis, welche durch die wirtschaftliche Tätigkeit des städtischen Bürgertums zusätzlich angekurbelt wurde. Der verarmende Adel richtet seinen Hass denn auch auf das städtische Bürgertum. Manch einer suchte sich durch Überfälle auf Kaufmannszüge zu rächen und geriet damit in die Nähe des Raubrittertums. Die Städte sprangen mit dem Adel auch nicht zimperlich um. *«Do slougent sie (die Basler) Heinrich zuoRin und ouch den armen knechten die by ime warent vor der burg die köpfe abe»* berichtete Basel 1412 den Solothurnern nach der Eroberung und Zerstörung der Burg Fürstenstein am Blauen.

Noch verhasster als das Bürgertum waren dem Adel die Eidgenossen. Nach seiner Ansicht missachteten sie mit ihrer Selbstregierung göttliches Recht gröblich. Zudem mussten sie der Landbevölkerung rund um die Eidgenossenschaft als Beispiel einer gerechteren Ordnung erscheinen, sodass vielerorts der Ruf erscholl: *«Wir wöllent Schwyzer werden!»*

Auch war der Blutzoll nicht vergessen, den viele noble Geschlechter bei der Schlacht von Sempach hatten entrichten müssen.

Druck von Westen …

Als 1444 der französische Dauphin im Auftrag des Kaisers mit einem 40'000-köpfigen Heer gegen die Eidgenossen aufmarschierte, schlug sich der Adel sofort auf seine Seite. Das Leimental war einmal mehr Aufmarschort und hatte entsprechend zu leiden. Basel war bedroht, und das nicht nur von aussen, musste es doch in den eigenen Mauern mit einer starken Adelspartei rechnen. Für die Stadt war der einzig gangbare Weg der der Neutralität, was von vielen Eidgenossen nicht verstanden und ihr verübelt wurde. Der bekannte Ausgang der Schlacht bei St. Jakob rettete die Eidgenossen – und Basel, welches vom Dauphin offen für Frankreich beansprucht worden war. Weniger bekannt ist bei uns die Tatsache, dass die Armagnaken noch fast ein Jahr lang brennend und mordend das Elsass verheerten.

Die Stadt Mülhausen wies hierauf den Adel aus der Stadt und zog sich dadurch seinen besonderen Hass zu. Sie suchte durch ein Bündnis mit Bern und Solothurn Rückendeckung, was den Solothurnern wiederum einen Weg in den Sundgau bahnte.

In den folgenden Jahren entwickelte sich ein erbitterter Kleinkrieg zwischen Basel und den Adeligen der Umgebung, unter denen sich vor allen Peter von Mörsberg als Städte- und Schweizerhasser hervortat. Zu leiden hatte vor allem die Landbevölkerung. Ganze Dörfer wurden verwüstet und teilweise verbrannt. Die Bevölkerung des Leimentals, das zwischen den Fronten lag, hatte es in diesen Zeiten schwer, besonders der österreichische Teil. Einige der verschwundenen Siedlungen, von denen wir nur noch die Namen kennen, mögen das Opfer dieser Ereignisse geworden sein.

Der Friedensvertrag von 1446 zeigte wenig Wirkung. Die Auseinandersetzungen setzten sich fort: Sundgauerzüge der Solothurner und Eidgenossen wechselten mit Übergriffen der Adelspartei auf eidgenössisches Gebiet. Das durch den Adel mehr und mehr bedrängte Mülhausen mahnte seine Bundesgenossen Bern und Solothurn. Solothurn drängte einzugreifen, Bern zögerte, Basel vermittelte. Das Spiel wiederholte sich mehrmals, die Hilfegesuche Mülhausens wurden immer verzweifelter, bis den Solothurnern der Geduldsfaden riss und sie durch die Besetzung von Münchenstein und Landskron den Mülhauserkrieg auslösten. 12'000 Eidgenossen zogen ins Feld – und warteten vergebens auf den Adel, welcher sich verkrümelt hatte. Sie mussten unverrichteter Dinge wieder abziehen, und der Adel bedrängte Mülhausen nach wie vor.

Im Jahr darauf verpfändeten die Habsburger ihre Länder im Elsass dem Herzog von Burgund, womit auch die habsburgischen Besitzungen im Leimental unter dessen Herrschaft gerieten. Der Herzog machte sich sofort daran, die neuen Gebiete in seinen Staat einzugliedern. Die Eidgenossen sahen diesen mächtigen, streng feudal organisierten Staat nicht gern als Nachbarn und sie wiederum waren bei ihm noch viel weniger gern gesehen. Das machte es dem bedrängten Kaiser und den ebenfalls beunruhigten Franzosen leicht, die Schweizer für ihre Interessen einzuspannen. Bei Murten, bei Grandson und schliesslich bei Nancy lösten die Eidgenossen ihr kleines Problem und damit die grösseren Probleme des Kaisers und des Königs.

... und Druck von Osten

Im Schwabenkrieg musste das Leimental erneut als Aufmarschgebiet der anrückenden Truppen herhalten. Die bei den adeligen Nachbarn Schweizerkrieg geheissene Auseinandersetzung bescherte 1499 endlich der Adelspartei eine empfindliche Niederlage. Nun neigte sich in Basel das Zünglein der Waage zugunsten eines Beitrittes zur Eidgenossenschaft; 1501 wurde der Bund beschworen.

Österreich blieb diesem Erstarken der Eidgenossenschaft gegenüber nicht untätig. Es begann die Grenze gegen die Eidgenossenschaft zu befestigen. Der Anfang wurde mit der Burg Mörsberg gemacht, welche zwischen 1500 und 1515 zu einer modernen Anlage umgebaut wurde.

Als dann 1515 auch die Herrschaft Rotberg solothurnisch und damit eidgenössisch wurde, war die Landskron dran. Kaiser Maximilian I. subventionierte den Umbau und erlaubte den Reich von Reichenstein die benachbarte Burg Rheinegg abzubrechen, um Baumaterial zu gewinnen. In nur vier Jahren entstand eine gewaltige Festung mit sechs bis sieben Meter dicken Mauern, von denen man annahm, dass sie der modernen Artillerie standhalten würden.

Aber bevor man sich der Eidgenossen annehmen konnte, brach der Aufstand im eigenen Lager aus. In Süddeutschland hatte der Bundschuh angekündigt, dass die Landbevölkerung sich nicht mehr beliebig drangsalieren lassen wollte. Die religiösen Missstände trugen das ihre zu einem Klima des Aufruhrs bei. 1525 brach er zuerst in Süddeutschland los und griff bald auch in das Elsass über. Nach einigen Wochen erschrockenen Hinhaltens und Lavierens erholten sich die Herren und unterdrückten die schlecht organisierten und schlecht geführten Bauernscharen mit aller Härte. Das Landvolk ging mit weniger Rechten als je aus dem Aufstand hervor. Das erklärt auch, dass es den Österreichern einige Jahre später ein Leichtes war, allfällige reformatorische Bestrebungen im Sundgau im Keime zu ersticken.

Auch die bischöflichen Untertanen hatten Forderungen an ihren Herrn. Sie versammelten sich auf dem Reinacher Felde – die bischöflichen Leimentaler waren dabei. Die Forderungen, welche sie vorbrachten, wurden teilweise erfüllt, und es gelang, einen Aufstand zu verhindern.

Es scheint, dass sich die erst seit zehn Jahren solothurnischen Leimentaler nur zaghaft beteiligten. Vermutlich waren sie froh, den Herrn gewechselt zu haben, wenn sie in der Nachbarschaft sahen, wie die Österreicher mit ihren Untertanen umsprangen.

Die Reformation bringt neue Grenzen ins Tal

Die sozial-religiösen Unruhen hatten zuerst die unzufriedenen Bauern auf die Beine gebracht. Bald aber verlagerte sich der Schwerpunkt auf die kirchlichen Zustände. Diese waren in der Tat anstössig. Vor allem die Pfründenjägerei und die Inkorporation von Pfarrpfründen in andere geistliche Körperschaften führten auf dem Lande zu einer Vernachlässigung der Gläubigen. Die Pfrundinhaber bezogen die Einkünfte einer Pfarrkirche und setzten möglichst billig einen Leutpriester ein. Da ein wahres Heer von mehr oder weniger ausgebildeten Priestern auf der Suche nach einer Stelle war, entstand ein regelrechtes geistliches Proletariat. Die ungeregelte Ausbildung, die Hungerlöhne und die vielfach mangelnde Eignung taten das ihrige. So nahm die Reformation ihren Lauf.

Für die Entwicklungen im Leimental waren die Verhältnisse in Basel weitgehend bestimmend. Die Stadt hatte ursprünglich ganz dem Bischof gehört. Nach und nach brachte es die Bürgerschaft fertig, ein Recht nach dem anderen an sich zu bringen, sodass die Bischöfe in städtischen Dingen immer weniger zu sagen hatten. Anderseits war es diesen gelungen, die königlich-burgundische Schenkung des Klosters Münster-Granfelden (Moutier-Grandval) von 999 im Laufe der Jahrhunderte zu einer geschlossenen Territorialherrschaft auszubauen. So standen sich nun zwei rivalisierende Machtzentren gegenüber. Als die Reformation in der Stadt siegte, verlor der Bischof zwar seine Kathedrale, aber ihm blieb seine Residenz als Fürstbischof in Pruntrut. Im eidgenössischen Basel hatte sich der Reichsfürst bis anhin so oder so schon rar gemacht.

Die der Stadt unterstehenden Gemeinden Binningen-Bottmingen, Benken und Biel wurden ohne weiteres reformiert. Die dem Bischof unterstehenden Gemeinden Oberwil, Therwil und Ettingen wurden von Basel ins Burgrecht aufgenommen und wechselten ebenfalls den Glauben.

In den nach dem Bauernaufstand mit aller Härte disziplinierten habsburgischen Gemeinden blieb es ruhig, ihre Kraft war erschöpft.

In einer damals ausserordentlich demokratischen Weise gewährte Solothurn seinen Gemeinden in Sachen Religion das Selbstbestimmungsrecht. Vermutlich war dieses Verhalten vor allem durch die heikle Position zwischen den beiden reformiert gewordenen Städten Bern und Basel und durch den uneinigen Rat bedingt. Zwei Abstimmungen wurden durchgeführt. Beide zeigten ein der Neuerung zugewandtes Witterswil-Bättwil, wobei der sehr aktive Prädikant von Therwil nicht ohne Einfluss gewesen zu sein scheint. Hofstetten und Metzerlen nahmen in der ersten Abstimmung für den neuen und in der zweiten für den alten Glauben Stellung. Rodersdorf entschied sich in beiden Abstimmungen für den alten Glauben. Da Solothurn falsch informiert wurde, wurden nacheinander drei Prädikanten nach Rodersdorf geschickt, welche die Gemeinde aber nicht anzunehmen gewillt war. Aus den Wirren ging schliesslich ein geschlossen katholisches Gebiet hervor.

Damit war das letzte Kapitel der religiösen Auseinandersetzungen noch nicht geschrieben. Der Bischof von Basel hatte 1525 die Burgrechtsverträge der Stadt mit seinen Gemeinden im Leimental hinnehmen müssen. Seine Stellung war durch die Bauernunruhen und die religiösen Streitigkeiten geschwächt. Das Ziel der Stadt war klar nicht nur ein religiöses, sie wollte letztendlich die volle Herrschaft über diese Gemeinden erlangen. Es fehlte in der Folge auch nicht an Versuchen, dieses Ziel zu erreichen. Aber die katholische Reform (früher als Gegenreformation bezeichnet) räumte mit vielen der ärgerlichen Missstände der katholischen Religion auf und stärkte ihre Stellung und damit auch diejenige des Bischofs. 1575 wurde mit dem erst 33-jährigen Jakob Christoph Blarer von Wartensee ein junger, energischer Bischof gewählt. Er begann konsequent die Rekatholisierung der ihm untertanen Gemeinden zu betreiben. Gewonnenes Spiel hatte er, als Basel auf eidgenössischen Druck das Burgrecht mit ihnen aufgeben musste. Es dauerte allerdings mehrere Jahrzehnte, bis die letzten Reste des reformierten Glaubens in allen Gemeinden getilgt waren. Über die zum Teil angewandten Methoden mag man heute den Kopf schütteln. Damals, als das Recht des Landesherrn, über die Religion seiner Untertanen zu bestimmen, allgemein galt, waren sie gängig.

Damit war eine neue Art Grenzen im Leimental definitiv geworden, nämlich Konfessionsgrenzen. Wenn sie heute auch bis zur Unkenntlichkeit verblasst sind, muss man sich doch vergegenwärtigen, dass sie sich früher manchmal stärker auswirken konnten als die Landesgrenzen.

Die Wolschwiller proben den Aufstand

Im Winter 1633 kamen die Schweden ins Land und verheerten den Sundgau. Der jahrelange Krieg hatte die Soldaten abgestumpft. Ihnen war nichts mehr heilig und sie schreckten vor nichts zurück. Gehöfte und ganze Dörfer fielen in Schutt und Asche, das Vieh wurde weggetrieben, Elend und Hunger breiteten sich aus.

Doch nicht genug damit, die verzweifelte Bevölkerung wurde mit Einquartierungen belastet, mit Abgaben und Frondiensten. Auf Schloss Pfirt herrschte General Hartmann von Erlach, ein Berner in schwedischem Sold, dem die Bauern nicht viel galten.

Dass die Schweden Protestanten waren, machte sie den katholischen Sundgauern nur um so verhasster. Anderseits gingen die Schweden umso hemmungsloser mit den katholischen Sundgauer um.

Widerstand regte sich. Am 30. Januar 1634 versammelten sich zahlreiche Bauern in Wolschwiller und beschlossen, die Fremden mit Gewalt zu vertreiben.

Schon am folgenden Tag wurden in der Nachbarschaft die ersten Schweden niedergemetzelt. Der Aufstand griff um sich und am 1. Februar nahmen die Bauern Stadt und Schloss Pfirt ein. Es gelang General von Erlach, sie hinzuhalten und zu Verhandlungen zu bewegen. Als sie aber anderntags erfuhren, dass die Schweden Leimen angezündet und Obermichelbach geplündert hatten, gerieten sie in Wut und brachten den General und seinen auf Besuch weilenden Neffen grausam um. Die beiden wurden am 4. Februar im Kreuzgang des Basler Münsters begraben.

Das Verhängnis nahm seinen Lauf. Immer mehr Bauern rotteten sich zusammen. Aber es gebrach ihnen an Waffen und vor allem an der Führung. So gelangten die Folgensburger an den Rodersdorfer Pfarrer Urs Gertenhofer, welcher als Kommandant der solothurnischen Leimentaler Truppen einen Namen hatte, und baten ihn, mit Musketieren zu Hilfe zu kommen. Die Leimener baten die Ettinger und die Wentzwiler die Oberwiler um Zuzug. Gertenhofer konnte aus naheliegenden Gründen nicht Folge leisten. Im Bistum fürchtete die Obrigkeit einen Erfolg der Bauern wie der Teufel das Weihwasser und verbot jede Einmischung. Die Angst, die Untertanen könnten sich in der Folge gegen sie selber richten, sass ihnen im Nacken, womit sie vermutlich so unrecht nicht hatten. Auch im Elsass fuhr dem Adel angesichts solcher Perspektiven der Schrecken in die Knochen.

Anfänglich waren die Aufständischen erfolgreich; sie eroberten das Städtchen Altkirch und machten sich in zwei Haufen daran, den Sundgau von den Schweden zu säubern. Aber diese waren nicht untätig geblieben und hatten Truppen zusammengezogen. In Blotzheim trafen sie auf etwa viertausend Aufständische und richteten nach kurzem Gefecht ein fürchterliches Gemetzel unter ihnen an. Achthundert wurden gefangen. Einundvierzig von ihnen wurden auf der Stelle aufgeknüpft, die anderen nach Landser gebracht. Über ihr Schicksal weiss man nicht viel. Die wenigsten dürften überlebt haben, denn die zum Kriegshandwerk tauglichen Männer wird man ins schwedische Heer gesteckt und von den übrigen – soweit sie nicht umgebracht wurden – Lösegeld erpresst haben.

Dem anderen Haufen, welcher die Schweden aus Belfort vertreiben wollte, wurde etwa eine Stunde vor dem Ziel von den Schweden eingekesselt und aufgerieben.

Dreissig Jahre Krieg

Dreissig Jahre Krieg tönt schrecklich, entspricht aber den Tatsachen. Dreissig Jahre Frieden hingegen würde man in den Jahren zwischen 1000 und 1800 in unserer Gegend schwerlich ausmachen können. Was 1618 in Böhmen als so genannter Religionskrieg begann, dann begierig von allen Machthungrigen aufgenommen wurde und schliesslich ganz Mitteleuropa in seinen Strudel zog, war apokalyptisch. Spielten sich die Kampfhandlungen in den ersten Jahren noch fern von unseren Gegenden ab, so näherten sich die Heere 1633 unserer Gegend. Dabei waren die verschiedenen Herrschaften im Leimental ganz unterschiedlich bedroht.

Die zum habsburgischen Sundgau gehörenden Ortschaften Wolschwiller, Biederthal, Liebenswiller und Leimen gehörten zum eigentlichen Kriegsgebiet und hatten am meisten zu leiden. Es blieb nicht bei den Greueltaten der durch den langen Krieg entmenschten Soldateska; diese schleppte auch Seuchen ein, und Hungersnöte vollendeten das Elend.

Die fürstbischöflichen Dörfer Burg, Ettingen, Therwil und Oberwil waren als Bestandteil des bischöflichen Reichsfürstentums ebenfalls direkt betroffen. Zwar hegte der Bischof anfänglich die Hoffnung, sein Gebiet aus dem Konflikt heraushalten zu können. Das gelang ihm aber umso weniger, als nun das katholische Frankreich, welches die protestantischen Schweden schon bisher unterstützt hatte, aus nahe liegenden Gründen aktiv in das Geschehen eingriff. Verschiedentlich wurden die Dörfer heimgesucht und gebrandschatzt, mussten Einquartierungen über sich ergehen lassen und Kontributionen entrichten.

Das solothurnische Leimental hatte es verhältnismässig gut. Als sich die Heere der Grenze näherten, legte die Stadt ein Truppenkontingent ins Leimental und setzte den Rodersdorfer Pfarrer Urs Gertenhofer als Kommandanten ein. Zwar waren etliche Scharmützel nicht zu vermeiden. Im exponierten Rodersdorf wurden zwei Bauern auf dem Feld erschossen und mehrmals ganze Viehherden geraubt. Zudem waren die Dörfer meist überfüllt mit Flüchtlingen, welche die Nahrungsmittelknappheit noch verschärften und auch prompt wieder Seuchen einschleppten.

Sogar dem mächtigen Basel gelang es nicht ganz, seine Gemeinden im Leimental zu schützen. Das an die Stadt grenzende Binningen kam zwar weitgehend ungeschoren davon, aber schon Bottmingen hatte unter Raubzügen zu leiden und die exponierten Biel und Benken waren erst recht betroffen.

Im Rückblick muss gesagt werden, dass das in den 1640er Jahren erlöschende Ringen für die zur Eidgenossenschaft gehörenden Orte ebenso glimpflich abging, wie es für die übrigen Orte verheerend war. Frankreich aber heimste im Westfälischen Frieden die Früchte seiner Politik ein und konnte sein Staatsgebiet mit einem völlig ausgeraubten, verbrannten und entvölkerten Sundgau abrunden, wobei seine Soldaten und vor allem sein Taktieren ihren Teil am Elend zu verantworten hatten.

Die Erholung
Frankreich suchte die verödeten Dörfer wieder zu bevölkern und stellte Neuzuzügern brachliegendes Land und Steuererleichterungen in Aussicht; mit Erfolg. In den folgenden Jahrzehnten liessen sich viele Schweizer im Elsass und vor allem im Sundgau nieder. Die aus der Schweiz bekannten Geschlechtsnamen im Elsass sprechen eine deutliche Sprache. Allerdings kehrte vorläufig nur in den eidgenössischen und in den fürstbischöflichen Dörfern einigermassen Ruhe ein. Im französischen Gebiet sorgte bis 1653 die Fronde für Unruhe, nach 1674 uferte der Holländische Krieg bis in den Sundgau aus, und auch der Spanische Erbfolgekrieg drohte sich zeitweilig ins Elsass auszuweiten. Doch langsam erholten sich die französischen und fürstbischöflichen Dörfer wieder, die Leimener und Biederthaler unter der Fuchtel der Reich von Reichenstein, die Burgtaler und Liebenswiller unter derjenigen der Herren von Wessenberg und Wolschwiller direkt unter der Pfirter Verwaltung des Kardinals Mazarin, dem der französische Sundgau 1659 vom König als erbliches Lehen übertragen worden war.

Im Fürstbistum führten die Reformpläne des absolutistisch gesinnten Bischofs Johann Konrad von Reinach-Hirzbach 1731 zu Erhebungen, die im Jura eine offene Revolte auslösten, und die erst zehn Jahre später unter seinem Nachfolger niederschlagen werden konnten. Die fürstbischöflichen Leimentaler jedoch blieben mässig und fanden den Ausgleich mit ihrem Herrn. Dennoch wirkten sich die Folge der so genannten Troublen im Jura später fatal für sie aus. Der Bischof, welcher den Aufstand nicht aus eigener Kraft niederzuschlagen vermochte, ging nämlich ein Bündnis mit Frankreich ein, welches diesem 1792 als Vorwand diente, das ganze Fürstbistum zuerst zu besetzen und dann zu annektieren.

Der Bauernaufstand, welcher 1653 den Staat Solothurn und auch das Basler Regiment erschütterte, warf im Leimental keine grossen Wellen. Die Landbevölkerung an der Grenze, welche täglich das Elend des von Krieg versehrten Sundgaus vor Augen hatte, zeigte wenig Lust zur Revolte.

Das Alte stürzt

Die göttliche Weltordnung, mit Gottesgnadentum und Absolutismus auf die Spitze getrieben, führte mit der Zeit zu immer unerträglicheren Missständen. 1789 wurde sie von der Französischen Revolution weggefegt. Die Throne gerieten ins Wanken, die Altäre ins Zittern. Viel blaues Blut floss auf dem Schafott, ein Vorgang, welchen ein Elsässer einmal beschönigend mit den Worten umschrieben hat: *Si hän d'r Kopf ewäg g'macht bikumme!*

Auch der Sundgau wurde von der Bewegung erfasst. Bezeichnenderweise wurden jene Adelssitze, welche den grössten Leuteschindern gehörten, zuerst zerstört. Im Leimental bekam vor allem die Familie Reich von Reichenstein als Dorfherren von Leimen und Biederthal die Revolution zu spüren. Sie wurden verjagt, ihre Junkerhäuser in Leimen wurden angezündet. Die Landskron jedoch, kein Adelssitz, sondern eine Garnison, wurde verschont, war sie doch für die Region ein wirtschaftlicher Faktor. Dass sie als Ableger der Bastille auch Staatsgefängnis war, kümmerte die Bevölkerung wenig.

Bedrängt wurden auch die Juden. Vor allem in jenen Dörfern, in welchen sie zahlreich waren, brachen die berüchtigten Judenrumpel aus. Juden und Aristokraten bildeten denn auch die erste Flüchtlingswelle, welche vor allem die Stadt Basel, aber auch die Grenzdörfer betraf.

Handel und Wandel waren zeitweise schwer beeinträchtigt, die «Banditen», wie die Revolutionäre im eidgenössischen Jargon etwa genannt wurden, waren unberechenbar und ohne Verständnis für die örtlichen Verhältnisse.

Die solothurnischen und baslerischen Untertanen im Leimental, welche tagtäglich mit den Auswüchsen und auch mit Grenzverletzungen konfrontiert waren, zeigten zur Freude der Obrigkeit wenig Sympathie für die Neuerungen, obwohl von den Patrioten, wie sich die Freunde von Neuerungen nannten, fleissig missioniert wurde.

Solothurn legte wieder einmal eine Besatzung ins Leimental und setzte den in Rodersdorf in Pension lebenden ehemaligen Feldmarschall in französischen Diensten, Josef Bernhard Altermatt, als Kommandanten ein. Als sich die Lage beruhigte, wurde der Truppenbestand jedoch schon bald bis auf einige Posten reduziert, aber dann 1791 bei sich verschlechternder Lage wieder aufgestockt.

Drei Nationen in einer Kirche

Bis zur Französischen Revolution widerspiegelte das Kirchspiel Rodersdorf mittelalterliche Verhältnisse. In der Tat gehörten ursprünglich sowohl Rodersdorf als auch Biederthal, Burg und Liebenswiller zum Herrschaftskomplex der Sippe Biedertan – Ratolsdorf.

Doch bald trennten sich die Wege. Die Burg ging früh an den Bischof und gehörte fortan als Teil des Fürstbistums Basel zum Heiligen Römischen Reich. Biederthal und Liebenswiller gingen an die Habsburger und wurden 1648 französisch. Und Rodersdorf wurde 1515 mit der Herrschaft Rotberg solothurnisch und somit eidgenössisch.

Schon nach dem deutschen Bauernkrieg begannen die Schwierigkeiten. Die Revolte im Elsass war mit aller Härte unterdrückt und die Landbevölkerung schwer bestraft und entrechtet worden. Dazu kam ein vollständiges Bewaffnungsverbot. Und weil die Taschenmesser nicht verboten werden konnten, da sie zur unentbehrlichen persönlichen Ausrüstung gehörten, so musste ihnen wenigstens die Spitze abgebrochen werden! Das galt auch für die damals österreichischen Dörfer Biederthal und Liebenswiller. Für die seit ein paar Jahren solothurnischen Leimentaler jedoch galt ein ganz anderes Recht: Hier durfte nur heiraten, wer eine kriegstaugliche Ausrüstung besass!

So zählte denn der Rodersdorfer Pfarrer die gedemütigten Elsässer genau so zu seinen Schäfchen, wie die stolzen, Waffen tragenden Rodersdorfer. Dass das nicht gut gehen konnte, liegt auf der Hand.

Auch die Gewohnheit der solothurnischen Leimentaler, bewaffnet auf den Märkten der habsburgischen Nachbarschaft herum zu stolzieren, kam nicht gut an; nicht bei den Bauern und noch weniger beim Adel, welcher sich wiederholt beim Vogt auf Dorneck über solch provozierendes Tun beschwerte.

Schwierigkeiten hatten aber auch die Pfarrer selber.

Die Geistlichkeit im Elsass hielt es mit dem Adel als seinem Brotgeber, und der liess an den Eidgenossen keinen guten Faden. An den Kapitelversammlungen in Altkirch wurden die eidgenössischen Kollegen denn auch von den Elsässern ganz unchristlich geschmäht und geschnitten. «Bauern!» war noch der schmeichelhafteste Titel, den sie zu hören bekamen. Dreihundert Jahre lang versuchten sie zum Kapitel Buchsgau zu wechseln, vergeblich! Sie mussten auf Napoleon warten, welcher – wenn auch aus anderen Gründen – eine neue Ordnung schuf.

In den ersten Jahrzehnten des 19. Jahrhunderts zeugte nur noch der Rodersdorfer Friedhof von der alten Ordnung. Da lagen fein säuberlich getrennt die Biederthaler im Westen, die Liebenswiller im Nordosten und dazwischen, bei der Kirche, die Rodersdorfer, gleichsam ein Abbild der geografischen Lage der Dörfer…

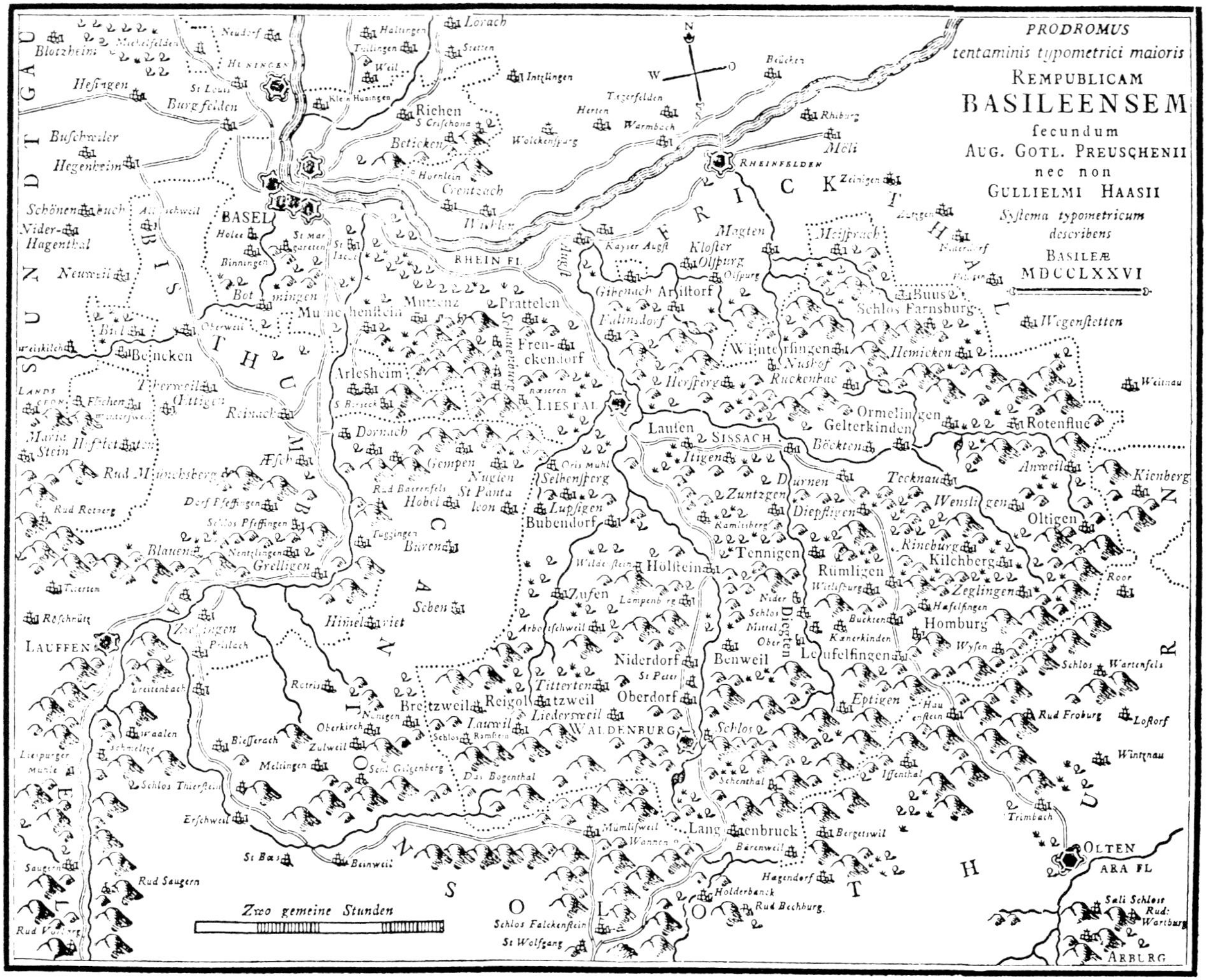
PRODROMUS
tentaminis typometrici maioris
REMPUBLICAM
BASILEENSEM
secundum
AUG. GOTL. PREUSCHENII
nec non
GULLIELMI HAASII
Systema typometricum
describens
BASILEÆ
MDCCLXXVI
Zwo gemeine Stunden
BASEL
RHEIN FL
RHEINFELDEN
LIESTAL
SISSACH
WALDENBURG
LAUFFEN
OLTEN
ARA FL
Lorach
Riehen
Hesingen
Burgfelden
Blotzheim
Hegenheim
Schönenbuch
Muttenz
Prattelen
Arlesheim
Dornach
Gempen
Reinach
Grelligen
Blauen
Höllstein
Zufen
Niederdorf
Oberdorf
Benweil
Bubendorf
Tecknau
Homburg
Rotenflue
Gelterkinden
Böckten
Buus
Schlos Farnsburg
Wegenstetten
Hemicken
Oltigen
Kienberg
Trimbach
Langenbruck
Tennigen
Rümlingen
Zeglingen
Kilchberg
Eptigen
Breitzweil
Titterten
Beinweil
Erschweil
Zullweil
Meltingen
Magten
Olsperg
Kayser Augst
Rud Froburg
Schlos Wartenfels
Holderbanck
Rud Bechburg
Schlos Falckenstein
St Wolfgang
Rud Saugern
Arburg
SUNDGAU
BISTHUM BASEL
CANTON SOLOTHURN
FRICKTHAL

Das eidgenössische Leimental als Enklave

Die Revolution machte an den Grenzen Frankreichs nicht Halt. In dem von französischen Truppen besetzten Fürstbistum wurde 1792 die kurzlebige Raurachische Republik ausgerufen. Schon ein Jahr später wurde diese Frankreich einverleibt und ging im Departement Mont Terrible auf, welches später zum Departement Haut-Rhin kam.

Damit änderten die Grenzverhältnisse im Leimental radikal. Frankreich reichte nun bis an die Birs und darüber hinaus. Das solothurnische Leimental und Kleinlützel sowie die baslerischen Dörfer Benken und Biel lagen fortan wie Inseln im französischen Ozean.

Die Stellung der eidgenössischen Enklaven im französischen Staatsgebiet war prekär. Mehrmals in den kommenden dreiundzwanzig Jahren hing ihr Schicksal an einem Faden. Bis zum Umsturz in der Schweiz wurden sie von den Neuerern als sozusagen konterrevolutionäre Eiterherde immer wieder angefeindet und von den Nationalisten für die Grande Nation beansprucht.

1792 wurde Feldmarschall Josef Bernhard Altermatt zum General der solothurnischen Truppen ernannt, ein wenig beneidenswerter Posten, welcher ihn bis zum undankbaren Auftrag der Räte vom 2. März 1798 in Anspruch nahm, als er dem französischen General Schauenberg als Zeichen der Kapitulation auf einer silbernen Platte die Stadtschlüssel von Solothurn zu überreichen hatte!

Den neuerdings französischen Dörfern Oberwil, Therwil und Ettingen stand eine schwere Zeit bevor, wie übrigens auch den schon bisher französischen Leimen, Biederthal und Liebenswiller. Einquartierungen und Kontributionen waren an der Tagesordnung. Die diensttauglichen Burschen wurden zwangsrekrutiert und mussten in den ständigen Kriegen ihr Leben einsetzen. Neue Steuern und Abgaben wurden erhoben. Nur eine einzige Glocke durfte jedes Dorf behalten; die anderen wurden beschlagnahmt und zu Kanonen umgegossen.

Die Religion als Stein des Anstosses

Die Nationalisierung der Kirchengüter und ihre Verschleuderung lösten eine allgemeine Unzufriedenheit bei der religiösen Sundgauer Bevölkerung aus. Verschlimmert wurde die Situation noch durch den staatlichen Versuch, eine französische Nationalkirche zu schaffen. Der Klerus wurde gezwungen, auf die Zivilverfassung zu schwören, was aber die Exkommunikation durch Rom nach sich zog. Pfarrer, welche, ohne geschworen zu haben, priesterliche Handlungen vornahmen und sich erwischen liessen, wurden zum Tode verurteilt und hingerichtet. Auch Sebastian Dietlin und der Meier Biegenwald von Wolschwiller sowie der Lehrer Dirrig von Leimen wurden wegen ihrer religiösen Gesinnung in Colmar enthauptet. Wegkreuze und Bildstöcke wurden zerstört und weggeschafft, Kapellen versteigert oder abgebrochen. Wallfahrten ausser Landes waren streng verboten. Das Verbot wurde jedoch immer wieder missachtet. Ganze Gemeinden zogen nach Mariastein im Vertrauen darauf, dass die Behörden vor Massenverhaftungen zurückschrecken würden – eine Rechnung, welche nicht immer aufging.

Auch die kirchliche Einteilung erfuhr einschneidende Änderungen, indem das Oberelsass, nach über tausendjähriger Zugehörigkeit, aus dem Bistum Basel herausgelöst und zu einem Bistum Haut-Rhin mit Sitz in Colmar geschlagen wurde. Dieses hatte allerdings ein kurzes Leben, ging es doch schon nach wenigen Jahren im Bistum Strassburg auf.

Die der Revolution verpflichteten Priester wurden von der Bevölkerung meist nicht akzeptiert. Um der Sakramente nicht zu entbehren, nahmen die Gläubigen bei Nacht und Nebel den risikoreichen Weg in die solothurnischen Gemeinden unter die Füsse. Auch versteckten sich viele Pfarrer, welche den Eid verweigerten, und setzten bei heimlichen Amtshandlungen immer wieder ihr Leben aufs Spiel.

Im Pfarrarchiv Rodersdorf hat sich ein Konvolut erhalten, in welchem Pfarrer Studer die heimlichen Taufen und Eheschliessungen zwischen 1790 und 1801 aufgezeichnet hat. Er hat in diesen elf Jahren 939 Taufen gespendet und 359 Brautpaare zusammengegeben. Stammten die Täuflinge meist aus den umliegenden Dörfern, so waren unter den Ehepaaren solche aus dem ganzen Elsass und sogar aus Lothringen zu finden. Wenn das exponierte Rodersdorf auch eine bevorzugte Destination im Sakramententourismus dieser Jahre war, so wurden doch auch Witterswil, Hofstetten, Metzerlen, Kleinlützel, Dornach und Breitenbach und vor allem das Kloster Mariastein aufgesucht.

Dass weder Pfarrer Studer noch das Kloster bei den Revolutionären gerne gesehen waren, versteht sich. Der französische Geschäftsträger Bacher teilte 1797 seiner Behörde mit, er habe Solothurn gedroht, den verstockten Mönchen von Mariastein «un pélerinage d'infanterie et de cavalerie» zu senden, wenn sie sich nicht mässigen würden, und er brachte es schliesslich fertig, dass Pfarrer Studer und einige Mönche von Mariastein das Leimental verlassen mussten. Studer kehrte allerdings schon ein halbes Jahr später wieder zurück.

Die Schweiz unter französischer Fuchtel

Anfang März 1798 überrollten die französischen Armeen die Eidgenossenschaft, und schon am 8. März erschien eine französische Kommission in Mariastein, welche die Aufhebung des Klosters verkündete und die Vorräte und Wertsachen im Betrage mehrerer Millionen wegführen liess. Ende März waren Kirche und Kloster ausgeplündert, Altäre und Glocken, Orgeln, Beichtstühle und die Uhr sowie Schiff und Geschirr verkauft. Das Gnadenbild war entfernt, in Flüh in einer Backstube vergraben und damit gerettet worden.

In der Folge wurde das Kloster samt allen Ländereien unter dubiosen Umständen an Bürger Reibelt verkauft. Dessen Wirtschaften in Kirche und Kloster wurde von der Bevölkerung jedoch als dermassen anstössig empfunden, dass man anfing, ihn zu schikanieren, und schliesslich gar zu einem Klostersturm ansetzte. Im Zuge der Untersuchungen, welche dank des Zusammenhaltes der Leimentaler durchwegs erfolglos verliefen, wurde vom Kommissär Müller von Reinach ein bezeichnender Satz an die Landesbehörde geschrieben: *«Le Leimental ne fut pendant toute la Revolution française qu'un repaire de prêtres émigrés et de réquisitionnaires et conscrits fugitifs.»*

Schliesslich war die helvetische Regierung froh, dass sich der Abt von Mariastein, Hieronymus Brunner, bereit erklärte, das Kloster zurückzukaufen, wenn dem Konvent die Rückkehr in die alte Heimat gestattet würde. Damit war eine leidige Affäre aus der Welt geschafft. Sie hatte den Konvent allerdings um die bedeutende Bibliothek gebracht, welche Bürger Reibelt unbefugterweise nach Gewicht verschachert hatte.

107.

MARIA STEIN. Im Canton Solothurn von Morgen anzusehen.
A. Underirdische Capelle in Felsen eingehauen.

NÔTRE DAME DE LA PIERRE. dans le Canton de Soleure du Côté de l'Orient.
A. Chapelle soûterraine taillée dans le roc

Internationale Pfarreien, eine Leimentaler Spezialität

In diesen Zeiten des aufblühenden Nationalismus hatten auch die internationalen Pfarreien keinen Bestand mehr. In den ersten Jahren des 19. Jahrhunderts wurde das Kirchspiel Rodersdorf aufgeteilt. Liebenswiller kam zu seiner Freude vorläufig zu Leimen, Biederthal zu seinem Verdruss zu Wolschwiller, und das kleine Burg wurde eine eigene Pfarrei. Der Pfarrer dürfte über die Trennung nicht ganz unglücklich gewesen sein, denn einerseits war er zwei Bischöfen unterstellt gewesen; auch hatten ihm die Revolutionäre einiges zugemutet, und er hatte ausserdem dem französischen Staat für Biederthal, Liebenswiller und Burg die Zivilstandsregister führen müssen; anderseits waren die Einkommen aus den elsässischen Dörfen schon lange teilweise oder ganz versiegt.

Witterswil-Bättwil ging 1806 den umgekehrten Weg, indem es sich von Wisschilch löste und eine eigene Pfarrei gründete. Die Verhältnisse waren schon vor der Revolution unerquicklich gewesen und waren nun durch die neuen politischen Verhältnisse vollends untragbar geworden. Das Inventar der baufälligen Mutterkirche war denn auch bereits 1790 unter den drei Gemeinden aufgeteilt und das ehrwürdige Gotteshaus dem Abbruch überlassen worden.

Eine internationale Pfarrei im Leimental entstand erneut 1815, als Oberwil eidgenössisch wurde, Neuwiller aber französisch blieb. Doch schon nach fünf Jahren machte der französische König diesem Zustand ein Ende, indem er Neuwiller zur Pfarrei erhob.

Im Sog des grossen Nachbarn

Artikel 8 der Schutzallianz mit Frankreich von 1803 sah eine Überprüfung der schweizerisch-französischen Grenzen vor. Frankreich hatte dabei vor allem die Enklaven im Leimental und Kleinlützel im Auge, welche seit 1789 Anlass zu unzähligen Reibereien gegeben hatten. Ende 1802 stellte ein Dekret General Neys die Annektion als fertige Tatsache hin. Schon waren eine Proklamation der französischen Konsuln und die Installationsrede des Bischofs von Strassburg gedruckt und verteilt worden. Sofort intervenierte Pfarrer Studer in Solothurn, die Gemeinden zogen mit Kreuz und Fahnen nach Mariastein, und das Landgericht überreichte der Solothurner Regierung eine Bittschrift, worin sie beteuerten, bei Solothurn bleiben zu wollen, und ihre Anhänglichkeit bekräftigten.

Die Sache wurde dann tatsächlich nicht mehr weiter verfolgt, wohl eher, weil Paris mit Wichtigerem beschäftigt war als der Abneigung der solothurnischen Leimentaler, französisch zu werden.

Bis 1812 verlief das Leben im Tal wieder in ruhigeren Bahnen. Das Konkordat von 1801 hatte in Frankreich den religiösen Frieden endlich wieder hergestellt. Die Eidgenossenschaft aber, wie die verschiedenen Zustände seit 1798 auch immer genannt wurden, sei es Helvetik oder Mediation, war und blieb ein Satellit Frankreichs, welches ihre Geschicke bestimmte.

So forderten die napoleonischen Kriege, auch wenn sie weitab stattfanden, überall ihren Zoll, denn die Heere brauchten Soldaten. In immer kürzeren Abständen folgten sich die Rekrutierungen. Ob allerdings das solothurnische Leimental, welches von beiden Seiten beansprucht wurde, im selben Ausmass betroffen wurde wie die übrige Eidgenossenschaft, ist fraglich. Es scheint, dass Solothurn Vorsicht walten liess, um die Franzosen nicht zu provozieren, und dass Frankreichs Verwaltung anderes zu tun hatte, als die paar widerspenstigen Gemeinden zu integrieren. Dass diese aus der Situation Kapital zu schlagen versuchten, liegt auf der Hand.

Das Blatt wendet sich

Napoleons Stern war am Sinken. Österreich und Bayern wurden offensiv. Die entthronten Aristokraten witterten Morgenluft. Die Schweiz drohte jetzt ebenso unter die Fuchtel der verbündeten Österreicher und Bayern zu geraten, wie sie vorher unter derjenigen Frankreichs gestanden hatte. Es gelang ihr nicht, ihre Neutralität durchzusetzen, als sich der Krieg ihren Grenzen näherte, und sie musste Truppendurchzüge dulden. Es gab wieder Einquartierungen eigener und fremder Truppen und Zwangsfuhren. Die Kosten hätten zwar rückerstattet werden sollen, doch das dauerte Jahre und ein Teil blieb trotzdem an den Gemeinden und an Privaten hängen.

Ende Dezember 1813 hob der österreichische Fürst Schwarzenberg die Mediationsakte auf, und am 23. Dezember dankte die Mediationsregierung ab. In den gleichen Tagen zogen die Alliierten durch das Leimental vor die Landskron. Nach drei Tagen, an Weihnachten 1813, musste sie sich, schwach besetzt und schlecht ausgerüstet und verproviantiert, ergeben. Zwei Tote und ein paar Verwundete waren zu beklagen. Die ramponierte Festung wurde dann von der Bevölkerung geplündert, brannte im Februar aus und wurde Ende Juni gesprengt. So verursachten ausgerechnet jene Kräfte den Untergang des letzten Symbols des Ancien Régime in unserer Gegend, welche die politische Restauration auf ihre Fahnen geschrieben hatten! Ironie des Schicksals, oder ein Zeichen, dass die Errungenschaften der Revolution nicht mehr auf die Dauer rückgängig zu machen sein würden?

Es folgten zwei Jahre der Unsicherheit und der Turbulenzen, doch auf Gemeindeebene wogen die Lasten der Truppeneinquartierungen ungleich schwerer als die unvermeidlichen politischen Querelen.

Der Sundgau blieb nach 1815 noch volle zwei Jahre von den alliierten Truppen besetzt.

Länder- und Leute-schacher

Auch den Siegern war klar, dass man nicht einfach zur Ordnung vor 1789 zurückkehren konnte. Der Wiener Kongress hatte das Ziel, neue Verhältnisse zu schaffen, welche auf die Dauer stabile Verhältnisse garantierten, ohne allzu viele der alten Vorrechte preisgeben zu müssen. Die geistlichen Fürstentümer passten nicht mehr in die neue Zeit; ihre Wiederherstellung kam nicht in Frage. Was sollte nun mit den Ländern des alten Fürstbistums Basel geschehen? Nach langem Hin und Her erklärte sich Bern widerstrebend bereit, sie als Kompensation für den Verlust des alten Aargaus und der Waadt anzunehmen, nachdem klar geworden war, dass niemand ausser Solothurn eine Wiederherstellung Berns in seinen alten Grenzen unterstützen mochte. Dass der französische Jura einen selbstständigen Stand anstrebte, zählte nicht. Nur die Gemeinden des Birsecks und des Leimentals wurden Basel zugesprochen, was den Neigungen der Mehrheit der Bevölkerung entsprochen haben dürfte. Solothurn hatte die Möglichkeit, mit dem Laufental eine Brücke zu seinen Enklaven in Kleinlützel und im Leimental zu schaffen, durch denkbar ungeschicktes Verhandeln verpatzt. Das Laufental wurde Bern zugesprochen, samt der Gemeinde Burg, welche lieber baslerisch geworden wäre.

Kirchlich wurde das ganze Gebiet wieder dem Bistum Basel angeschlossen; das Dekanat Leimental aber blieb Geschichte.

Erneut hatte sich die Grenzlandschaft im Leimental verändert und – was die Landesgrenzen betrifft – die heute gültige Gestalt angenommen.

Alte Fesseln, neue Lösungen

Nun kehrte tatsächlich Ruhe ein im Leimental, zuviel Ruhe, denn die Grenzen wirkten sich hinderlicher aus als je. Die Kantone führten nicht nur die alten Grenzzölle wieder ein, sondern auch die Binnenzölle. Bern erhöhte seine Grenzzölle dermassen, dass sie den Verkehr zwischen dem Laufental und dem Leimental fast zum Erliegen brachten. Das wirkte sich im Leimental um so gravierender aus, als auch Frankreich einen Zollkordon etablierte, welcher die wirtschaftlichen Aktivitäten sowohl im solothurnischen Leimental als auch in Leimen, Biederthal und Burg zu ersticken drohte. Da sich die Nachteile beidseitig auswirkten, gelang es der Republik Solothurn, schon 1818 ein Abkommen mit dem Königreich Frankreich zu schliessen, an welchem auch Basel beteiligt war und das – zusammen mit einem Nachtrag von 1824 – im Prinzip noch heute das Rückgrat der Bestimmungen über den grenzüberschreitenden Transitverkehr bildet. Frankreichs überhöhte Schutzzölle für Ausfuhren blieben jedoch bestehen und leisteten dem im Tal aufblühenden Schmugglerwesen Vorschub.

Das Strassenwesen aber lag im Argen, da jeder Kanton befürchtete, die Nachbarkantone könnten grössere Vorteile aus besseren Strassen ziehen. So wurden denn auch die Bestrebungen abgewürgt, durch eine neue Strasse über den Chall eine Verbindung vom Leimental und damit vom Elsass ins Laufental zu schaffen.

Die neue Zeit bahnt sich an

Die Juli-Revolution von 1830 warf im Sundgau keine grosse Wellen; sie hatte aber ihre Auswirkungen in den Schweizer Kantonen. Im Stande Solothurn begann es zu gären, und Ende Jahr musste sich das Regiment unter dem Druck des Volkes zu einer neuen Verfassung bequemen, welche mit den Vorrechten der Aristokratie und der Stadt aufräumte und den Weg frei machte für fortschrittliche Institutionen.

Weniger glimpflich liefen in Basel die Bestrebungen des Landvolkes nach mehr Rechten ab. Die starre Haltung der stolzen Stadt führte zu kriegerischen Auseinandersetzungen, welche erst 1833 mit der Abtrennung der Landschaft ein Ende fanden. Somit war das Leimental wieder um eine Grenze reicher, nämlich um die Standesgrenze zwischen der Stadt Basel und den Gemeinden Binningen und Bottmingen, welche füglich als Staatsgrenze gelten konnte, bis 1848 der Bundesstaat gegründet wurde.

In diesen Jahren vollzog sich in den eidgenössischen Gebieten endlich die Zehntablösung, womit die Landwirtschaft Handlungsfreiheit gewann. Bald wurde sie aber durch die aufkommenden Eisenbahnen, welche den Import billiger Lebens- und Futtermittel ermöglichte, in eine schwere Krise gestürzt. Die im Ausland beginnende Industrialisierung schmälerte die Existenzbasis der Handwerker, und in den vierziger Jahren machte sich vielerorts eine zunehmende Verarmung breit. Ohne das Ventil der Auswanderung hätten diese Krisen kaum ohne grössere soziale Unruhen bewältigt werden können.

Im Gegensatz zu dieser wirtschaftlichen Stagnation, welche weitgehend den vielen Zöllen und dem zersplitterten Währungswesen zuzuschreiben war, hatte im benachbarten Elsass nach 1815 ein bescheidener Aufschwung begonnen, welcher mit der Zeit da und dort die ersten Industriebetriebe aufkeimen liess.

Basel aber leistete sich noch 1844 ein neues Stadttor, ein Eisenbahntor nämlich, um die Linie Strassburg–Basel in die Stadt führen zu können!

Ein Neubeginn

In der Eidgenossenschaft entluden sich die Spannungen zwischen den konservativen und den fortschrittlichen Kantonen 1847 im Sonderbundskrieg. Alle im Leimental vertretenen eidgenössischen Stände waren im Lager der Bundestruppen, sodass in diesem Bürgerkrieg zumindest keine Leimentaler gegeneinander antreten mussten. Der Sonderbundskrieg schuf die Voraussetzungen für den ein Jahr später gegründeten Bundesstaat.

Im gleichen Jahr wurde in Paris die zweite Republik ausgerufen. Im Sundgau provozierte dieses Ereignis wieder einmal schwere Judenrumpel. Die Verarmung breiter Bevölkerungsschichten und Missstände im Kreditwesen hatten für Zündstoff gesorgt. Seitdem die Revolution die kirchlichen Institutionen und öffentlichen Stiftungen liquidiert hatte und diese somit als Geldgeber wegfielen, lag die Kreditwirtschaft fast ausschliesslich in den Händen der Juden. Erst die segensreiche Einrichtung der Raiffeisenkassen, welche im seit 1871 deutschen Elsass rasch Fuss fassten, vermochte diese Spannungen nach und nach abzubauen. Das private Kreditwesen wurde bedeutungslos, die Landwirtschaftlichen Genossenschaften beeinträchtigten den Hausiererhandel und die Bahnverbindungen schafften neue Zentren. Als Folge davon zählte der Kreis Altkirch im Jahre 1900 nur noch 300 Juden, während es 1860 noch deren 1600 gewesen waren.

In der Schweiz waren mit dem Bundesstaat die Grundlagen für eine bessere wirtschaftliche Entwicklung geschaffen worden; die Binnenzölle wurden abgeschafft und eine einheitliche Währung eingeführt. Die politischen Gegensätze allerdings waren damit keineswegs aus der Welt geschafft. Die erbitterten Auseinandersetzungen zwischen Liberalen, Radikalen und Konservativen gipfelten im Kulturkampf, welcher dem Leimental die Aufhebung des Klosters Mariastein durch den Kanton Solothurn bescherte, obwohl sich die Mehrheit der Stimmberechtigten im Leimental dagegen ausgesprochen hatte. Auch die benachbarten Sundgauer Gemeinden bedauerten diesen Entscheid, war doch das Elsass in Mariastein immer gut vertreten gewesen.

Für die grenzüberschreitenden Beziehungen war vor allem der Verlust der Klosterschule mehr als bedauerlich. Die Schule war von vielen Elsässern besucht worden und hatte über die Grenzen verbindend gewirkt.

Wieder Krieg an der Grenze

Dem Elsass brachten die Jahre 1870–71 erneut Krieg. Diese Auseinandersetzung zwischen Deutschland und Frankreich veränderte die Leimentaler Landkarte erneut. Napoleon III., welchem 1852 die zweite Republik zum Opfer gefallen war, unterlag, und Frankreich musste im Frieden von Versailles das Elsass wieder an Deutschland abtreten.

Und wieder waren die schweizerischen Grenzdörfer zum Bersten angefüllt mit Flüchtlingen. Diese führten nicht nur Fahrhabe mit sich, sondern teilweise auch ihr Vieh, sodass alle Häuser und Ställe vollgepfercht waren. Sie kehrten jedoch bald wieder in ihre Dörfer zurück, nicht ohne die Gastgeber für ihre Auslagen gehörig entschädigt zu haben!

Deutschland erlaubte den Elsässern die Option für Frankreich. Diese wurde von den oberen Schichten, welche sich die französische Lebensart zu Eigen gemacht hatten, zum Teil in Anspruch genommen. Trotzdem setzte sich der Aufschwung fort: Industriebetriebe siedelten sich an und Eisenbahnen wurden gebaut.

Das Eisenbahnfieber
Auch das Leimental wurde vom Eisenbahnfieber erfasst. 1887 wurde die Strecke Basel–Therwil der Birsigtalbahn AG eröffnet, und schon 1888 wurde sie bis Flüh verlängert. 1905 erfolgte die Elektrifizierung und 1910 die Verlängerung bis Rodersdorf. Die Strecke Rodersdorf–Pfirt war in der Planungsphase, als der Erste Weltkrieg ausbrach und diesem Projekt endgültig den Garaus machte.

Die Birsigtalbahn hatte zweifellos grossen Anteil am Aufschwung, der im Leimental vor dem Ersten Weltkrieg zu verzeichnen war. Wie eng die Bevölkerung mit der Bahn verbunden war, zeigen die verschiedenen gut befolgten Streiks, mit denen die Fahrgäste auf Preiserhöhungen zu reagieren pflegten…

Im angrenzenden Sundgau wurde 1891 der Betrieb der Bahn Altkirch–Pfirt aufgenommen. Auch hier bewirkte die Bahn in den Anliegergebieten einen spürbaren Aufschwung, der aber teilweise deutlich auf Kosten der entlegeneren Dörfer ging.

Der Leimentaler Nebenerwerb par excellence
Ob französisch oder deutsch, der Schmuggel war über all diese Jahre ein einträgliches, wenn auch risikoreiches Geschäft. Der Umgang mit der Währung der Nachbarschaft, den er mit sich brachte, war sogar so geläufig, dass 1907 die Rodersdorfer Gemeindeversammlung bestimmte, zukünftig seien mindestens die Hälfte der Gemeindesteuern in Schweizer Franken zu entrichten und nicht in Reichsmark.

Die Beziehungen über die Grenze waren überhaupt enger als heute. Man heiratete über die Grenze und erbte demnach auch über die Grenze. Auch war der ausländische Grundbesitz häufiger als heute, denn damals stand dem schweizerischen Besitz im Ausland noch ein entsprechender elsässischer Besitz in der Schweiz gegenüber, welcher erst infolge der beiden Weltkriege nach und nach veräussert wurde.

Der Erste Weltkrieg

Der Erste Weltkrieg brachte dem schweizerischen Teil des Leimentals die Grenzbesetzung, dem damals deutschen Teil den Krieg.

Die Soldaten aus verschiedenen Landesteilen, welche die Grenze bewachten, machten das Leimental weit herum bekannt. Anderseits wurde auch mancher Leimentaler durch den Dienst weltläufiger.

Die Entbehrungen und Lasten dieser Zeit teilten die Leimentaler mit den übrigen Eidgenossen. Doch machte sich die Notlage der minderbemittelten Schichten, welche gegen Ende des Krieges zu sozialen Spannungen führen sollte, in den stadtnahen Gemeinden viel stärker bemerkbar als im hinteren Leimental. Hier war noch fast jeder, mindestens teilweise, Selbstversorger, und die intakten Dorfgemeinschaften vermochten die grössten Härten abzufedern.

Die Strecke Flüh–Rodersdorf der Birsigtalbahn war bei Kriegsbeginn militärisch gesperrt worden. Sie konnte jedoch schon im Frühjahr 1915 wieder in Betrieb genommen werden.

Die kriegerischen Ereignisse näherten sich öfters bedrohlich der Grenze. Das Leimental wurde zwar von direkten Kampfhandlungen verschont, aber die elsässischen Dörfer hatten ungleich mehr unter dem Krieg zu leiden. Die Familien hatten ihre Söhne an der Front, und mancher kehrte nicht mehr zurück. Handel und Wandel waren beeinträchtigt, und die Bedrohung durch die im hinteren Sundgau verlaufende Front war ständig gegenwärtig.

Der Schmuggel aber blühte wie noch nie. Tabak, Kaffee, Zucker und vor allem Saccharin waren die Reisser. Alle waren an diesem Geschäft beteiligt, sogar jene, welche die Aufsicht hätten führen sollen. Ein Grenzwächter soll sich mit dem Satz gerechtfertigt haben: «Wenn es lange regnet, werden alle nass!»

Deutschland verlor den Krieg, und das Elsass ging wieder an Frankreich. Zwar regten sich im ganzen Elsass Autonomiebestrebungen und im Friedensvertrag wurde den Elsässern das Selbstbestimmungsrecht eingeräumt. Aber die französische Verwaltung hatte das Land wieder fest im Griff. Deutsche und bekannt deutschfreundliche Elsässer wurden ausgewiesen, die aktivsten Autonomisten verhaftet und eingesperrt. Die vorgesehene Volksbefragung fand nie statt.

Im Grenzverkehr änderte nicht viel, wenn man davon absieht, dass die französischen Zollbeamten, die meist nicht aus dem Elsass stammten, kein Deutsch verstanden. Die daraus entstehenden Verständigungsschwierigkeiten wirkten sich zwar meist nachteilig aus – aber richtig eingesetzt konnten sie auch von Vorteil sein…

G
H

Der Zweite Weltkrieg

Der Zweite Weltkrieg hatte für das Leimental weit tiefgreifendere Folgen als der Erste. Die Bevölkerung der französischen Grenzdörfer wurde schon zu Beginn umgesiedelt. Von einem Tag auf den andern musste männiglich mit wenig Bagage das Heim verlassen. Der kaum organisierte, Tage und Nächte dauernde Eisenbahntransport in Viehwagen brachte die Leute in die südlich von Bordeaux am Atlantik liegenden Landes, wo die deutsch sprechenden Fremdlinge nicht überall willkommen geheissen wurden. Die Ungewissheit über das Schicksal von Haus und Hof, die fremde Umgebung, die Kommunikationsschwierigkeiten, all das lastete schwer auf den Leuten. Gewiss ergaben sich mit der Zeit menschliche Beziehungen, welche teilweise bis heute gepflegt werden; aber immer hatten sie die verlassenen Dörfer vor Augen, die Haustiere, die Felder – kurz, die Heimat.

So plötzlich wie der Auszug hatte vonstatten gehen müssen, so langwierig erwies sich die Heimkehr. Erst nach vielen Anstrengungen gelang es, die bürokratischen Hindernisse auszuräumen und den Rückweg in die inzwischen von den Nazis besetzte Heimat anzutreten.

Der nächste Schlag waren die Zwangsrekrutierungen, durch welche die jungen Elsässer in die deutsche Wehrmacht eingezogen wurden. Die Namen auf den Kriegerdenkmälern zeugen heute noch von dem Blutzoll, den die Elsässer Bevölkerung bezahlen musste.

Manch einer suchte sich dem Kriegsdienst im deutschen Heer durch die Flucht in die nahe Schweiz zu entziehen. Doch die Repressalien waren furchtbar; die Angehörigen riskierten erschossen zu werden.

Viele der Eingezogenen kehrten nicht mehr zurück. Gerade über das Schicksal der im Russlandfeldzug Verschollenen waren die Angehörigen vielfach über Jahre im Ungewissen, und diejenigen, welche schliesslich zurückkehrten, waren ihrer Lebtag von den traumatischen Erlebnissen geprägt.

Die Deutschen riegelten die Grenze zur Schweiz über weite Strecken mit einem elektrisch geladenen Zaun ab. Die Strecke Flüh–Rodersdorf der Birsigtalbahn musste am 3. Juni 1940 auf Verlangen der französischen Behörden geschlossen werden. Sie wurde am 22. Juni wieder geöffnet, aber nur, um am 11. Juli auf das Verbot der deutschen Okkupationsbehörden wieder geschlossen zu werden. Der Betrieb konnte erst im Juni 1945 wieder aufgenommen werden.

Diese Massnahmen trafen das hintere Leimental hart. Der Landbesitz der Landwirte von Flüh lag zu einem schönen Teil im Banne Leimen. Die Deutschen liessen keine Bewirtschaftung über die Grenze zu. Man kann sich vorstellen, wie den Besitzern zu Mute war, wenn die vollbehangenen Obstbäume in Sichtweite vor der geschlossenen Grenze standen. Es fehlte nicht an Versuchen, an die in diesen Jahren so sehr benötigte Ernte heranzukommen, was teilweise auch mit List gelang. Dass mit den Deutschen aber tatsächlich nicht zu spassen war, zeigte sich Anfang Juni 1942, als ein junger Flühener von einem deutschen Soldaten beim Kirschenpflücken erwischt und nach einer kurzen Auseinandersetzung erschossen wurde.

Die Strasse von Rodersdorf nach Metzerlen verlief über eine kurze Strecke zur Hälfte auf französischem Boden. Nachdem Transporte mehrmals von deutschen Truppen beschossen worden waren, musste die Strasse gesperrt und der Fuhrverkehr mit der Schweiz mühsam vierspännig über den alten, steilen Kreuzweg nach Mariastein geführt werden.

So waren Handel und Wandel an allen Ecken und Enden beeinträchtigt und behindert. In den Gemeindeprotokollen findet man aber merkwürdigerweise kaum Spuren dieses Geschehens. Es ist, als hätte man durch die Vortäuschung einer keineswegs vorhandenen Normalität dem Schrecken und den Ängsten entkommen wollen.

Die Nachkriegszeit

Als 1945 der Friede einkehrte, konnte niemand wissen, ob nun nicht wieder nur eine Zwischenkriegszeit beginnen würde. Der Verlauf der Zwanziger- und Dreissigerjahre war noch in frischer Erinnerung; man war weiterer politischer und wirtschaftlicher Krisen gewärtig. Doch mit dem Kalten Krieg kam ein Element ins Spiel, welches völlig andere Verhältnisse schaffte. Die Aggressionen wurden nach aussen gerichtet, die Bedrohung durch den Kommunismus liess ehemalige Feinde zusammenrücken, und die wirtschaftliche Prosperität erwies sich als dauerhaft. Die Welt wurde spürbar kleiner. Keiner konnte aber ahnen, in welchem Ausmass sie bis zum Ende des Jahrhunderts dank der neuen Technologien noch schrumpfen würde.

Im schweizerischen Teil des Leimentals kehrte man verhältnismässig rasch zur Normalität zurück, im französischen hingegen stand man in vielen Bereichen vor einem Neubeginn. Die Kriegsjahre lagen wie ein schwarzes Band zwischen den Dreissigerjahren und der Zukunft. Nichts war mehr, wie es gewesen war. Die unterschiedlichen Schicksale beiderseits der Grenzen hatten eine deutliche Entfremdung zur Folge.

Eine neue Art Grenze

Bald zeigte sich, dass Paris im Elsass einen Sprachwechsel durchzusetzen gedachte. Zuerst hiess es: «C'est chic de parler français», dann wurde der Dialekt in der Schule verboten. Der Bischof von Strassburg führte einen französischen Katechismus ein. Die deutschen Zeitungen konnten zwar noch erscheinen, aber der Sportbericht musste in französischer Sprache gedruckt werden. Eltern, die zu Hause mit den Kindern Dialekt redeten, wurden von der Schule sanft unter Druck gesetzt. Alle diese Massnahmen wären undenkbar gewesen, wenn nicht die Nazis durch ihre während der Besetzung verübten Greueltaten alles Deutsche in Misskredit gebracht hätten.

Es ist hier nicht die Stelle, die Auswirkungen dieser sprachlichen Umkrempelung auf Familie und Gesellschaft, auf Mentalität und Denkweise zu untersuchen – oder zu spekulieren, wie das Echo bei umgekehrten Vorzeichen ausgefallen wäre. Heute ist sie so gut wie Tatsache.

Die regionalen Auswirkungen jedoch können uns nicht gleichgültig lassen. Im Leimental hat sich in den letzten Jahrzehnten fast unmerklich eine Grenze aufgebaut, welche schwerer zu überwinden ist als alle Grenzen, die dem Tal in den letzten Zweitausend Jahren beschert worden sind: die Sprachgrenze, oder bildlicher ausgedrückt, ein regelrechter Sprachgraben.

Die gesetztere Generation ist heute im täglichen Leben noch kommunikationsfähig. Behördliche Kontakte werden schon komplizierter und bei grenzüberschreitenden Organisationen frisst der durch die Zweisprachigkeit verursachte Aufwand die halben Energien und zehrt an den Finanzen.

Die Zukunftsperspektiven? In ein paar Jahren werden die Elsässer kein deutsch mehr können – und die Schweizer immer weniger französisch. Vermutlich wird sich dannzumal eine kommende Generation mit der neuen lingua franca behelfen, dem Englischen. Denn die Wurzeln einer gemeinsamen Vergangenheit werden sich nicht so leicht ausreissen, die Anforderungen einer gemeinsamen Region und die regional zu lösenden Aufgaben nicht negieren und das Bedürfnis, die gemeinsame Umwelt zu gestalten, nicht unterdrücken lassen.

Leimental: Tal der Grenzen

Ein Tal, eine Bevölkerung, hundert Schicksale! Immer wieder haben im Laufe der Zeiten äussere Einflüsse die Bevölkerung des Leimentals auseinander dividiert. Verschiedene Herrschaftsordnungen haben verschiedene Strukturen und Mentalitäten hervorgebracht, haben die wirtschaftliche Entwicklung beeinflusst und die Kultur geprägt. Verschiedene Konfessionen und Religionen haben zusätzliche Unterschiede geschaffen.

Hier läge Stoff für eingehendere Untersuchungen, welche interessante Einblicke in die Auswirkung verschiedener Machtstrukturen und Organisationsformen geben könnten. Vielleicht eine grenzüberschreitende Aufgabe für die Universitäten der Region?

ZUM SCHWANNE

Wolschwiller

Frankreich, Departement Oberrhein, Kanton Pfirt
Einwohner: 430
Fläche: 1013 ha,
davon Wald ca. 500 ha

Das Wappen, eine Tanne in Silber, spielt auf die grosse Waldfläche der Gemeinde an.

Wo entspringt der Birsig? Die Leute von Burg sind überzeugt, dass er in ihrem Bann seinen Ursprung habe, am Blauenfuss unterhalb des Falkenfelses. Anderseits verläuft das Leimental oberhalb der Landesgrenze bei Biederthal gradlinig weiter bis an den Geländesattel, welcher es bei Wolschwiller vom Illtal trennt. Die rund fünfzig Meter Höhenunterschied zwischen dem Illtal und dem Leimental haben hier den Einschnitt des Börsegrabens entstehen lassen. Wenn man weiss, dass der Birsig in alten Dokumenten auch als Bürseg auftritt, so ist die Verbindung zu Börse(g)graben nicht mehr weit. Also entspringt der Birsig – zumindest auch – bei Wolschwiller und man kann freundnachbarlich davon ausgehen, dass er zwei Quellen habe.

Der Bach im Börsegraben trieb in der Vergangenheit immerhin eine Sägerei und zeitweilig auch eine Mühle an.

Die Siedlung Wolschwiller selber liegt eindeutig im Illtal. Die weithin sichtbare Kirche jedoch sitzt rittlings auf dem Sattel zwischen dem Ill- und dem Leimental, und auch neue Quartiere sind nach dem Leimental ausgerichtet. Auch der Bann entwässert zu gut einem Drittel in den Birsig.

Sigismund von Billing umschreibt Wollschwiler in seiner 1782 erschienenen *Geschichte und Beschreibung des Elsasses und seiner Bewohner* folgendermassen: *Das Pfirter-Amt wird in sechs Meyerthümer eingetheilet. (…) Zu dem Meyerthum Wolfsweiler oder Wolschweiler, rechnet man ausser diesem, noch die Dörfer Lauter, Rödersdorf, Kiffis, Sondersdorf und Lüxdorf.* Wolschwiller kam also eine gewisse Zentrumsfunktion zu. Ob beim Reich unter den Pfirtern und den Habsburgern oder nach dem Dreissigjährigen Krieg bei den Franzosen unter der Fuchtel Mazarins oder seiner Erben: Wolschwiller war, wie der ganze Sundgau, bis ins 20. Jahrhundert vielfältigen

Kriegsläufen und Bedrängnissen ausgesetzt. Hier nahm im Dreissigjährigen Krieg jene Bauernrevolte gegen die schwedische Besetzung ihren Anfang, welche im Ansatz zeigte, wie die ungeheure Verheerung des ganzen Reiches hätte gehemmt werden können, wenn nicht seit dem hohen Mittelalter die ganze Bevölkerung zu wehr- und rechtlosen Untertanen degradiert worden wäre. Aber auf sich gestellt, ungeübt, schlecht ausgerüstet und obendrein von den Landesherren als Bedrohung ihrer Machtstellung beargwöhnt, musste der Aufstand scheitern. Zwar fiel ihm ein schwedischer General zum Opfer, aber er wurde durch Hunderte von hingeschlachteten und aufgehängten Bauern mehr als aufgewogen.

Heute hat Wolschwiller mit denselben Infrastrukturschwierigkeiten zu kämpfen wie andere kleine Gemeinden des Sundgaus. Der Zusammenschluss von Kindergärten und Schulen steht zur Diskussion, der öffentliche Verkehr liegt im Argen, mit der Einführung der Intercommunale – dem Zusammenschluss mehrerer Gemeinden zur regionalen Lösung von Aufgaben – zeichnen sich Bestrebungen ab, die schlussendlich auf Verwaltungszusammenschlüsse hinauslaufen. Immerhin war in den letzen Jahren eine massvolle Entwicklung zu verzeichnen. Etliche neue Häuser entstanden und alte wurden in Stand gestellt. Die Distanzen zu den Agglomerationen in Frankreich und in der Schweiz sind gross genug, um ein ungebremstes Wachstum zu verhindern, aber sie lassen eine gewisse Entwicklung zu. Ferner bietet sich die intakte Landschaft dem Erholungstourismus geradezu an. Diese Trümpfe, richtig ausgespielt, werden der Gemeinde eine erspriessliche Zukunft sichern.

Von den Nachbarn werden die Wolschwiller «Schtrigger» genannt.

Das Kirchendach als Wasserscheide

Die Kirche von Wolschwiller gehört sowohl dem Ill- als auch dem Leimental an, dergestalt, dass die eine Seite des Kirchendaches in die Ill und die andere in den Birsig entwässert. So können zwei Wassertropfen, welche nebeneinander auf den Kirchenfirst fallen, auf ganz verschiedenen Wegen in den Rhein gelangen.

Denn der Birsig mündet bekanntlich schon nach ungefähr 20 Kilometern bei der Basler Schifflände in den Rhein, während die Ill zwar bei Mülhausen aus dem Sundgauer Hügelland in die Rheinebene tritt, aber nur um dann parallel zum Rhein ihren Weg zu suchen, welchem sie auf ihrem Weg sämtliche Zuflüsse aus den Vogesen vor der Nase weg stibitzt. Erst unterhalb Strassburg, nach über 100 Kilometern, bequemt sie sich dazu, in den Rhein zu fliessen.

Burg

Schweiz,
Kanton Basel-Landschaft,
Bezirk Laufen
Einwohner: 240
Fläche: 283 ha,
davon Wald 230 ha

Das Wappen von Burg ist dasjenige der Herren von Wessenberg, welche hier um die dreihundert Jahre die Herrschaft ausgeübt haben, nämlich im weissem Schild ein schwarzer Balken, begleitet von drei roten Kugeln.

Wer vom Rämelspitz Burg zustrebt, zuerst der Landesgrenze entlang, dann oberhalb der Rittimatte dem Fussweg folgend, gelangt auf Punkt 576, an den Anfang eines Rückens, der sich hier vom Rämelhang löst und ostwärts immer schmaler und felsiger wird, bis er schliesslich als schmaler Felssporn durch eine Klus unversehens unterbrochen wird. Auf diesem Sporn thront die Burg, welche dem Dorf den Namen gegeben hat. Allerdings hiess sie ursprünglich Burg Biederthan, dann Burg Biederthal, dann Burgtal und endlich – als nun vermutlich unverkürzbare Schwundstufe – kurzerhand Burg. Immerhin hat der Name Burgtal in der Bezeichnung «Burgtaler» für die Einwohner des Dorfes Burg überlebt.

In der engen Klus unterhalb der Burg machen sich der junge Birsig und ein Strässchen den Platz streitig. Was sich heute als Feld- und allenfalls als Wanderweg präsentiert, war vor Zeiten ein viel begangener Pass über den Rämel ins Lüssel- und ins Birstal, was wahrscheinlich für die Wahl des Standortes der Burg ausschlaggebend war. Es muss ein wichtiger Übergang gewesen sein, finden sich doch auf dem Burggrat neben den bestehenden Bauten ausgedehnte Reste weiterer Befestigungen. Der Volksmund mag übertreiben, wenn er von ursprünglich sieben Burgen erzählt, doch gelten, nebst der heutigen Burg, die Anlagen Schönenberg und Alt Biederthan als gesichert.
Alt Biederthan, dessen Gründung spätestens im elften Jahrhundert durch Funde erwiesen ist, dürfte der Sitz jener hochadeligen Herren von Biederthan gewesen sein, die um 1140 bezeugt sind und mit deren Besitz Kaiser Barbarossa 1168 die Habsburger belehnte.

Die Habsburger verkauften 1269 die Burg Biederthan dem Bischof von Basel, behielten aber den Hof Biederthal, das heutige

Dorf Biederthal, für sich, womit der heutige Verlauf der Landesgrenze vorprogrammiert war. Die Burg blieb in den Händen des Bischofs, welcher die Ritter von Biederthan damit belehnte. Ob diese Nachkommen der vielleicht in Ungnade gefallenen Noblen von Biederthan waren? Man weiss es nicht.

Nach dem Erlöschen des Geschlechtes der Ritter von Biederthan ging das Lehen Anfang des 15. Jahrhunderts an die aus dem Aargau stammenden Herren von Wessenberg über. Diese verkauften 1520 die Burg zusammen mit dem ebenfalls ihnen unterstehenden habsburgischen Lehen Liebenswiller der Stadt Basel, welche das Schloss unverzüglich besetzte. Doch hatten die Basler die Rechnung ohne den bischöflichen Lehensherren gemacht, welcher die Zustimmung verweigerte, sodass alles beim Alten blieb.

Burg gehörte seit Alters zum Kirchspiel Rodersdorf. 1784 schenkten die Wessenberg den Burgtalern die Schlosskapelle als Dorfkirche samt einem Legat von 27 000 Pfund. Doch erst 1805 wurde Burg eine eigene Pfarrei, nachdem es 1792 mit dem Fürstbistum Basel Frankreich einverleibt worden war.

1815 war es der einmütige Wunsch der Burgtaler, Basel unterstellt zu werden, doch scherte sich der Wiener Kongress wenig darum, und Burg wurde mit dem übrigen ehemaligen Fürstbistum vorerst für die nächsten 179 Jahre bernisch. In beiden Abstimmungen zur Laufentaler Frage votierten die Burgtaler erneut mehrheitlich für Basel-Stadt. Aber nochmals entschied das Schicksal anders: sie mussten mit dem Kanton Basel-Landschaft vorliebnehmen.

In neuerer Zeit hat sich das Dorf am Hang unterhalb der Burg ausgebreitet. Der Burgfelsen und der Blauen stehlen zwar im Winter einem Teil der Siedlung während Wochen den Sonnenschein. Doch die Gegensätze liegen nahe beieinander. Das bezeugen einerseits am nördlichen Felshang das unterhalb der Burg heimische typische Schattengewächs der Hirschzunge und anderseits der gleich gegenüber am Südhang wild wachsende, Hitze und Trockenheit liebende Buchs. An heissen Sommertagen dürften überdies die angenehmeren Temperaturen am Nordhang den Verlust der winterlichen Sonnenstrahlen weitgehend wettmachen!

Von den Nachbarn werden die Burgtaler Chochleffel genannt.

Im hintersten Leimental erzählt man sich merkwürdige Totengräber-Geschichten. Vom einen Dörflein heisst es, sie hätten früher keinen Totengräber gebraucht. Die Leute seien alle so verdreht gewesen, dass man sie in die Erde habe schrauben können … Und im anderen Dörflein – als Jahr und Tag kein Todesfall zu verzeichnen war – habe sich der Totengräber ob des fehlenden Nebenverdienstes aufgehalten und in der Wirtschaft lauthals aufbegehrt: «Si lääbe mer z'leid, die Chaibe!»

D' Landschron het die dickschte Muure,
Mätzerle die rychschte Buure,
Burg, das isch e freyi Statt.
Biertel isch e Bättelsagg,
Rodersdorf der Anggechibel,
Leimä-n-isch dr Deggel driber,
Liebenswyler 's-Wäbernäscht
Und z' Hagetaal isch Laubhittäfäscht!

Challpass
Laufen
45 Min.
2 Std. 40 Min.
Metzerlen
45 Min.
Rotberg-Aesch 3 Std. 30 Min.
Burg
481 m
Rodersdorf
1 Std.
Flüh
1 Std. 45 Min.
Remelpass 1 Std.
Kleinlützel 1 Std. 45 Min.
Mariastein
Laufen
Biederthal F

Biederthal

Frankreich, Departement Oberrhein, Kanton Pfirt
Einwohner: 230
Fläche: 416 ha,
davon Wald ca. 90 ha

Das Wappen zeigt einen achtstrahligen goldenen Stern in Blau.

Ähnlich wie Leimen zwischen den schweizerischen Nachbarn Biel-Benken und Rodersdorf eingeklemmt ist, liegt Biederthal zwischen den schweizerischen Dörfern Rodersdorf und Burg. Die beiden Häuserzeilen entlang der vom jungen Birsig gesäumten Strasse nach Burg und Wolschwiller kuscheln sich eng an den Geissberg. Am Waldrand prägt der Turm der Pfarrkirche die Silhouette der Dächer und Spitzgiebel. Bescheiden in der Reihe mit den traditionellen Bauernhäusern liegt mitten im Dorf der ehemalige Sitz der Reich von Reichenstein, der damaligen Dorfherren.

Typisch für das Jurarandgebiet des Sundgaus sind in Biederthal die gemauerten Untergeschosse der Riegelhäuser. Denn es sind die bodennahen Hölzer, welche bei Riegelbauten am meisten unter der Feuchtigkeit leiden, während die dem Wetter ausgesetzten Riegelhölzer der Obergeschosse eine bedeutend längere Lebensdauer haben. Dort, wo Steinmaterial in Reichweite vorhanden war, hat man deshalb gemauerte Erdgeschosse vorgezogen und die oberen Geschosse in Riegelbauweise darauf gesetzt.

Der Name Biederthal nimmt Bezug auf die Burg Biedertan, dem ursprünglichen Namen des heutigen Schlosses Burg. Seine Bedeutung ist nicht klar. Vielleicht ist die Silbe *tan* als Tann auszulegen, was auf den ausgedehnten Weisstannenwald am Blauennordhang hinweisen würde.

Das Dorf Biederthal wird etwa als ursprünglicher Versorgungshof der Burg angesprochen. Das Dorf muss jedoch bedeutend älter sein als die Anlagen auf dem Burgfelsen. Beim Bau des Pfarrhauses um 1840 stiess man auf frühmittelalterliche Gräber, was eine in der Nähe gelegene Siedlung voraussetzt. Auch der heilige Michael als Patron der früh bezeugten Kapelle, welche an der Stelle der heutigen Dorfkirche stand, weist auf ein hohes Alter der Siedlung hin. Vielleicht hatten die Herren von Biedertan hier ihren Hof, bevor sie den Burgfelsen erklommen. Die Versorgung der Anlagen auf dem Burgfelsen aber dürfte eher von Gütern auf dem angrenzenden und überschaubaren Gelände erfolgt sein als vom entfernten alten Hof.

Die Wege der Burg und des Hofes trennten sich schon 1269, als die Habsburger das Schloss Biedertan dem Bischof von Basel verkauften, den Hof Biedertan – das künftige Dorf Biederthal – aber behielten. Vom 16. Jahrhundert bis zur Französischen Revolution waren die Reich von Reichenstein mit dem Dorf belehnt. Als Dorfherren errichteten sie das heute noch bestehende Schlösschen. 1671 konnten sie von Solothurn zusätzlich den vorher zu Rodersdorf gehörenden Leihauser Hof erwerben.

Als präsente Dorfherren nahmen sie direkten Einfluss auf das dörfliche Leben, wohl nicht immer im Sinne der Einwohner. Sie suchten jedoch allfällige Übergriffe durch soziale Taten zu kompensieren. So erscheinen sie öfters als Paten, wobei die Täuflinge in der Regel den Namen der hochgestellten Gönner anzunehmen hatten.
Da bei den Reich der Vorname Hannibal gebräuchlich war, erklären sich so die in den Taufbüchern erscheinenden Hannibal Stöcklin oder Hannibal Spänlehauer.

Von der Französischen Revolution um Stand und Vermögen gebracht, vermochten sich die Reich nur schwer der neuen Zeit anzupassen und verschwanden aus der Gegend; das Geschlecht existiert aber in Frankreich heute noch.

Biederthal gehörte bis 1803 zum Kirchspiel Rodersdorf, dann wurde es von der alten Mutterkirche getrennt und zu Wolschwiller geschlagen. Das war nicht nach dem Sinne der Biederthaler, sie wehrten sich vehement, jedoch erfolglos. Noch lange zeigten sie ihre Anhänglichkeit, liessen dem Pfarrer von Rodersdorf Naturalien zukommen und mussten von der Obrigkeit ermahnt werden, weil ihre Kinder in Rodersdorf die Gottesdienste besuchten, anstatt im entfernteren Wolschwiller. 1843 endlich wurde Biederthal zur Pfarrei erhoben und die heute noch bestehende Kirche errichtet.

Leider ist das traditionsreiche Restaurant Soleil – ein regional geschätzter Treffpunkt – seit einiger Zeit geschlossen. Hingegen zeugt das benachbarte Gemeindezentrum mit seinem gut ausgestatteten, heimeligen Saal von einem regen Gemeindeleben. Das neue Quartier, welches sich in den letzten Jahren im Südwesten entwickelt hat, weist auf ein massvolles Wachstum hin. Wer weiss, vielleicht geht auch das Soleil eines schönen Morgens wieder auf.

Von den Nachbarn werden die Biederthaler Bietler Heere genannt.

Rodersdorf

Schweiz, Kanton Solothurn,
Bezirk Dorneck
Einwohner: 1320
Fläche: 538 ha,
davon Wald 156 ha

Rodersdorf liegt buchstäblich quer im hinteren Leimental. Vom Kamm der Blauenvorfalte gegen Metzerlen legt sich der Gemeindebann wie ein Riegel über das Tal und reicht gegen den Sundgau sogar noch ein bisschen darüber hinaus. Während der sogenannte Berg – steil und felsig – eindeutig dem Jura zuzurechnen ist, gehört die Erhebung gegen das Illtal zum Sundgauer Hügelland. Da gedeiht denn auch auf dem vom Sundgauschotter überdeckten Lössboden der grösste Eichenbestand im Kanton Solothurn. Zwischen den beiden Waldgürteln erstreckt sich die lehmige Birsigebene. Wegen ihres geringen Gefälles neigte sie seit jeher zur Versumpfung und war über weite Strecken nicht zum Ackerbau geeignet. Die 1918 begonnene und 1958 mit der Güterzusammenlegung abgeschlossene Melioration schuf aus dem versumpften Grasland gute Ackerböden. In diesen vierzig Jahren wurden über hundert Kilometer Drainagegräben ausgehoben und Röhren eingelegt, deren Pläne sich ausnehmen wie kartografierte Spinnennetze.

Von den Nachbarn werden die Rodersdörfer als *Rindvieh* oder etwa auch als *Kühe* bezeichnet. Das könnte seinen Ursprung in der früher versumpften Birsigebene haben, welche die Bauern zur damals weniger gebräuchlichen Milchwirtschaft zwang. Interessant ist, dass schon 1284 beim ältesten Siegel der Herren von Ratolsdorf Kuhhörner als Helmzier auftauchen. Ob die Herren von Ratolsdorf wegen ihres grossen Viehstandes Hörner als Helmzier wählten, oder ob den Dorfbewohnern dieser Übername damals schon anhing, muss offen bleiben. Der Name Rodersdorf jedenfalls lässt sich als Dorf des Ratolf oder Ratold erklären.

Wasserläufe, Tümpel und Weiher dürften ursprünglich die später versumpfte Birsigebene geprägt haben: ein bevorzugter Platz für die Menschen der Frühzeit. Daher wohl die grosse Menge von Steinbeilen aus Rodersdorf in der ur- und frühgeschichtlichen Sammlung Basels, aber auch die bedeutenden bronzezeitlichen Siedlungsreste, welche anlässlich des Gasleitungsbaues gerade in einem ehemals versumpften Teil der Birsigebene entdeckt wurden.

Ein Brandgrab aus der späten Bronze- oder der frühen Eisenzeit und ein römischer Gutshof, welcher kürzlich im Dorfkern hat lokalisiert werden können, sind weitere Zeugen aus ferner Vergangenheit. Sogar ein römischer Tempel ist kürzlich bei Ausgrabungen in einem bedeutenden frühmittelalterlichen Gräberfeld auf dem kleinen Büel entdeckt worden.

Der Gasleitungsbau hat zudem Überreste der aus historischen Quellen bekannten Siedlung Bisisdorf/Biedersdorf zu Tage befördert, welche im späten Mittelalter aufgegeben worden ist.

Rodersdorf gehörte zur Grafschaft Pfirt (Ferrette). Die Grafen von Pfirt hatten die Ritter von Ratolsdorf mit dem Dorf belehnt. Diese traten früh in den Dienst der Habsburger, und das Dorf ging 1277 als Lehen an den Seitenzweig der Ratolsdorfer, die Ritter von Rotberg, über. Diese verkauften 1515 ihre Herrschaft samt dem alten Eigengut Rodersdorf und dem damals noch dazugehörigen Leihauser Hof den Solothurnern. Schon 1671 jedoch, während der Turbulenzen der Holländerkriege, verkauften die Solothurner den exponierten Leihauser Hof wieder und zwar den Reich von Reichenstein. Heute gehört er zur französischen Gemeinde Biederthal.

Die Laurentiuskirche war bis 1804 Zentrum eines internationalen Kirchspiels, welches ausser dem seit 1515 solothurnischen Rodersdorf das bischöfliche Burg und die bis 1648 habsburgischen, dann französischen Orte Biederthal und Liebenswiller umfasste.

Hatte sich die extreme Grenzlage – 88 Prozent der Gemeindegrenze sind zugleich Landesgrenze – schon nach dem Dreissigjährigen Krieg nachteilig ausgewirkt, so führten die nach der Französischen Revolution eingeführten Grenzkontrollen vollends zu einem Abwürgen von Handel und Wandel, so dass 1818 und 1824 in zwei Abkommen zwischen der Republik Solothurn und dem Königreich Frankreich wieder einigermassen erträgliche Verhältnisse geschaffen werden mussten. Erträglich vor allem deshalb, weil die Grenzbewohner die Nachteile der Grenzlage durch nahe liegende Vorteile auch auszugleichen wussten! Vor allem während des Ersten Weltkrieges blühte der Schmuggel in der Gegend, und Vermögen wurden so leicht gescheffelt, wie sie danach wieder dahin schmolzen.

Einen weiteren Ausgleich schuf die Birsigtalbahn, welche seit 1910 bis nach Rodersdorf führt. Im Ersten und im Zweiten Weltkrieg musste zwar die durch das Ausland führende Strecke Flüh–Rodersdorf jeweils ihren Betrieb einstellen. Die Bahnverbindung dürfte trotzdem weitgehend verantwortlich sein für das um 1970 einsetzende Wachstum der vom Ausland beinahe umschlossenen Gemeinde.

Das Wappen leitet sich ab von demjenigen der Grafen von Pfirt, welches in Rot zwei abgewendete goldene Fische zeigt. Als Zeichen der Zugehörigkeit zur Eidgenossenschaft und zu Solothurn ist es gespalten von Rot und Weiss mit zwei abgewendeten Fischen in gewechselten Tinkturen.

Im Pfarrarchiv von Rodersdorf haben sich viele Dokumente erhalten, die Einblick in das Dorfleben früherer Zeiten erlauben. Zum Beispiel eine Abschrift der Zehntordnung der Grafschaft Pfirt. Werfen ihre ausgeklügelten Bestimmungen, welche Betrügereien verhindern sollten, an sich schon ein Licht auf die Steuermoral der damaligen Generationen, so wirken die auf der Rückseite vom Pfarrer notierten Kernsätze einer wahren Kapuzinerpredigt wie eine Momentaufnahme aus dem 18. Jahrhundert. Dass sich der Pfarrer ereiferte, ist kein Wunder, bestand doch sein Einkommen zu einem schönen Teil aus den Zehntabgaben aus dem elsässischen Nachbardorf Liebenswiller. Dieses, welches mit seinen Abgaben ohne weiteres einen eigenen Pfarrer hätte unterhalten können, hätte sich liebend gerne von Rodersdorf getrennt. Aber Solothurn erwies sich als widerspenstig und der französische König war nicht geneigt, die guten Beziehungen zur Ambassadorenstadt wegen ein paar Zehntgarben aufs Spiel zu setzen. Immerhin, die im Solothurner Staatsarchiv aufbewahrte Korrespondenz zieht sich über Jahrzehnte hin und füllt Bände. Kein Wunder also, dass der Pfarrer von der Kanzel polterte:

«Das böse gewissen wird nagen bis auff das todbeth. Es wird dorten vor dem strengen richtersthuhl Gottes dein eigener ankläger und richter seyn, Mein ungerechter Zehnter!»
«Ja heist es andere machen es auch also. Es ist so der brauch! Wenn aber andere ungerechte geitzige und sperrige klemmer sich und ihre Seel dem Teufel der ungerechtigkeit verpfänden wollen hier zeitlich und dort ewiglich, willst du ihnen auch nachfolgen indem einer ins wasser springt, willst du nachfolgen?»

«Es ist also der brauch sagen andere sich, es ist also brauch, die ungerechtigkeit, die habsucht der boshaften, Ehr- und gewissen loosen menschen die niemalen genug erschachern können, bis sie mit dem ungerechten wäsen in dem Evangeli in die Hölle begraben werden.»
«Dem Handel und Wandel der fromben gewissenhaften und gottesförchtigen musst du folgen auf dieser erden, sie seyend keine gleisner sondern sie wandeln und handeln in allem ihrem thun und lassen aufrecht, gottesförchtig und gewissenhaft, und diese werden als Kinder der kraft Gottes Zeitlich und Ewig gesegnet werden.»

Man kann sich vorstellen, wie die Taglöhner und Habenichtse die Hälse reckten ob dieser Predigt und sich hämisch freuten, wenn die hablichen Bauern den Nacken einzogen und sich klein zu machen versuchten!

Liebenswiller

Im Wappen erscheinen zwei gekreuzte Saufedern über den drei Kugeln des Wappens derer von Wessenberg, der ehemaligen Dorfherren.

Frankreich, Departement Oberrhein, Kanton Hüningen
Einwohner: 160
Fläche: 380 ha,
davon Wald 180 ha

Zwischen Rodersdorf und Leimen wird der Birsig vom Landenbielhölzlein bedrängt, einem kleinen Hügel, der sich kaum fünfzig Meter über die Talsohle erhebt. Hinter diesem Hügel versucht sich Liebenswiller zu verstecken. Doch gelingt ihm das nicht ganz. Von Leimen sieht man den nördlichen Zipfel des kleinen Dorfes, wie er hinter dem Hügel hervorguckt, und der schöne Eichenwald des Landenbiels vermag auch vor den Rodersdorfern nur einen Teil zu verbergen.

Die Siedlung erstreckt sich vom Liebenswillerbach hangaufwärts, eingebettet zwischen den ausgedehnten Waldungen des Wessenbergs und eben dem Landenbiel. Verriete nicht ein neckisches Rebhäuschen die sonnige Lage dieses Südhanges, der bis weit ins 20. Jahrhundert hinein in der Tat mit Reben bestockt war – die hier in den letzten Jahren aus dem Boden gewachsenen Residenzen würden sie offenbaren.

Der Name Liebenswiller wird in einer französischen Publikation ganz plausibel erklärt mit «*Lieben* de l'allemand aimer und *willer* du latin villa = Dorf». So einfach ist das – und ebenso falsch! Eine sehr frühe Urkunde aus dem Jahre 829 erwähnt nämlich einen Ort namens *Theotbertowilare* – eine andere aus dem Jahre 1232 ein *Dieprechtwilre*, aus welchem über *Dieprechtswiler* (1283), *Diepertzwiler* (1290), *Dieprwiller das etlich nennent Liepretzwiler* (1489) endlich *Liebenswiller* (1576) wird. Der aus dem Rahmen fallende Theotbert lässt sich damit erklären, dass der Schreiber anno 826 den deutschen Namen Diepre(c)ht nach einem damals oft geübten Brauch lateinisiert hat.

Die Wurzeln der an der Strasse von Leimen nach St. Bläsi liegenden Siedlung dürften aber weit vor die Urkunde von 829 zurückreichen. Römische Funde zeugen davon, was nicht zu verwundern ist, denn auf der Höhe des Wessenberges verlief die römische Strasse von St. Martin in Oltingen über St. Britzgi nach Allschwil, von St. Britzgi führte eine Verbindung über Liebenswiller – Waldegg – Metzerler Feld Richtung Blauen, und von der Mitte des Dorfes wird ein Weg zur römischen Niederlassung im heutigen Rodersdorf geführt haben. Dieser Weg, welcher als Kantonsstrasse bis zum Ersten Weltkrieg Rodersdorf über die Grenze mit Liebenswiller verband, war über Jahrhunderte Kirchweg für den zum Kirchspiel Rodersdorf gehörenden Ort. Der Rodersdorfer Pfarrer hatte aber auch Anspruch auf den Löwenanteil des Zehntens.

Kein Wunder, dass die Liebenswiller im 17. und 18. Jahrhundert hartnäckig für eine eigene Pfarrei kämpften. Erfolg war ihnen allerdings nicht beschieden, denn Solothurn – Inhaber der Rodersdorfer Pfründe – war als Sitz des französischen Ambassadors am längeren Hebel. Trotzdem kamen die Liebenswiller 1669 dank der Verbindung mit Rodersdorf zu einer eigenen Kirche. Der französische Intendant Colbert hatte nämlich den Sundgauern jeglichen Kontakt mit den helvetischen Nachbarn verboten, der Kirchgang nach Rodersdorf wurde unterbunden. Im Gegenzug liess der energische Pfarrer von Rodersdorf, Max (Markus) Aeschi, um das Seelenheil seiner Schäfchen fürchtend – und wohl auch um seine Zehnteneinkünfte – den Liebenswillern kurzerhand auf seine Kosten ein eigenes, dem heiligen Markus geweihtes Kirchlein erbauen.

1803 machte dann Napoleon dem weit ins Mittelalter zurückreichenden internationalen Kirchspiel Rodersdorf ein Ende, Liebenswiller wurde Leimen zugeteilt. Das am Platze des heutigen Friedhofs stehende Kirchlein wurde 1811 abgebrochen und vierzehn Jahre später durch die heutige, in der Dorfmitte stehende Kirche ersetzt. 1847 endlich ging der lang gehegte Wunsch in Erfüllung und Liebenswiller wurde eine eigene Pfarrei.

Im weltlichen Bereich hatten die auf Schloss Burg sitzenden Herren von Wessenberg in dem zur Grafschaft Pfirt gehörenden Ort das Sagen, bis die Revolution mit den Feudalrechten aufräumte. Die ausgedehnten Wälder gingen an die Gemeinde und blieben bei ihr, trotz aller späteren Anstrengungen der ehemaligen Feudalherren, sie zurückzugewinnen.
Das abseits liegende Grenzdorf Liebenswiller spürte nicht viel von der im 19. Jahrhundert einsetzenden Industrialisierung. Auch im 20. Jahrhundert stagnierte die Einwohnerzahl. Erst in den letzten Jahren, als die Grenzschwelle spürbar niedriger wurde, begann sich seine vorteilhafte Südlage auszuwirken. Die einsetzende Siedlungstätigkeit konnte so zumindest dem Schwund entgegenwirken, der durch die Mechanisierung der Landwirtschaft drohte. Bei massvoller und vernünftiger Siedlungspolitik dürfen die Liebenswiller getrost in die Zukunft schauen.

Von den Nachbarn werden die Liebenswiller Lättedräier genannt.

LEVEZ LE PIED
LANGSAM
ECOLE LIEBENSWILLER

Frankreich, Departement Oberrhein, Bezirk Hüningen
Einwohner: 1200
Fläche: 1164 ha,
davon ca. 380 ha Wald

Leimen

Mit 1164 Hektaren ist Leimen – nach Wolschwiller – die flächenmässig grösste Gemeinde des Leimentals. Das ist erstaunlich, denn sein Bann beschränkt sich auf das eigentliche Tal und hat weder Anteil am Blauenhang noch überschreitet er die Wasserscheide gegen Hagenthal.

Die auf drei Seiten an die Schweiz grenzende Gemeinde verfügt über den schönsten Bahnhof der BLT! Der Vertrag für die grenzüberschreitende Strecke der damaligen Birsigtalbahn von Flüh über Leimen nach Rodersdorf wurde vor dem Ersten Weltkrieg noch mit dem Deutschen Kaiserreich geschlossen. Heute führt die Linie 10 regelmässig über französisches Territorium und trägt nicht wenig zum Wachstum der aufstrebenden Gemeinde bei. Man darf füglich sagen, Leimen sei die am besten mit dem öffentlichen Verkehrsmittel erschlossene Gemeinde des französischen Sundgaus.

Das Gebiet ist ein Wanderparadies. Flur und Wälder ziehen sich von den Ausläufern des Kalkjura quer über das lehmige Tal zu den Sundgauer Hügeln hinüber und offenbaren eine reiche Vielfalt an Pflanzengesellschaften. Die Landskron und drei weiteren Burgstellen sowie die Kapelle im Helgenbrunn sind lohnenswerte Ziele, und die Gastronomie bietet für alle etwas Passendes.
Leimens Geschichte weist ein paar bemerkenswerte Besonderheiten auf:
– In Leimen stand die Mutterkirche der ausgedehnten Urpfarrei St. Martin zu Wisschilch. Der Standort der um 1800 abgebrochene Kirche wird durch ein Sandsteinkreuz gekennzeichnet, welches zwischen Biel-Benken und Leimen, etwa hundert Meter nach dem Grenzübergang, rechter Hand an der Strasse steht.
– In Leimen sind vier Burgenstandorte auszumachen: Alt Landskron, Waldegg, Rheinegg und Landskron.
– Die Lehensbriefe der Waldegg und andere Urkunden erwähnen Lokalitäten wie Wisslingen, Wissach, Wittliken, welche auf eine oder mehrere aufgegebene Siedlungen bei Leimen hinweisen. Alte Leimener meinen zudem, ein Teil der Siedlung habe früher ennet dem Birsig am Weg gegen Hagenthal gelegen. Vor Jahren noch wurde von «enner Dorf» geredet. Bodenfunde lassen in der Tat auf verschiedene ehemalige Siedlungen auf dem heutigen Gemeindegebiet schliessen.
Doch schön der Reihe nach:

Erstmals erwähnt wird Leimen in einer Urkunde des Klosters Murbach im

Jahre 736 unter dem Namen Leimone. Die Bedeutung des Namens ist umstritten. Stammt er aus dem Keltischen, könnte er etwas mit Buchen oder Ulmen zu tun haben; ist er alemannisch, ist ihm die Bodenbeschaffenheit ebenso Pate gestanden wie dem Namen des Tales, welches durch das ganze Mittelalter Leimtal hiess und sich somit vom Lehm ableitet und nicht vom Dorf Leimen, wie etwa angenommen wird.

Gesiedelt wurde hier schon früh, wie mehrere steinzeitliche Fundstellen beweisen. Auch die Präsenz der Römer hat verschiedene Spuren hinterlassen, und frühmittelalterliche Bestattungen in der Nähe der Kirche bezeugen das Alter der heutigen Siedlung. Bereits das Kloster Murbach muss im Dorf ein Gotteshaus gestiftet haben, ist doch der Murbacher Heilige St. Leodegar Kirchenpatron. Leimen gehörte aber dennoch der Urpfarrei Wisschilch an, bis diese um 1800 aufgelöst wurde.

Das Dorf war unter den Herrschaften Waldegg und Landskron aufgeteilt. Die Herrschaft Waldegg wechselte mehrfach zwischen dem Bischof von Basel und den Habsburgern als Lehensherren, bis sie diese um 1400 endgültig übernahmen.

1648 wurde der zur Waldegg gehörende Teil Leimens Frankreich angegliedert. Das Landskron-Lehen, welches ursprünglich die Herren von Rötteln innegehabt hatten, war erbweise an die Markgrafen von Baden gefallen. 1663 erwarb der französische König auch diesen Teil. Damit war ganz Leimen französisch geworden.

Von den Lehensherren werden die Dorfbewohner wenig gespürt haben, mehr schon von den Lehensnehmern. Das Basler Geschlecht der Viztum war zeitweise mit der Herrschaft Waldegg belehnt. Ihr Wappen – ein Andreaskreuz – hat auf Umwegen im Dorfwappen seinen Niederschlag gefunden.

Das Landskronlehen lag seit 1461 in den Händen der Reich von Reichenstein. Im Jahre 1500 gelangten sie auch in den Besitz der Herrschaft Waldegg und waren nun allein Herr und Meister im Dorfe, und zwar bis zur Französischen Revolution. Auf der Landskron mussten sie zwar der königlichen Garnison Platz machen, bauten dafür aber in Leimen ihre Junkerhäuser. Diese wurden 1789 von den Dorfbewohnern eingeäschert, was nicht auf ein besonders herzliches Verhältnis schliessen lässt. In den letzten Jahrzehnten vor der Revolution wurde das Verhältnis zwischen dem Dorf und seinem Herren durch einen Prozess um den Eichwald gegen Hagenthal getrübt, welchen Leimen schliesslich verlor. Doch wurden 1789 die auf die Landskron geflüchteten Dorfherren von der Bevölkerung wieder heruntergeholt. Die Reich mussten schriftlich für alle Zeiten auf den Eichwald verzichten; anschliessend begab man sich zusammen in die Kirche und hielt ein Te Deum ab.

Von den vier Burgen tritt heute allein die Landskron noch in Erscheinung. Die sogenannte Alt Landskron ist und bleibt rätselhaft. Sie wird nirgends erwähnt und auch ihr eigentlicher Name ist nicht bekannt. Die Rheinegg wurde 1515 dem Abbruch preisgegeben, um Baumaterial für den Ausbau der Landskron zur Festung zu gewinnen. Was übrig blieb, fiel Anfang der Siebzigerjahre dem Steinbruch zum Opfer. Und die Waldegg wurde schon 1356 vom Erdbeben zerstört und nicht mehr aufgebaut. Immerhin zeigt im Walde zwischen Leimen und Rodersdorf ein imposanter Malmkalkklotz, samt einem gewaltigen bergseitigen Graben und der vielleicht schon zu Urzeiten aufgeschütteten talseitigen Terrasse, wo sie gestanden hatte.

Wie die anderen Elsässer Gemeinden hatte Leimen unter den Kriegen viel zu leiden: Einquartierungen, Requisitionen, Kontributionen, Evakuationen, Zwangsrekrutierungen, Feuer, Hunger, Seuchen, Zuzug von Flüchtlingen oder Vertreibung der Bevölkerung – ein Vokabular, das seit den Kriegen des Sonnenkönigs allen Generation geläufig war. Diese Zeiten sind – EU sei Dank – hoffentlich vorbei.

Neuerdings haben Schweizer die schöne Wohnlage entdeckt, was die Baulandpreise in für französische Verhältnisse astronomische Höhen treibt. Die Auswirkungen sind zwiespältig: das Bauland wird für die Einheimischen fast unerschwinglich – und die verkaufenden Landbesitzer werden reich!

Das Wappen von Leimen ist aus dem Andreaskreuz des Basler Geschlechtes der Viztum entstanden, welche es als Lehensnehmer der Herrschaft Waldegg auf ihren Grenzsteinen hatten anbringen lassen. Die verwitterten X auf diesen Steinen wurden später als Bischofsstab und Saufeder gedeutet, welche sich kreuzen, und, flankiert von einem L und der Bourbonenlilie, zum Dorfwappen erhoben. Auf blauem Schild erscheinen Stab und Spiess sowie das L in Gold und die Lilie in Silber.

Von den Nachbarn werden die Leimener Krütschöpf genannt.

Leymen
10
services for free! 20 service
109

Als der Sonnenkönig nach dem Dreissigjährigen Krieg die deutsche Provinz Elsass annektierte, gab er die Direktive heraus: Ne touchez ni aux mœurs ni à la langue!, denn er hoffte insgeheim, mit dem Elsass als Sprungbrett im Reichstag Einsitz nehmen und vielleicht gar Deutscher Kaiser werden zu können. Daraus wurde aber nichts. Heute sind ursprüngliche Sprache und Kultur mehr als angeknabbert. Der Prozess hat Jahrhunderte gedauert und die quasi zweistöckige Gesellschaft hat merkwürdige Blüten getrieben. So ist in Leimen vor drei oder vier Generationen folgende Geschichte möglich geworden:

Über den oberhalb Leimen gelegenen Helgenbrunn kam eines schönen Morgens ein Rosshändler mit einem hübschen Trupp Pferde bei der Steinmattenmühle vorbei. Der Müller, ein bekannter Pferdenarr, musterte die Tiere, und dem Händler entging nicht, dass ihm eines besonders in die Augen stach. «Dees isch en Normann», bemerkte er, «der kha nur Franzesch!», womit er den Müller noch gluschtiger machte. Die beiden wurden bald handelseinig und der Müller stolzer Besitzer eines französischsprachigen Rössleins.

So weit so gut. Als nach einiger Zeit neue Hufeisen fällig wurden, ritt der Müller nach Liebenswiller in die Schmitte zum alten Strub, neben der Wirtschaft, wo nota bene zwei Generationen später dessen Enkelin, die legendäre Tina, wirtete. Er ritt in den Hof hinein, befahl: «Arrête!», stieg vom Ross und griff in die Zügel: «Deux pas en avant», herrschte er das Tier an, welches brav genau zwei Schritte vorrückte. Die paar Kunden vor der Schmitte kamen aus dem Staunen nicht mehr heraus. Der Schmied aber putzte seine Hände am Lederschurz ab und fragte den Müller, seit wann er denn mit den Gäulen französisch zu parlieren pflege. «Dees isch en Normann, der kha nur Franzesch», bemerkte darauf der Müller hochnäsig, worauf der Schmid den Normannen mit den Worten am Halfter packte: «Chumm Schimmele, wo dy dr Helgebrunnpuur 's letscht Mool procht het zum B'schloh, hesch ämel no Diitsch chenne!»

Landskron

Seit Jahrhunderten prägt die Landskron das Landschaftsbild des hinteren Leimentales; einst als stolze Burg Zeichen adeligen Machtanspruchs, dann als Festung Ausdruck des politischen Spannungsfeldes europäischer Mächte und schliesslich als Ruine Mahnmal der Vergänglichkeit. Sie ist – in einer heute von modernen Grenzen zertrennten Gegend mit gemeinsamer Geschichte und gemeinsamer Kultur – ein Stück kristallisierter Vergangenheit und verbindendes Symbol.

Vermutlich wurde sie von einem Zweig des Basler Geschlechtes der Münch gegründet, welcher sich in der Folge Münch von Landskron nannte. Aber die Zeit der Burgen, welche im 13. Jahrhundert in unserer Gegend wie Pilze aus dem Boden geschossen waren, war schon beinahe vorbei, als die Landskron kurz vor 1300 als eine der letzten entstand. Die aufkommenden Pulvergeschütze erforderten immer aufwändigere Verteidigungsbauten; die Städte blühten zu wirtschaftlichen und kulturellen Zentren auf und gleichzeitig schmälerte die zunehmende Geldwirtschaft die Mittel des vom Naturaleinkommen lebenden Adels. Als das grosse Erdbeben 1356 den Burgen arg zusetzte, wurden etliche gar nicht mehr aufgebaut. Andere fielen kriegerischen Ereignissen zum Opfer.

Die Landskron überstand all diese Fährnisse und geriet am Ende des 15. Jahrhunderts in das Spannungsfeld zwischen den Eidgenossen und dem Adel. Wegen ihrer Lage wurde sie 1515 im Rahmen der österreichischen Massnahmen gegen die Eidgenossen zur Festung umgebaut. Die alte Feudalburg wurde mit kaiserlicher Unterstützung total umgekrempelt und es wurden entsprechend der damaligen Manier bis zu sieben Meter dicke Rundtürme und Bastionen aufgetürmt, Gräben in den Fels gebrochen und der alte Wohnturm zur Artillerieplattform umgestaltet. Ein paar Jahre später erwies es sich im deutschen Bauernkrieg, dass auch die dicksten Mauern den modernen Geschützen nicht mehr Stand zu halten vermochten. Zudem bewirkte um 1530 die Reformation die Spaltung der Eidgenossenschaft in zwei etwa gleich starke Lager, sodass sie sich bis zu ihrem Untergang nur noch mit sich selber beschäftigte und aussenpolitisch weitgehend gelähmt war.

Den Reich von Reichenstein, welche mittlerweile auf der Landskron sassen, war der nutzlos gewordene und ebenso unkomfortable wie im Unterhalt kostspielige Bau bald feil. 1570 wurden sie mit den Baslern um den Verkauf der Herrschaften Landskron und Waldegg handelseinig. Der Markgraf von Baden als Lehensherr der Herrschaft Landskron war einverstanden, nicht aber die Österreicher als Lehensherren der Herrschaft Waldegg; der Handel zerschlug sich. Zehn Jahre später, als sich die Verkäuferseite endlich auf den Verkauf geeinigt hatte, lehnte Basel ab. So blieben die Reich von Reichenstein bis nach dem Dreissigjährigen Krieg auf der Landskron.

1663 kaufte der Französische König, welcher seit 1648 Herr im Sundgau war, den Markgrafen von Baden die Herrschaftsrechte der Landskron ab und zahlte zwei Jahre später die Reich von Reichenstein aus. Die nun französisches Krongut gewordene Festung wurde in der Folge nach Vorschlägen Vaubans zur Garnison umgebaut und modernisiert. Um die 200 Veteranen waren danach auf der Landskron stationiert; dazu die Offiziere, ein Chirurg, ein Festungsbaumeister und selbstverständlich ein adeliger Kommandant samt Familie, überdies eine Schar von Dienern, Kammerjungfern, Mägden und Knechten. Selbst Gefangene sassen ein, denn die Landskron diente auch als Staatsgefängnis und Ableger der Pariser Bastille. Es war eine kleine französische Welt im noch vollständig deutsch geprägten Sundgau, sogar mit einer eigenen Kapelle, ständigem Kaplan und einem eigenen Friedhof.

Die Französische Revolution machte 1789 der Adelsherrschaft ein Ende. Die Landbevölkerung zerstörte sämtliche Schlösser im Sundgau. Einzig die Landskron wurde verschont, denn sie war als Garnison ein wirtschaftlicher Faktor und Abnehmer landwirtschaftlicher Produkte. Die Junkerhäuser der Reich von Reichenstein in Leimen hingegen wurden verbrannt. Die seit langem ungenügend unterhaltene Landskron diente dann eine Zeit lang als Lazarett und geriet erst 1813 wieder in den Strudel des Geschehens. Bayrische und österreichische Truppen nahmen auf ihrem Feldzug gegen Napoleon die Landskron ins Visier. Sie zogen am 20. Dezember 1813 von Basel durch das Leimental und griffen die nur schwach verteidigte und schlecht gerüstete Festung an, die sich an Weihnachten ergeben musste. Die beidseitigen Verluste hielten sich mit je einem Toten und ein paar Verletzten in Grenzen.

Es folgte die Plünderung durch die Bevölkerung, vor der auch brauchbare und demontierbare Baubestandteile nicht sicher waren. Was übrig blieb, fiel im Februar einem Brand zum Opfer und die ausgebrannte Ruine endlich wurde Ende Juni 1814 gesprengt. Als Nationalgut versteigert, diente sie als Steinbruch, bis sie die Familie der Barone von Reinach 1857 erwarb und der Zerstörung Einhalt gebot. Im letzten Viertel des 19. Jahrhunderts fanden auf der Ruine Tanzveranstaltungen unter einem Strohdach statt, bis auch dieses ein Raub der Flammen wurde.

Dass sie im Jahre 1923 zum Monument historique classé de France erhoben worden war, hinderte 1970 die Besitzer nicht, darauf eine Affenkolonie anzusiedeln. Nach dem Scheitern dieses Experimentes stand die Ruine 1980 zum Verkauf und konnte 1984 von dem im Vorjahre eigens gegründeten Verein Pro Landskron erworben werden. Dieser binationale Verein, welcher mittlerweile um die tausend Mitglieder zählt und vor allem im Leimental gut verankert ist, möchte die Öffentlichkeit der Ruine garantieren, sie der Nachwelt erhalten und sie als Angelpunkt grenzüberschreitender Aktivitäten nützen.

In zwei Renovationsetappen wurden bis jetzt wichtige Teile unter der Leitung der Denkmalpflege und mit Unterstützung des Staates und der regionalen Instanzen konsolidiert. Ausserdem wurden grosse Beträge zur Verbesserung der Sicherheit der Besucher aufgewendet. Mindestens eine weitere Renovationsetappe steht noch bevor, ehe das Ziel der Konsolidierung erreicht ist.

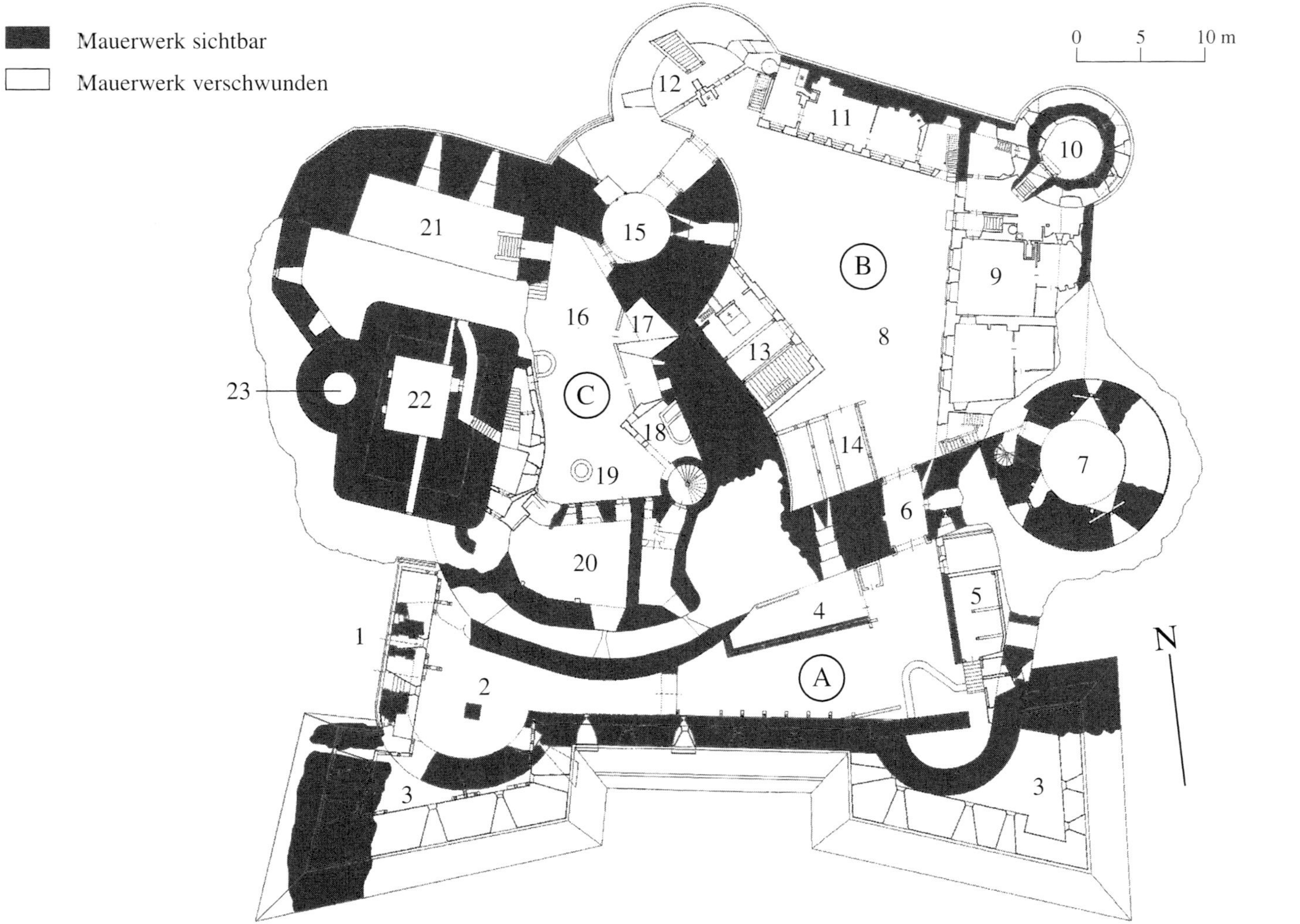
Mauerwerk sichtbar
Mauerwerk verschwunden
0 5 10 m
N
1
2
3
3
4
5
6
7
8
9
10
11
12
13
14
15
16
17
18
19
20
21
22
23
A
B
C

A 1 Ehemals überbrückter Graben
2 Gedeckter Aufgang
3 Hornwerk
4 Artilleriehangar
5 Stall des Kommandanten

B 6 Tor zum Aussenhof
7 Pulverturm und Artillerieplattform mit Zinnen
8 Aussenhof
9 Wohngebäude für Kommandant und Offiziere
10 Turm mit gewölbtem Untergeschoss
11 Unterkunft für Offiziere, Saal
12 Festungswache
13 Schlosskapelle St. Antonius
14 Schuppen des Kommandanten
15 Mehlturm mit Dreifachtor, Mühle und Unterkünfte in den Obergeschossen

C 16 Innenhof
17 Ehemals Tretrad zur Bedienung des Sodbrunnens. Nach ca. 1700 externe Wasserversorgung. Tretradeinrichtung ersetzt durch Schlachtraum und Magazin des Festungsbaumeisters
18 Sodbrunnen mit Brunnenhaus
19 Zisterne, 10,5 m tief, 4,5 m im Durchmesser
20 Grosse Bastion; 3 gewölbte Räume im Erdgeschoss; Waffensaal, Magazin und Aufbahrungsraum im 1. Stock; Offiziers- und Soldatenunterkünfte sowie Gefängnisse im 2. Stock; Soldatenunterkünfte im 3. Stock
21 Küche, Lazarett, Unterkunft des Oberchirurgen
22 Mittelalterlicher Wohnturm, dann mit Zinnen versehen und massiv nach innen verdickten Mauern Artillerieplattform; ab 17. Jh. Staatsgefängnis
23 Ursprünglich nur von oben zugängliches Verlies, dann Staatsgefängnis; unterer Eingang nachträglich ausgebrochen

Hofstetten-Flüh

Schweiz, Kanton Solothurn,
Bezirk Dorneck
Einwohner: 2680
Fläche: 752 ha,
davon Wald 261 ha

Die Blauen-Vorfalte, welche sich von Ettingen bis Burg hinzieht, wird nach dem markanten Hofstetter Chöpfli durch eine Klus unterbrochen. Als Gegenpart zum Chöpfli erhebt sich westlich der steile Landskronberg als Endpunkt. Die Vorfalte setzt jedoch südlich neu an und erreicht beim Heulenhof ihre alte Höhe. So ist hinter der durch das Hofstetter Köpfli und den Landskronberg gebildeten Klus der Kessel entstanden, in welchem sich der Ortsteil Flüh der Gemeinde Hofstetten-Flüh ausbreitet.

Der höher gelegene Ortsteil Hofstetten zieht sich vom Witterswiler Berg bis hinauf zum Blauenkamm. Die Siedlung liegt vor allem am geschützten sanften Südhang.

Gewässer sind rar. Von der Hofstetter Matte zieht sich ein kleiner Wasserlauf durch die romantische Chälengrabenschlucht. Er durchquert – eingedolt – das Dorf, tritt unterhalb wieder zu Tage, vereint sich in Flüh mit dem Abfluss der Talmühlequelle, erreicht nach der Enge von Flüh das Löss-Lehm-Gebiet und fliesst knapp unterhalb der Therwiler Grenze als Mühlebach in den Birsig.

Die beiden Tälchen, welche sich von Flüh gegen Hofstetten und gegen Mariastein erstrecken, bieten Zugang zu den entsprechenden Geländekammern. Römische Funde zeigen, dass sie früh in Anspruch genommen wurden. Noch geschichtsträchtiger ist das Hofstetter Chöpfli. Hier befand sich ein keltisches Refugium. Wall und Graben, welche zum Teil heute noch auszumachen sind, lassen auf eine Ausdehnung von ungefähr fünf Hektaren schliessen. Im Dorf Hofstetten selber sind zudem Spuren von Eisenverhüttung aus keltischer Zeit gefunden worden und zwar in einem Gebiet, das später von den Römern besiedelt wurde. In Flüh traten ebenfalls römische Funde zutage.

Als Huhostetten 1194 erstmals erwähnt, gehörte die Gemeinde samt Flüh zu den freien Dörfern am Blauen und damit zur Herrschaft Rotberg. Mit dieser gelangte sie 1515 an Solothurn.

Verwickelter sind die kirchlichen Verhältnisse. Das Dorf Hofstetten besass von Alters her zwei Gotteshäuser, obwohl es Bestandteil der Urpfarrei Wisschilch war. Da war einmal die dem heiligen Nikolaus geweihte heutige Dorfkirche und daneben die in römischen Ruinen stehende St. Johanneskapelle, welcher schon im Mittelalter das sonst nur Pfarrkirchen zustehende Bestattungsrecht attestiert wurde. Bestattet wurde denn auch bis ins 18. Jahrhundert bei beiden Kirchen. Nach 1515 stritten die Herren Reich von Reichenstein als Pfrundinhaber von Wisschilch mit Solothurn ebenso ausdauernd wie erfolglos um die Rechte an der Johanneskapelle.

Zwischen Flüh und Hofstetten erhob sich auf dem Felsband rechterhand die auf das 13. Jahrhundert zurückgehende Burg Sternenberg, welche anfänglich vom Geschlecht derer von Hofstetten bewohnt war. Mit Sternenberg scheinen keine politischen Rechte am Dorf verbunden gewesen zu sein. Sie wechselte öfter die Besitzer und wurde Anfang des 16. Jahrhunderts als Ruine bezeichnet. Von der Burg haben nur wenige Mauern dem Zahn der Zeit standgehalten, das Wappen derer von Hofstetten hingegen hat als Gemeindewappen überlebt.

Hofstetten-Flüh ist in den letzten Jahren zur grössten Gemeinde des solothurnischen Leimentals angewachsen, wobei sowohl das bahnnahe Flüh als auch das auf der Sonnenterrasse liegende Hofstetten ihren Anteil am Wachstum haben.

Ursprünglich war Flüh eine Gewerbesiedlung, welche die Wasserkraft des der Klus zustrebenden Bächleins nutzte. Zwei Mühlen und eine Sägerei waren zu verzeichnen. Daneben bestand von Alters her ein Bad, welches zeitweise auch von den Baslern stark frequentiert wurde, und mindestens eine Wirtschaft. Einzig die Sägerei und die Wirtschaften haben Bestand gehabt. Die Talmühle ist verschwunden, von der zweiten Mühle steht noch das Wohnhaus. Das ehrwürdige Badwirtshaus ist vor Jahren auf kriminelle Art und Weise dem Bagger zum Opfer gefallen!

Mit der Zeit hat sich entlang der alten Hofstetterstrasse eine Häuserzeile als Kern der neuen Siedlung gebildet. Heute bedecken die neuen Quartiere die Hänge am Landskronberg und gegen Mariastein bis weit hinauf. Im Talgrund haben sich Gewerbe und Industrie angesiedelt.

Kirchlich hat sich Flüh sozusagen auf eigene Beine gestellt, indem hier in den Sechzigerjahren von der reformierten Kirchgemeinde Leimental und der katholischen Kirchgemeinde Hofstetten-Flüh eine ökumenische Kirche erbaut worden ist.

In Hofstetten sind die neuen Einfamilienhausquartiere hinter den Häuserzeilen des alten Dorfes hauptsächlich am Südhang gegen den Witterswiler Berg entstanden. Die Mammuthalle, in Verbindung mit der Gemeindeverwaltung, deckt die Bedürfnisse des gewachsenen Dorfes und die Raiffeisenbank hat ihre Platzprobleme in vorbildlicher Weise durch die Restauration des letzten Sundgauerhauses gelöst und dieses so vor dem Abbruch gerettet. Die alten Weinberge oberhalb des alten Siedlungskerns sind zwar weitgehend Neubauten zum Opfer gefallen, aber Unentwegte haben am östlich anschliessenden Südhang neue Reben gepflanzt, so dass in Hofstetten auch fürderhin der eigene Wein kredenzt werden kann.

Als Vorlage für das Wappen von Hofstetten diente ein Siegel der Edlen von Hofstetten. Es zeigt einen sechsstrahligen silbernen Stern auf rotem Grund, welcher von zwei roten Pfählen getragen wird.

Von den Nachbarn werden die Hofstetter Moren genannt – oder sind Mohren gemeint?

Nach dem landläufigen Spruch «Hingedry isch g'hofstetteret» könnte man meinen, Hofstettens Langsamkeit sei sprichwörtlich. Die heutigen Hofstetter rechtfertigen diesen Spruch jedoch nicht mehr – und wie die alten dazu gekommen sind, weiss man nicht.

Mariastein

Das Leimental hat viele Facetten. Die Landschaft vom Illtal bis an den Rhein lehnt sich an den Jura und läuft aus im Sundgauer Hügelland. Die Flora der Kalkböden von den Jurahöhen bis zur Talsohle, die Pflanzengesellschaften der schweren feuchten Lehmböden, die der charakteristischen Weisstannenbestände und der nicht minder leimentalischen Eichen-, Hagenbuchen-, Buchenmischwälder gehören ebenso dazu wie die Wärmeinsel des südlich orientierten Felsbandes am Landskronberg.

Da liegen sie nahe beieinander, das beschauliche Sundgauer Dörfchen; die vom Wachstum erfasste Siedlung; die sozusagen ausgewachsene Gemeinde mit angepasster Infrastruktur und die Vorstadt – alle tunlichst nicht am Gängelband des grossen Basel mit seiner Industrie, seiner Kultur, seiner Geschichte, kurz, seiner Ausstrahlung – und doch irgendwie dazugehörig.

Basel: die Polis, der Pol…

Es gibt aber auch Gegenpole und Kontraste. Der Hintergrund der grossen, lauten und direkten Stadt gibt der beruhigenden Landschaft des ländlichen Tales ihre Konturen. Mit grösserem Abstand werden leisere Töne gewichtiger, verdrängte Gedanken aufdringlicher. Es ist, als ob man sich einem anders gearteten Brennpunkt näherte, einem unscheinbareren, wichtigeren.

In der Tat, nahe bei der klimatischen Wärmeinsel des Landskronberges befindet sich eine andere, spirituelle Wärmeinsel: Kloster und Wallfahrtsort Mariastein.

Im 1751 erschienenen Buch Lapis Probatis wird Maria Stein folgendermassen geschildert: *«Das von Gott und Maria auserwählte Ort Maria Stein ligt etwann ein starcke Meilewegs von der Statt Basel an einem Arm des Jurassischen Gebürgs, schier in mitten, und gleichsam auf dem Knie des blauen Bergs, auf einer schönen Ebne, und lustigem Plan, vor Zeiten ringsherum mit einem Eichwald, jetz aber gegen der Sonnen Nidergang mit grossen Eich- und Linden-Bäumen zu Abwendung der starcken und schädlichen Wind-Stöss umgeben.»*

Die Legende vermeldet, dass vor Zeiten das Kind einer Hirtin in einem unbewachten Augenblicke über die Felsen stürzte und den Sturz heil überstand. Das Kind erzählte der Mutter, dass *«ein überaus schön hellglantzende Jungfrau gleich wie die Sonn von gar viel lieben Engeln begleitet und umgeben / in währendem Fall es in Jhr Jungfräuliche Schoos empfangen und beym Leben erhalten hätte, darum es jetzt allhier diese Blümlein abbreche und sammle Jhro zu Lob und Dankein schönes Ehren-Kränzlein zu flechten»*. So ebenfalls der Lapis Probatis über das so genannte erste Fallwunder.

Das zweite Fallwunder ist im Gegensatz zum ersten genau datiert. Am 13. Dezember 1541 fiel Junker Hans Thüring Reich von Reichenstein über den Felsen, auf dem die Kapelle steht, und überlebte den Sturz ohne lebensgefährliche Verletzungen. Nach acht Tagen Pflege in der Flühmühle konnte er trotz gebrochenem Kiefer wieder auf die väterliche Burg Landskron getragen werden. Das Mirakelbild in der Reichensteiner Kapelle schildert die Vorgänge synchron und zeigt zugleich das erste naturgetreue Bild der Landskron.

Als die Benediktinermönche in der Mitte des 17. Jahrhunderts das stille Beinwiler Tal verliessen und sich bei der Lieben Frau im Stein niederliessen, bestand also der Wallfahrtsort schon lange. Möglicherweise war die Örtlichkeit schon in vorchristlicher Zeit heilig. Auguste Quiquerez, der jurassische Forscher und Historiker, will jedenfalls im 19. Jahrhundert bei der am Fusse des Felsens entspringenden Quelle keltische Votivgaben gefunden haben. Nur ist Quiquerez leider nicht immer verlässlich und die Funde sind heute verschollen…

Mit dem Kloster erhielt nicht nur die Wallfahrt in den Stein Auftrieb; die spirituelle Kraft der Mönchsgemeinschaft bewirkte auch ein inneres Wachstum. Die Mutter im Stein wurde weit herum Zuflucht vieler Bedrängter und Notleidender, vor allem auch aus dem Sundgau. Die im Lapis Probatis auf über 500 Seiten geschilderten Wunder zeigen das eindrückliche Bild einer dem Schicksal hilflos ausgelieferten Bevölkerung, welcher die Zuflucht zur Mutter im Stein Hilfe und Trost zu bringen vermochte. Denn noch waren Hunger, Seuchen, Kriegsläufe und despotische Herren alltägliche Begleiter des Daseins.

Die Aufklärung glaubte dann, mit Verstand und Vernunft die Natur in den Griff zu bekommen und all diese Mühsal überwinden zu können. Das Mönchtum wurde als Bremsklotz am Wagen des Fortschrittes angefochten und angefeindet. Die Französische Revolution machte schliesslich Tabula rasa. Das Kloster wurde 1798 aufgehoben, die Mönche vertrieben, die Güter verschleudert, die Bibliothek nach Gewicht verkauft, die Wallfahrt behindert. Den französischen Sundgauern war sie schon 1790 verboten worden. 1802 gelang es der Mönchsgemeinschaft, das verwüstete und ausgeplünderte Kloster zurückzukaufen und 1804 das klösterliche Leben wieder aufzunehmen.

Doch nach wie vor war das Mönchtum der aufgeklärten Elite ein Dorn im Auge. Das Klosterleben wurde als «aszetisch und für das Gemeinwohl unfruchtbar» oder gar als «Faulenzerei» empfunden. Die Stimmungsmache gipfelte schliesslich in Klosteraufhebungen während des

Kulturkampfes. Auch Mariastein wurde 1874 von diesem Schicksal betroffen. Für die Mönchsgemeinschaft begann eine Odyssee, welche sie über Delle, wo sie nach einigen Jahren auch wieder vertrieben wurden, nach Bregenz in Österreich führte. Dort konnte sie für längere Zeit Fuss fassen. 1941 hoben die Nazis auch die österreichische Niederlassung auf und die Mönche fanden in der Schweiz Aufnahme – als Flüchtlinge! Die Verbindung mit der Schweiz und mit Mariastein war jedoch nie abgerissen. Der Klosterkonvent leitete seit 1906 die Urner Lehranstalt, das Kollegium Karl Borromäus, und entfaltete dort ein segensreiches Wirken. Auch die Wallfahrt und die Klosterpfarreien wurden weiterhin vom exilierten Kloster aus betreut.

Inzwischen hatte sich der so genannte Fortschritt zumindest als janusgesichtig entpuppt und man musste akzeptieren, dass der Schlüssel des Rationalismus nicht in jedes Schloss passt. Nach hundert Jahren Exil wurde den Mönchen offiziell erlaubt, das klösterliche Leben in Mariastein wieder aufzunehmen.

Wieder befindet sich die Gesellschaft im Umbruch, wenn nicht alles täuscht, mit tiefer greifenden Folgen als jenen der Aufklärung. Am ehesten sind die Konsequenzen der modernen Kommunikationstechnik mit jenen der Erfindung des Buchdrucks zu vergleichen. Doch während sich jene erst allmählich im Laufe der Jahrhunderte auswirkten, bricht diese heute mit einer Plötzlichkeit über uns herein, welche jede Distanz zur Beurteilung der Folgen verunmöglicht. Werden Kloster und Wallfahrt Bestand haben?

Das Mönchtum hat im Laufe der Jahrhunderte viele Krisen überlebt; es hat sich immer wieder mit einer Zähigkeit erhoben, die in seiner Verankerung im menschlichen Wesen begründet sein muss. Das Gleiche gilt für die Wallfahrt, für den Sinn und die Notwendigkeit heiliger Stätten, die uns einen Halt geben können und die kein noch so gewiefter Psychoanalytiker ersetzten kann. Bezeichnend ist die Erfahrung eines Sundgauers, welcher im Krieg, von der Deutschen Wehrmacht zwangseingezogen, in russische Gefangenschaft fiel. Es gelang ihm zu fliehen. Doch erst nach wochenlanger Flucht unter unsäglichen Strapazen quer durch das winterliche Russland war er gerettet. Was ihm nach seiner Aussage in ausweglosen Situationen und in der letzten Verzweiflung immer wieder weiter geholfen hatte, war seine Losung: *«D' Mueter im Stei bringt mi wieder hei!»*

Metzerlen

Das Wappen von Metzerlen – in Gold ein schwarzer Balken – ist dasjenige der Sippe Biedertan-Ratolsorf-Rotberg.

Schweiz, Kanton Solothurn,
Bezirk Dorneck
Einwohner: 800
Fläche: 846 ha,
davon Wald ca. 300 ha

Zwischen Ettingen und Burg leistet sich der Blauennordhang etwa hundert Meter über der Talsohle, bevor er auf das Birsigniveau absinkt, eine Verschnaufpause und bildet jene talseitig von einer niedrigen Vorfalte gesäumte Geländekammer, deren südwestliche Hälfte gegenläufig zum Haupttal entwässert. Das mit dem Entwässern ist zwar nicht wörtlich zu nehmen, denn Wasserläufe sind rar. Erst westlich der Rodersdorferstrasse bildet sich ein Bächlein, welches durch das Biederthaler Cheibenloch den Weg zum Birsig findet. Der grösste Teil der Niederschläge versickert im karstigen Untergrund und tritt in Flüh als Talmühlequelle wieder zutage.

Am abflachenden Blauenhang liegt das Dorf Metzerlen, umgeben von Baumgärten, Matten und Äckern. Wer sich von Mariastein oder von Rodersdorf her nähert, gewahrt ein Dorfbild von seltener Geschlossenheit. In Kontrast zu den behäbigen Häusern und Scheunen tritt die hoch aufragende Dorfkirche, deren geschwungener Giebel spanisch anmutet. Die neuen Quartiere ziehen sich oberhalb des geschlossenen Dorfkerns bis zum Waldrand hin.

Der das Dorf umschliessende Gürtel von Baumgärten hat den Fährnissen der Güterzusammenlegung mehr oder weniger zu trotzen vermocht, wenn auch da und dort ramponiert. Der bäuerliche Charakter täuscht allerdings, Kleinbauernbetriebe sind auch hier weitgehend verschwunden und die verbliebenen grossen Betriebe haben – wie überall – ihre Schwierigkeiten, mit den Anforderungen der mechanisierten Landwirtschaft in den alten Gebäulichkeiten zurecht zu kommen. Die beiden prächtigen Dorfbrunnen, welche vom sprichwörtlichen Reichtum des alten Metzerlen zeugen, warten seit langem vergebens auf das durstige Rindvieh. Dafür haben sie an heissen Sommertagen als Planschbecken für die Jugend eine neue Bestimmung gefunden.

Zu Metzerlen gehören auch Kloster und Wallfahrtsort Mariastein und die Burg Rotberg. Kloster und Wallfahrt sollen in einem besonderen Kapitel vorgestellt werden. Metzerlen als Siedlung hat ja auch einen Ableger in Mariastein, seit Anfang der Sechzigerjahre der Rebberg «Paradies» einem Baugebiet geopfert worden ist. Der steile Südhang nahe der Landesgrenze wurde parzelliert und ist heute weitgehend überbaut. In die Burg Rotberg ist seit dem Wiederaufbau als Jugendherberge neues Leben eingezogen. Unterhalb der Burg existiert immer noch

Von den Nachbarn werden
die Metzerler Narren genannt.

der ehemalige Gutsbetrieb als geschlossener Besitz.

Der Name Metzerlen wird vom lateinischen maceria, Gemäuer, abgeleitet. In der Tat finden sich östlich des Dorfes römische Spuren. Auch der Flurname Walenbrunnen deutet auf die Präsenz der Römer hin. Eine frühmittelalterliche Siedlung lässt der Flurname Rugglingen und lassen verschiedentlich in der Nähe gefundene Gräber vermuten. Wann und warum sie aufgegeben wurde, liegt im Dunkeln.

Die Kirche stand bis 1820 westlich des Dorfes auf einer Erhebung. Der heilige Remigius als Patron lässt auf eine fränkische Gründung schliessen. Vermutlich lag am alten Standort ursprünglich eine Siedlung, welche dann entweder an den heutigen Standort verlegt wurde oder in der hier schon bestehenden Siedlung aufging.

Als Metzerlon wird Metzerlen 1194 erstmals erwähnt und zwar in einer päpstlichen Urkunde. Es gehörte zu den sieben freien Dörfern am Blauen, welche die Herren von Rotberg als Reichslehen inne hatten. Die Herrschaft Rotberg, und damit auch Metzerlen, gelangte 1515 an Solothurn. Die vermutlich in der zweiten Hälfte des 13. Jahrhunderts errichtete Burg Rotberg hatte damit ausgedient, sie wurde nicht mehr unterhalten, verfiel im Laufe der Jahrhunderte und wurde 1934/35 als Jugendherberge wieder aufgebaut.

Was wäre Metzerlen ohne Kirschen! 1972 zählte man noch ungefähr 2800 Hochstamm-Kirschbäume und die Kirschen waren eine wichtige Einnahmequelle. Heute sind es noch ca. 1600 Hochstämmer und ca. 2,5 ha Plantagen. Aufwand und Ertrag stehen in einem so schlechten Verhältnis zueinander, dass auch dieser Bestand noch gefährdet ist. Leider wird sich mit dem Verschwinden der Hochstämmer auch das vertraute Landschaftsbild ändern, und das nicht zu seinem Vorteil.

Dafür erfährt gegenwärtig der Mitte des 20. Jahrhunderts verschwundene Rebbau eine Wiederbelebung. Ein vor einigen Jahren in den «niederen Reben» angelegter Rebberg hat Nachahmer gefunden; offensichtlich vermochte die Qualität zu überzeugen! Die in Metzerlen nicht wegzudenkenden bodenständigen Wirtschaften – Familienbetriebe seit Generationen – werden die Bereicherung ihrer Weinkarte schätzen!

Ein neuer Akzent im Dorfbild ist vor einigen Jahren mit dem neuen Dorfzentrum entstanden – ein Akzent, welcher in die Zukunft weist.

Biel-Benken

Schweiz,
Kanton Basel-Landschaft
Einwohner: 2500
Fläche: 414 ha,
davon Wald 75 ha

Als Wappen hat Biel-Benken den Schild des über Jahrhunderte auf dem Schlösschen residierenden Geschlechts der Schaler gewählt.

Wer aus dem dicht besiedelten vorderen Leimental durch den Löliwald Biel-Benken erreicht, kommt in eine andere Welt. Tal und Horizont haben sich geweitet, der Blauen gibt dem Tal eine eindeutige Richtung und die Landskron ist in greifbare Nähe gerückt. Die Siedlung ist übersehbar und der bäuerliche Charakter der Siedlungskerne lässt sich nicht verleugnen.

Der Gemeindebann reicht von der Egg über den Birsig hinauf auf den Berg und darüber hinaus. Zwei Seiten grenzen an Frankreich und es scheint fast, als wolle der Gemeindebann sich mit dem Benkenspitz zwischen den elsässischen Dörfern Neuwiller und Hagenthal verankern. Die Qualität des am Hang gegen Leimen wachsenden Weines ist ein Beweis für das milde Klima. Und wenn auch ein Teil des Rebberges der wachsenden Siedlung zum Opfer gefallen ist, so dürfte der verbleibende Ertrag immer noch für den Eigenbedarf ausreichen.

Biel und Benken waren Zwillingsdörfer. Das Bürgerrecht galt für beide Gemeinden, sie bildeten eine Kirchgemeinde, hatten eine Feuerwehr, spannten mit der Schule zeitweise zusammen und hatten verschiedene kulturelle Einrichtungen gemeinsam. Folgerichtig wurde 1970 – wenn auch nach diversen gescheiterten Anläufen – beschlossen, die Zukunft gemeinsam anzugehen.

Die Geschichte weist denn auch viele Gemeinsamkeiten auf. Schon dass Biel im Mittelalter als Benken minor oder Niederbenken erwähnt wird, zeigt eine gewisse Zusammengehörigkeit. Politisch hatten ursprünglich das Domstift und die Thiersteiner die Hände im Spiel und vor Ort waren die im Wasserschloss von Benken residierenden Schaler die Dorfherren. Kurz vor der Reformation dann gelang es Basel, die beiden Dörfer zu erwerben.

Beide Gemeinden gehörten zur ausgedehnten Urpfarrei Wisschilch, sie waren sogar die am nächsten bei der Kirche gelegenen Siedlungen, denn obwohl im Banne von

Die Benkemer werden von den Nachbarn als Schunggefrässer tituliert, während die Bieler Stäggstregger heissen.

Leimen gelegen, war diese nur einen Steinwurf von der Grenze entfernt.

Schon früh war in Benken eine Antoniuskapelle errichtet worden, die im 15. Jahrhundert über einen eigenen Pfarrer verfügte, und von Biel ist eine Michaelskapelle überliefert. Als Basel die Reformation einführte, entfiel jegliche Bindung an die Mutterkirche. Die ehemalige Antoniuskapelle wurde zum Gotteshaus für beide Gemeinden. 1621 wurde der heute noch bestehende Bau errichtet und die Michaelskapelle in Biel abgebrochen.

Bis zur Gegenreformation waren die Biel-Benkemer als reformierten Untertanen Basels in guter Gesellschaft mit den umliegenden fürstbischöflichen Gemeinden, welche ebenfalls die Reformation eingeführt hatten. Seit aber der Fürstbischof Ende des 16. Jahrhunderts in seinem Gebiet die Rekatholisierung durchgesetzt hatte, befanden sie sich in einer konfessionellen Enklave.

Im Dreissigjährigen Krieg widerfuhr den beiden Gemeinden viel Ungemach. Es scheint, dass es die Stadt Basel am notwendigen Schutz fehlen liess und dass sie zudem von den protestantischen Schweden eine gewisse Rücksicht erwartete, was sich als böser Trugschluss erwies. Jedenfalls gelang es den ebenso exponierten solothurnischen Grenzgemeinden offensichtlich besser, sich die fremden Truppen vom Hals zu halten.

1793 annektierte das revolutionäre Frankreich das Fürstbistum und nun waren Biel und Benken nicht nur konfessionell, sondern auch politisch isoliert. Nach dem Umsturz in der Eidgenossenschaft drängte Frankreich auf eine Annexion der beiden Gemeinden. Aber obwohl die Bevölkerung offenbar nicht prinzipiell dagegen war, wurde das Vorhaben nicht mehr weiter verfolgt.

Nach 1815 stiessen endlich auch die ehemaligen fürstbischöflichen Nachbardörfer zum Kanton Basel, sodass erstmals das ganze Leimental von Basel bis Biel-Benken und Ettingen politisch vereint war. In den Trennungswirren 1830–1833 hielten es die beiden Dörfer mit der Landschaft. Und im Kanton Baselland haben sie auch die Entwicklung vom Bauerndorf zur modernen Siedlung durchgemacht.

Die Bevölkerung hat sich seit 1870 verfünffacht. Die früher dominierende Landwirtschaft hat ihre Bedeutung als Arbeitgeber eingebüsst. Industrie, Gewerbe und Dienstleistung geben wirtschaftlich den Ton an und die Mobilität ermöglicht eine weit gehende Unabhängigkeit von Wohnort und Arbeitsort.

Die Grenzsituation hat in der Vergangenheit verschiedentlich Handel und Wandel arg beeinträchtigt. 1818 und 1824 mussten spezielle Abkommen geschlossen werden, um den kleinen Grenzverkehr überhaupt zu ermöglichen. Eine andere Version des kleinen Grenzverkehrs bot zu verschiedenen Zeiten riskante Verdienstmöglichkeiten: der Schmuggel! Heute hat die Grenze an Bedeutung verloren, es lässt sich leben damit – abgesehen von den Landwirten, die im Grenzverkehr noch heute ihre Schwierigkeiten haben. Was die Zukunft bringen wird? Wie sich ein allfälliger EU-Beitritt zum Beispiel auf die Landpreise auswirken würde? Wir werden es vielleicht einmal wissen, wenn auch anscheinend nicht allzu bald.

Leimen 2,9 km
Mariastein 6,3 km
Oberwil 1,7 km
Basel 8,0 km

Bättwil

Das Wappen von Bättwil entspricht dem Solothurner Kantonswappen, darin ein rechts gewendeter Baselstab in gewechselten Farben als Hinweis auf die ehemalige Zugehörigkeit zum Bistum.

Schweiz, Kanton Solothurn,
Bezirk Dorneck
Einwohner: 900
Fläche: 166 ha,
davon Wald ca. 30 ha

Von Leimen bis Therwil scheidet ein niedriger Höhenrücken das Leimental: die Egg. Sie erhebt sich gegen vierzig Meter über den Birsiglauf bei Biel-Benken, jedoch kaum zwanzig über das Bett des weniger eingetieften Binnbaches bei Bättwil. Bättwil liegt in respektvollem Abstand vom Bach am sanft auslaufenden Bättwilerberg. Der Bann – der kleinste aller Leimentaler Gemeinden – zieht sich vom Hofstetter Chöpfli über den Binnbach bis auf die Höhe der Egg. Nur der schmale Streifen des Chilbert reicht jenseits der Egg bis an die Landstrasse von Biel-Benken nach Leimen hinunter.
Er erlaubte den nach Wisschilch kirchgenössigen Bättwilern und Witterswilern, Kirche und Friedhof zu erreichen, ohne ausländisches oder reformiertes Gebiet überqueren zu müssen. Bättwil und Witterswil sind auch die einzigen Binnengemeinden des Leimentals.

Bättwil ist nicht nur flächenmässig eine kleine Gemeinde, es zählte früher auch nur wenige Einwohner, noch 1940 waren es lediglich etwa 250. In den historischen Akten erscheint es vielfach gemeinsam mit dem benachbarten Witterswil, mit welchem es zu einem Zehntkreis zusammengeschlossen war und mit welchem es heute noch eine Kirchgemeinde bildet. Interessanterweise liegen bei den Gemeinden Benken und Biel jenseits der Egg ähnliche Verhältnisse vor. Während sich jedoch Benken und Biel vor Jahren zusammengeschlossen haben, scheinen die Uhren diesseits der Egg noch etwas nachzugehen …

Bättwil liegt unmittelbar unter dem in die keltische Zeit zurückreichenden Refugium des Hofstetter Chöpflis. Ob ein im letzten Jahrhundert aufgefundenes «Idol» tatsächlich keltisch war, lässt sich nicht mehr nachweisen, denn es wurde als heidnisches Relikt sofort zerstört. Römische Spuren hingegen sind am Eggweg sicher nachgewiesen.

1244 wird erstmals ein Heinricus de Betwilre erwähnt. Der Ort war als Lehen des Klosters Reichenau in den

Von den Nachbarn werden die Bättwiler Bäramsle genannt. So heissen im örtlichen Dialekt die Ameisen. Woher dieser Vergleich rührt, ist nicht bekannt, vielleicht galten sie als besonders fleissig.

Händen der Grafen von Thierstein, bis er 1522 und 1527 von Solothurn erworben werden konnte.

Während des Dreissigjährigen Krieges konnten Übergriffe fremder Truppen weitgehend abgewehrt werden. Wie die anderen Leimentaler Dörfer beherbergte Bättwil aber zeitweise mehr Flüchtlinge als Einwohner. Ähnliche Verhältnisse herrschten nach der Französischen Revolution. In Bättwil, welches rechtlich immer noch zur Pfarrei Wisschilch gehörte, hielten sich damals gegen ein Dutzend aus Frankreich geflohene Geistliche auf.

Die kirchliche Bindung an das in Leimen liegende Wisschilch hatte in den Jahrhunderten vor der Revolution fortwährend Reibereien und Streitigkeiten verursacht. Schon 1744 wurde deshalb in Bättwil eine eigene Kapelle errichtet. 1790 dann wurde die im Verfall begriffene alte Mutterkirche aufgegeben und das Kirchengut verteilt. Ihr Patron, der heilige Martin, galt fortan als Patron der Kapelle von Bättwil. 1808 endlich wurde das Kirchspiel Wisschilch formell aufgelöst; Witterswil und Bättwil bildeten fortan eine eigene Kirchgemeinde.

Grossflächige Erschliessungen haben Bättwil in den letzten Jahren stark anwachsen lassen; die Einwohnerschaft hat sich innert fünfzehn Jahren fast verdoppelt. Heute erstreckt sich der Ort weit über die beiden Häuserzeilen des ehemaligen Strassendorfes hinaus und ist sowohl mit Witterswil als auch mit Flüh weitgehend zusammengewachsen. Ein weitläufiges Gewerbegebiet hat Arbeitsplätze gebracht und eine Tennishalle und Reitställe bieten Gelegenheit zu Freizeitbeschäftigung.

Vor einigen Jahren hat die Gemeinde das ehemalige Gasthaus Krone gekauft und umgebaut. Heute ist darin nebst einem Saal und der Wirtschaft die Gemeindeverwaltung untergebracht.

In der Nähe der auf Bättwiler Boden liegenden Station Flüh der BLT setzt die Kreisschule «Laubfrosch» einen unübersehbaren Akzent. Hier besuchen die Schüler aller Gemeinden des solothurnischen Leimentals ab der fünften Klasse die Schule. Die Kreisschule, das Stationli, die Post, ein Einkaufszentrum, ein paar Wirtschaften, darunter auch hochkarätige: Hier kristallisiert sich auf der Grenze zwischen Bättwil und Flüh unübersehbar ein künftiges Zentrum heraus.

Wenn Bättwil auch das rasche Wachstum erst noch verkraften muss, die mit zwei BLT-Stationen bediente aufstrebende Gemeinde kann getrost in die Zukunft blicken.

Bis zum Ende des 19. Jahrhunderts hatte jedes Dorf im Leimental seine Reben, aber nicht in jedem Dorf fanden sich geeignete sonnige Hänge. So gab es eben besseren und weniger guten Wein. Für die Unterprivilegierten bedeutete das nebst dem sauren Wein auch beissenden Spott. Das folgende Geschichtlein erzählte man sich nicht nur von den Bättwilern.

Man sagt, sie hätten die Trauben in schlechteren Jahren erst gegen Sankt Niklaus gelesen, sie in Kartoffelsäcke abgefüllt, auf Wägen heimgeführt und im Estrich bis um Weihnachten nachreifen lassen. Da sei eines unschönen Herbstes ein Sack vom Wagen gefallen und das Rad sei – darüber! Aber es habe nichts gemacht. Keine einzige Beere sei beschädigt worden!

Das gespaltene Wappen zeigt rechts den rotbergschen Schild – in Gold einen schwarzen Balken – links ein halbes Rad, das Attribut der heiligen Katharina, der Kirchenpatronin.

Schweiz, Kanton Solothurn
Einwohner: 1320
Fläche: 267 ha,
davon Wald 51 ha

Witterswil

Bei der Klus von Flüh verlässt der Binnbach die Jurafelsen und fliesst entlang der Egg bis nach Therwil, wo er in den Birsig mündet. Unterhalb Bättwil bildet sich an der letzten Juravorfalte eine weitere Geländekammer, die Quellmulde des Marchbaches. In diese Mulde schmiegt sich der Dorfkern von Witterswil mit der Katharinenkirche. Der Gemeindebann – der zweitkleinste aller Leimentaler Gemeinden – zieht sich vom Kamm der Blauenvorfalte bis auf die Egg.

Anlässlich der Kirchenrenovation konnte der Untergrund der Kirche untersucht werden. Die römischen Fundamente, welche dabei zutage traten, überraschten weniger als die verschiedenen Mauerreste, welche auf Kirchenbauten aus verschiedenen Epochen des Mittelalters schliessen lassen. Denn wie Bättwil, mit welchem es in einem Zehntkreis zusammengeschlossen war und mit welchem es noch heute eine Kirchgemeinde bildet, gehörte Witterswil bis zur Französischen Revolution zur Urpfarrei Wisschilch mit einer Kirche westlich von Benken in der Nähe des Birsig. Gräber deuten darauf hin, dass die Dorfkirche zeitweise die Funktion einer Pfarrkirche hatte, wahrscheinlich in Kriegs- oder Seuchenzeiten, wenn der Weg zur entfernten Kirche Wisschilch zu gefährlich war. Noch heute heisst der Feldweg von Witterswil/Bättwil nach Benken der «Totenweg».

Urkundlich tritt die Gemeinde um 1300 als Witerswilr in Erscheinung. Witterswil gehörte zu den Reichsdörfern am Blauen und gelangte 1515 mit der Herrschaft Rotberg an Solothurn. Das Meiertum Witterswil war in verschiedenen Händen, bis es 1486 von Solothurn erworben werden konnte. Daneben bestand noch ein «dinghoffle», wie der kleine Dinghof 1520 genannt wird. Erst 1639 gelang es Solothurn, diesen von den auf Schloss Burg sitzenden Herren von Wessenberg zu erwerben.

Die Reformation stiess bei den Witterswilern auf lebhaftes Echo. Unter Anführung der Meier zogen sie mit den Bättwilern sogar nach Mariastein und verübten dort einen Bildersturm. Solothurn liess vorerst Milde walten und sandte einen reformierten Prädikanten nach Witterswil. Der rechtmässige Pfarrer der Gemeinde blieb aber derjenige von Wisschilch, der auch das Recht auf die Einkünfte geltend machen konnte. Die sozusagen brotlose Prädikantenstelle hatte daher keinen Bestand und so erlosch die neugläubige Bewegung bald. Später wurden die Rädelsführer des Mariasteiner Bildersturms mit Bussen belegt und zeitweise eingekerkert. Sie baten um Gnade, die Bussen wurden halbiert, einige zogen in die reformierte Nachbarschaft um. Doch noch zwanzig Jahre später befassten sich die Behörden mit den Folgen dieser Untat.

Wie für die übrigen Leimentaler Dörfer brachte der Dreissigjährige Krieg turbulente Zeiten für Witterswil. Wenn auch selber nie angegriffen, so wurde es doch öfters bedroht, sei es von den Kaiserlichen, von den Schweden oder von den Franzosen. Immer wieder drängten Scharen von Flüchtlingen ins Dorf und auch Seuchenzüge machten an der Grenze nicht Halt. Obwohl der für Wisschilch zuständige Pfarrer zeitweise von Leimen nach Witterswil geflohen war, gestaltete sich die Beziehung zur Mutterkirche immer schwieriger. Schon vor dem Kriege findet man Klagen, da die Witterswiler zum Kirchgang nach Leimen genötigt wurden, wohin der Pfarrer von Wisschilch übersiedelt war. Nun, während der Kriegszeiten, lockerten sich die Beziehungen zur Mutterkirche zwangsläufig noch mehr, was 1641 schliesslich zum Bau einer neuen, grösseren Kapelle in Witterswil führte. Die immer stärker zum Ausdruck kommenden Ablösungsbestrebungen führten zu endlosen Reibereien und Auseinandersetzungen mit dem Pfarrer von Wisschilch und der Familie der Reich von Reichenstein als Kollatorin. Erst nach dem Umsturz von 1789 gelang Witterswil die Ablösung und, zusammen mit Bättwil, die Gründung einer eigenen Pfarrei.

Während der Revolution wurde Witterswil von vielen kirchentreuen Gläubigen aus dem Sundgau aufgesucht, welche die Sakramente der Taufe oder der Ehe von einem Priester empfangen wollten, der nicht wie die französischen Priester auf die revolutionäre Verfassung hatte schwören müssen.

1842 wurde die heutige Dorfkirche errichtet.

Als eines der ersten Dörfer im solothurnischen Teil des Leimentales geriet Witterswil um 1960 in den Sog der Agglomeration. In kurzer Zeit verdoppelte sich die Bevölkerung auf über 800 Einwohner und wuchs dann, in den letzten Jahren etwas verlangsamt, auf über 1300 an; dabei hat der Dorfkern seinen bäuerlichen Charakter weitgehend bewahrt. Die Neubauquartiere ziehen sich einerseits dem auslaufenden Witterswiler Berg entlang, anderseits sind auch der Südhang auf der Gegenseite samt dem ehemaligen Rebberg und das Feld gegen Bättwil überbaut worden. Zwei BLT-Stationen zeugen von reger Benützung des öffentlichen Verkehrsmittels, denn obwohl Gewerbe und Dienstleistungsbetrieb etliche Arbeitsplätze am Ort geschaffen haben, geht doch der Grossteil der Erwerbstätigen auswärts seiner Beschäftigung nach.

Von den Nachbarn werden die Witterswiler Chäfer genannt. Woher der Name stammt, ist nicht bekannt. Doch hat er nach dem Wiederaufleben des Rebbaus in Witterswil dem nicht zu verachtenden Tropfen den Namen «Chäferwy» eingetragen.

Ettingen

Schweiz,
Kanton Basel-Landschaft
Einwohner: 4900
Fläche: 630 ha,
davon Wald 310 ha

Das Wappen von Ettingen ist vor Mitte des 20. Jahrhunderts entstanden. Es ist geviert: 1 und 4 von Blau, 2 in Silber ein rotes Kreuz und 3 von Silber. Die Vierteilung erfolgte in Anlehnung an Fürstenstein, das rote Kreuz an die Abtei Reichenau.

Vo hinge füre gesehen ist Ettingen die letzte Leimentaler Gemeinde, welche Teil hat am Jurablauen. Unterhalb ändert sich das Gesicht des Leimentales; der Birsig fliesst nun ganz durch sundgauisches Hügelland. Die Rückendeckung des Juras, welche dem hinteren Leimental das Gepräge gibt und den Blick hinaus lenkt gegen die Burgundische Pforte und den Sundgau, fällt weg. Gleichzeitig rücken die niedrigen Seitenlehnen zusammen, als wollten sie verhindern, dass sich das Tal in der Landschaft verliert.

Der Bann von Ettingen reicht hinauf bis zum Blauenkamm, die eigentliche Siedlung aber erstreckt sich vom Jurafuss hinaus in die Ebene. Gut die Hälfte der Gemeindefläche – der bewaldete Blauenhang und die Felder auf dem Hofstetter Plateau – sind vom Dorf aus gar nicht sichtbar.

Der Übergang über einen kaum zwanzig Meter hohen Sattel nach Aesch ist das eigentliche Tor des Birstales zum Sundgau. Hier liegt an einem Südhang auch der Ettinger Rebberg. Bescheidener in der Grösse als derjenige der benachbarten Klus, weist doch die beachtliche Qualität seiner Weine auf das günstige Klima hin.

Ettingen am alten Übergang über den Plattenpass ins Laufental wurde schon am Ende der Altsteinzeit von Menschen aufgesucht. Dank Funden weiss man, dass sie vor rund 12 000 Jahren im Büttenenloch hinter Schneehühnern her waren. Auch aus der Jungsteinzeit haben sich Spuren einer Freilandsiedlung erhalten.

Nach den Römern, welche im Leimental kaum irgendwo fehlten, kamen in Ettingen die Alamannen, wenn man dem auf -ingen endenden Dorfnamen vertrauen darf. Urkundlich tritt Ettingen 1268 in Erscheinung und zwar unter seinem heutigen Namen. In die Herrschaft teilten sich das Kloster Reichenau und der Bischof von Basel.

Lehensnehmer waren die Thiersteiner, die Schaler und die von Rotberg. Mit den Fürstensteinern, deren Burg im heutigen Gemeindegebiet liegt, hatte Ettingen aber nichts zu tun.

Im 16. Jahrhundert standen sich der Bischof von Basel und die Stadt Basel gegenüber, mit der Ettingen 1525 ein Burgrecht eingegangen war. Unter Basels Einfluss wurde von Therwil aus die Reformation durchgeführt. Nach der Gegenreformation gelang es 1585 dem Bischof, das Burgrecht zu lösen und die Gemeinde durch seine Hilfeleistung nach einem grossen Brand zu rekatholisieren. Die zum Fürstbistum und somit zum Reich gehörende Gemeinde hatte alle Gräuel des Dreissigjährigen Krieges zu ertragen. Über den Plattenpass brach das schwedische Heer 1635 ins Laufental ein.

Kirchlich zu Therwil gehörend, besass das Dorf seit dem Mittelalter eine eigene Kirche. Die Bestrebungen, eine eigene Pfarrei zu bilden, waren 1802 von Erfolg gekrönt, als Ettingen schon zehn Jahre französisch war. 1815 kam es mit dem Birseck zu Basel und wurde somit eidgenössisch. 1833 schloss es sich bei der Kantonsteilung Baselland an.

1888 wurde Ettingen durch die Birsigtalbahn erschlossen. Das Dorf hatte damals 750 Einwohner; 1910 waren es schon 1090. Dann stagnierte die Bevölkerung bis zum Zweiten Weltkrieg, um dann unaufhörlich anzuwachsen und um die Jahrtausendwende fast 5000 Einwohner zu erreichen. Die Arbeitsplätze haben im gleichen Zeitraum nur von 350 auf 700 zugenommen, was in den rund 80% Wegpendlern zum Ausdruck kommt.

Ettingen hat eindeutig den Charakter einer Agglomerationssiedlung, obwohl es – noch – nicht mit dem von Basel her ausufernden Häusermeer zusammengewachsen ist. Und es hat trotz des starken Wachstums seinen ausgeprägten Dorfcharakter bewahren können. Vielleicht liegt das an der notorischen Eigenwilligkeit der Ettinger, welche in alten Dokumenten immer wieder durchscheint. So schrieb zum Beispiel 1830 der Statthalter in Arlesheim im Zusammenhang mit einem unbewilligten Holzschlag: «Die Gemeinde Ettingen, bis auf wenige Particulare, befindet sich in gesetzlosem Zustand und fragt der Regierung nichts nach.» Tatsächlich sind in Ettingen Abstimmungsresultate sehr häufig gerade anders ausgefallen als im Kanton; 1989 beispielsweise stimmte eine Mehrheit für die Abschaffung der Schweizer Armee.

Aus solchem Holze geschnitzt, werden die Ettinger auch in Zukunft das bleiben, was sie sind, eben unverkennbare Ettinger!

Gugger sagte man früher den Ettingern, wenn man sie necken wollte, heute sind sie stolz auf ihren Dorfübernamen, einen der wenigen, die aktenkundig sind. Schon in einem Verhör von 1713 heisst es, dass ihnen der Meier von Therwil samt seinen Anhängern Gugu zuschreie. Dem Vernehmen nach stand die Heiliggeisttaube einer Prozessionsfahne dem Namen zu Gevatter, da sie verzweifelt einem Kuckuck geglichen haben soll.

Als Wappen führt Therwil dasjenige der schon im Mittelalter ausgestorbenen Herren von Therwil, nämlich einen goldenen Schild mit einem schwarzen Freiviertel.

Schweiz,
Kanton Basel-Landschaft
Einwohner: 7'900
Fläche: 766,
davon Wald 195 ha

Therwil

Der Therwiler Bann reicht vom Birsig bis hinüber ins Birstal. Der Siedlungskern liegt an der auslaufenden Egg, welche das Tal zwischen Leimen und Therwil in zwei Kammern teilt. Hier, wo der Jura zurückweicht, verlieren sich die in seinem Windschatten entstandenen sanften, dünenartigen Erhebungen, welche der Landschaft des hinteren Leimentales das Gepräge geben, und der Birsig wendet sich nach Nordosten. Das Tal bildet eine weite, wasserreiche Ebene.

Man kann sagen, dass in Therwil alle Bäche zusammenfliessen und ein so verwirrliches Netz von natürlichen und künstlich angelegten Wasserläufen, Gräben und Kanälen bilden, dass es jeder Beschreibung spottet. Im Siedlungsgebiet sind sie heute grösstenteils in den Untergrund verbannt und wohl den wenigsten Einwohnern noch bekannt.

Mit Therwil beginnt die zusammenhängende Basler Agglomeration. Die Wohnquartiere erstrecken sich am Hang gegen den Übergang ins Birstal und in die Ebene hinaus gegen Biel-Benken. Talabwärts zieht sich das Gewerbegebiet bis an die Grenze zu Oberwil und darüber hinaus. Die Bahnhofstrasse hat teilweise städtisches Gepräge, doch hat wenigstens die Bausubstanz im Siedlungskern ihren bäuerlichen Charakter zum Teil behalten, auch wenn hier kaum mehr Landwirtschaft betrieben wird.

Funde aus der Jungsteinzeit, aus der Bronzezeit und aus der Eisenzeit zeigen, dass das Zusammenspiel der wasserreichen Ebene mit den umliegenden fruchtbaren Lössgebieten eine gute Existenzgrundlage bot. Ein seit bald 2000 Jahren standfester Grenzstein legt für die Römer Zeugnis ab, die auch sonst in Therwil verschiedentlich ihre Spuren hinterlassen haben. Das frühmittelalterliche Grabfeld bei der Schwedenlinde dürfte in die Gründungszeit der heutigen Siedlung zurückgehen. Ein Töpferofen aus dem Beginn des 8. Jahrhunderts zeigt, dass die alten Therwiler den Leimentaler Boden vielfältig zu nutzen wussten.

Bis zur ersten Erwähnung des Namens Tervvilre im Jahre 1223 vergehen dann aber noch etliche Jahrhunderte. Wie in Ettingen, welches bis 1802 der Therwiler Kirche zugeordnet bleiben sollte, teilten sich der Bischof von Basel und das Kloster Reichenau in die Herrschaft. Vor Ort waren als Lehensnehmer die Grafen von Thierstein zuständig. Auch eine Wasserburg wird erwähnt, welche aber schon früh aufgegeben werden und zerfallen sein muss.

1519, nach dem Aussterben der Thiersteiner, stritten sich Solothurn und der Bischof von Basel um die Reichenauer Rechte. 1525 nahm die Stadt Basel die Gemeinde ins Burgrecht auf und führte dann auch die Reformation durch. Schliesslich behielt aber der Bischof die Oberhand, indem er 1555 von Solothurn mit den Reichenauer Rechten belehnt wurde, 1585 das Burgrecht mit Basel lösen und die Reformation rückgängig machen konnte sowie schliesslich 1669 durch Tausch auch die solothurnischen Rechte erlangte.

Von den Birsecker Gemeinden hatte Therwil wohl am meisten unter den Verheerungen des Dreissigjährigen Krieges zu leiden. Überfälle, Brandschatzungen und Raubzüge folgten sich während Jahren und hinterliessen nach 1640 eine ruinierte und total ausgeplünderte Ortschaft. Die nicht dem Krieg zum Opfer gefallenen Einwohner waren von Seuchen und Hunger gezeichnet.

In der nun folgenden ruhigeren Periode konnte sich die Gemeinde wieder erholen, bis sie als Teil des Bistums in die Wirren der Französischen Revolution hineingezogen und 1793 französisch wurde. Wieder gab es Requisitionen, Zwangsrekrutierungen, Kontributionen und was der widrigen Vorfälle mehr sind, die Kriegszeiten mit sich bringen.

Mit der Zuteilung des Birsecks an Basel durch den Wiener Kongress wurde Therwil 1815 endlich eidgenössisch, wobei sich die Therwiler mit der Wiedereinführung des Basler aristokratischen Systems schwer taten. Der eigentliche Initiant des Aufstandes der Landschaft, welcher 1833 zur Kantonstrennung führte, war der Therwiler Stephan Gutzwiller. Kein Wunder, dass Therwil stramm landschaftlich gesinnt war.

1887 wurde Therwil durch die Birsigtalbahn mit Basel verbunden. Trotzdem blieb der Bevölkerungszuwachs bis zum Ende des Zweiten Weltkrieges moderat. Dann aber setzte eine sprunghafte Entwicklung ein und die Bevölkerung wuchs zwischen 1950 und 1980 von 1450 auf 7300 Einwohner an. Gemessen an dieser stürmischen Entwicklung hat die Gemeinde ein erstaunliches Profil zu wahren gewusst. Man ist immer noch stolz, ein Nünenünzger zu sein, obwohl der Ursprung dieser Bezeichnung im dunkeln liegt.

OBERWIL
BIEL-BENKEN

Oberwil

Schweiz,
Kanton Basel-Landschaft
Einwohner: 9'400
Fläche: 788 ha,
davon Wald 128 ha

Das Wappen zeigt einen roten Schild, senkrecht geteilt von silbernem Wellenpfahl, flankiert von senkrecht stehendem silbernem Schwert und Schlüssel. Der Wellenpfahl symbolisiert den Birsig, Schwert und Schlüssel sind die Attribute der Kirchenpatrone Paulus und Petrus.

Der Bann von Oberwil ist der erste nach Wolschwiller, der über die ganze Talbreite, von Wasserscheide zu Wasserscheide reicht. Das hängt damit zusammen, dass sich das im hinteren Teil bis sieben Kilometer breite Leimental ab Ettingen stark verengt. Die Flanken rücken zusammen und werden steiler, was dazu führt, dass die Siedlung beinahe das ganze Blickfeld einnimmt.

Ausgeprägt kommt auch der vorstädtische Charakter des Siedlungskerns zum Ausdruck. Fast nur im Quartier um die Kirche ist noch charakteristisch leimentalisch-sundgauische Bausubstanz auszumachen. Oberwil ist eben als eine der ersten Gemeinden des Leimentals voll von der nach dem Zweiten Weltkrieg einsetzenden Wachstumswelle erfasst worden. Von seinen Erfahrungen konnten die weiter hinten im Tal gelegenen Gemeinden profitieren – desto mehr, je später sie von der Entwicklung erfasst wurden; Oberwil wurde von ihr überrannt.

Bei der Gunst der Lage verwundert es nicht, dass Funde aus der Steinzeit und aus der Eisenzeit von früher Besiedlung Kunde geben. Nachgewiesen sind auch die Römer. Mit dem Frühmittelalter wird die heutige Siedlung archäologisch fassbar. Die 1964/65 im Rahmen der Kirchenrenovation erfolgten Grabungen förderten Fundamente von Vorgängerbauten und Gräber zutage. Wie die Patrone Peter und Paul erwarten lassen, entstand hier schon früh ein Gotteshaus. Der älteste Bau kann anhand von Grabbeigaben in das 7. Jahrhundert datiert werden.

Oberwil gehörte bis zur Gegenreformation nicht dem Landkapitel Leimental an, sondern war eines der sieben Dörfer, welche dem Sprengel der alten Taufkirche St. Johann neben dem Münster angeschlossen waren. Vermutlich stand Neuwiller kirchlich damals schon in seiner Abhängigkeit und wurde nach der Gegenreformation bis 1820 zur eigentlichen Filialkirche Oberwils.

Urkundlich erwähnt wird Oberwil erstmals 1083 als Obervvilre. Dorfherr war der Bischof von Basel und er blieb es, trotz verschiedener Verpfändungen. 1435 wurde die bischöfliche Landvogtei Birseck gegründet, welcher Oberwil bis zur Französischen Revolution angehörte. Mit den anderen bischöflichen Gemeinden des Leimentals wurde Oberwil 1525 ins städtische Burgrecht aufgenommen und die Zugehörigkeit zum Sprengel St. Johann bewirkte, dass Oberwil mit Basel den neuen Glauben annahm. In einem Vertrag zwischen der Stadt und dem Bischof wurden 1529 die Rechte der bischöfliche Herrschaftsleute geregelt. Die Bestrebungen der Stadt, die Gemeinde endgültig in ihren Besitz zu bringen, wurden vom Bischof durchkreuzt, welchem es 1585 mit Unterstützung der Eidgenossen gelang, das Burgrecht zu lösen und anschliessend den alten Glauben wieder einzuführen.

Von allen fürstbischöflichen Gemeinden des Leimentals wurde Oberwil im Dreissigjährigen Krieg am schlimmsten heimgesucht: 1633 ausgeplündert, 1634 verbrannt, 1635 wieder gebrandschatzt und das Vieh geraubt. Die Schreckensnachrichten bleiben für die folgenden Jahre wohl nur deshalb aus, weil es nichts mehr zu brennen, zu morden und zu stehlen gab! Ein Teil der Einwohner konnte sich durch Flucht retten. Ab 1640 konnte man endlich an die Schadensaufnahme und vor allem an den Wiederaufbau gehen. Mit der christlichen Barmherzigkeit der Zinsherren für die missliche Lage der Überlebenden scheint es allerdings nicht weit her gewesen zu sein. So schrieb der Bischof 1642 an den Rat der Stadt, er finde es ungehörig, dass die Zinsinhaber in der Stadt die Schuldner aus Oberwil und Allschwil vor das Stadtgericht geladen hätten, wo sie doch so schwer heimgesucht worden seien!

Die folgenden Jahrzehnte waren ruhiger, wenn sich auch die Eroberungskriege Ludwigs XIV. selbst in unseren Breiten auswirkten. Für einmal zeigte die Stadt mehr Verständnis für die Lage der geplagten Bauern. Sie erliess ihnen 1679 die Bodenzinse der Basler Gotteshäuser wegen der erlittenen Truppenbesetzungen.

Als Folge der grossen Revolution wurde das Fürstbistum von Frankreich annektiert und die Oberwiler fanden sich bei Frankreich. Wieder folgte eine kriegerische Zeit der Willkür und der Despotie.

Einquartierungen, Zwangsrekrutierungen, Requisitionen und anderes war zu erdulden, bis der Wiener Kongress endlich aus den Birseckern Basler und damit Eidgenossen machte.

Die Zugehörigkeit zu Basel, welches zum aristokratischen Regime zurückgekehrt war, brachte den Oberwilern einen gewissen Verlust an bürgerlichen Freiheiten, der aber durch Verdienstmöglichkeiten in der nahe gelegenen Stadt wieder aufgewogen wurde. Das bewirkte auch, dass sich Oberwil bei der Kantonstrennung weit zurückhaltender verhielt als zum Beispiel das entlegenere Therwil, obwohl auch Oberwil mehrheitlich für die Trennung eintrat. In der Folge war ein kontinuierlicher Bevölkerungszuwachs zu verzeichnen, der sich ab 1887, nach der Inbetriebnahme der Birsigtalbahn, verstärkte, sodass bei Beginn des Ersten Weltkrieges schon gegen 1700 und im Jahre 1930 2100 Einwohner zu verzeichnen waren. Explosionsartig stieg dann die Bevölkerungszahl ab 1950. Von zehn zu zehn Jahren wuchs sie von 2500 auf 3900, dann auf 6700, auf 7600 und schliesslich 1990 auf knapp 9000 Einwohner an.

Obwohl auch Handel und Gewerbe gerade in Oberwil eine starke Zunahme zu verzeichnen haben, hat die Zahl der Arbeitsplätze im Dorf in weit geringerem Masse zugenommen, umso mehr dafür die Mobilität. Aber in der Gewerbezone, welche sich unübersehbar in der Birsigebene gegen Therwil erstreckt, zeugt das Depot der neu als Basellandtransport firmierenden Birsigtalbahn von den gerade im Leimental recht fortgeschrittenen Bemühungen, die überbordende Mobilität durch den Ausbau des öffentlichen Verkehrs in vernünftige Bahnen zu lenken.

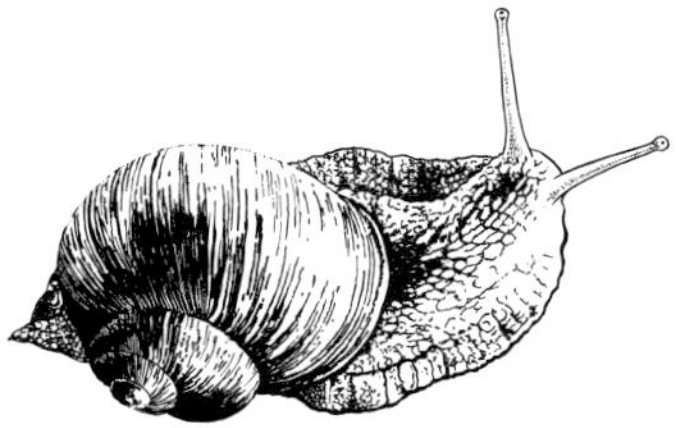

Angesichts des rasanten Wachstums der Gemeinde ist man versucht, die Bezeichnung Schnecken für die Oberwiler als überholt zu bezeichnen.

Bottmingen

Schweiz,
Kanton Basel-Landschaft,
Bezirk Arlesheim
Einwohner: 5500.
Fläche: 299 ha,
davon Wald 56 ha

Bottmingen hat das Wappen der zweiten Besitzerfamilie des Schlosses aus dem Geschlecht der Schilling als Dorfwappen angenommen. Es zeigt zwei gekreuzte Kolben auf rotem Grund.

Von den Nachbarn werden die Bottminger Brotheimer oder Brotfrässer genannt.

In Bottmingen rücken die Talflanken nochmals näher an den Birsig. Der beinahe ein Dreieck bildende Gemeindebann richtet sich mit einer Seite am Hügel des Bruderholzes aus, die zweite scheidet die Gemeinden Bottmingen und Binningen in gerader Linie quer über das Tal und die dritte führt gegen Oberwil diagonal auf das Bruderholz zurück. In leichter Krümmung ändern Tal und Birsig auf dem Gemeindegebiet ihre Richtung von Nordosten nach Norden. Eine Fundstelle aus der Jungsteinzeit zeigt, dass sich der Mensch schon früh auf dem Gebiet der heutigen Gemeinde aufgehalten hat. Der alte Siedlungskern liegt in sicherem Abstand vom ehemals unberechenbaren Birsig am Fusse des Bruderholzhügels, dort wo sich der Känelbach ein Tälchen in den Löss gegraben hat. Zwischen der Siedlung und dem Birsig liegt das eigentliche Wahrzeichen Bottmingens: das Schloss. Man sieht es dem stattlich-herrschaftlichen Bau nicht an, dass seine Gestalt das Resultat einer über Jahrhunderte ununterbrochenen Kette von Zerstörung und Wiederaufbau, Vernachlässigung und notdürftigem Unterhalt, Verfall und Renovation ist. Als einziges der verschiedenen Leimentaler Weiherhäuser hat das Bottminger Schloss seinen Charakter als Wasserschloss bis heute behaupten können; Schloss Binningen hat seinen Weiher verloren, vom Weiherhaus von Benken haben sich nur Nebenbauten erhalten, die Schlösser in Therwil und Leihausen sind längst gänzlich verschwunden.

Mit der Dorfherrschaft hatte das Schloss aber nie etwas zu tun. Das Dorf wird denn auch 1246 – gut 100 Jahre vor dem Schloss – als Bothmingen erstmals erwähnt. Im Besitze des Basler Domstiftes, lag es, wie auch Binningen, im städtischen Bann und wurde ursprünglich von der Stadt aus regiert und verwaltet. Als das Schloss 1409 im Krieg der Katharina von Burgund gegen Basel verbrannt wurde, wird auch das Dorf nicht ungeschoren davongekommen sein, so wie es auch 1445 von Peter von Mörsberg gebrandschatzt wurde, der mit Basel im Streite lag.

Kirchlich gehörte Bottmingen zur alten Pfarrei St. Margrethen, welche schon im 13. Jahrhundert der städtischen St. Ulrichskirche als Filiale angegliedert worden war. So war der Verlauf der Reformation derselbe wie in der Stadt, und der Glaubenswechsel wurde 1529 durchgeführt. Als der Bischof 1534 die beiden Dörfer Bottmingen und Binningen der Stadt verpfändete, war es mit der bischöflichen Herrschaft endgültig zu Ende. Bischof Blarer von Wartensee gelang es zwar 1585, seine übrigen Leimentaler Dörfer aus dem Burgrecht mit Basel zu lösen, doch Bottmingen und Binningen blieben endgültig bei der Stadt. 1604 wurde St. Margarethen wieder zu einer selbstständigen Pfarrei erhoben.

Dank der Zugehörigkeit zur Stadt blieb Bottmingen im Dreissigjährigen Krieg weitgehend ungeschoren, während seine bischöflichen Nachbarn schrecklich heimgesucht wurden. Und ein zweites Mal wurde das Dorf dank der Zugehörigkeit zur Stadt verschont, als das Fürstbistum 1793 im Gefolge der Französischen Revolution Frankreich einverleibt wurde. Dass die Bottminger 1794 den Heuzehnten verweigerten, beweist, dass die revolutionären Ideen an der Grenze nicht Halt machten.

Von 1798 bis 1815 war Bottmingen Bestandteil des Distriktes Basel. Die Bewohner müssen sich mit der Rückkehr zur alten Ordnung einigermassen abgefunden haben, jedenfalls stimmten sie 1830 jener neuen Kantonsverfassung zu, welche den Widerstand weiter Kreise der Landschaft herausforderte und schliesslich zur Kantonstrennung führte. Stärker noch als im benachbarten Oberwil dürfte hier die Nähe zur Stadt eine Rolle gespielt haben, welche den Einwohnern Verdienstmöglichkeiten bot. Die Kantonstrennung wurde dann aber auch von Bottmingen vollzogen.

1837 trennte sich Bottmingen endgültig von Binningen. In der Helvetik waren den beiden Gemeinden eigene Gemeinderäte zugesprochen worden, während der Mediation hatten sie das Gemeindevermögen geteilt, nach der Kantonstrennung auch die Gebiete ausgeschieden. Der Schlusspunkt hinter die Auseinandersetzungen, welche im 18. Jahrhundert mit der Teilung des Weidganges begonnen hatten, wurde sogar erst 1896 mit der Schaffung eines eigenen Friedhofes gesetzt.

Die Nähe der Stadt mit ihren Verdienst- und Absatzmöglichkeiten hatten schon vor der Eröffnung der Birsigthalbahn im Jahre 1887 zu einem mässigen Bevölkerungswachstum geführt. Trotzdem blieb der Zuwachs bis 1950 von 750 auf 1400 Einwohnern recht bescheiden, dann aber wuchs die Gemeinde bis 1990 im Soge der Stadt auf 5500 Einwohner an. Seither ist die Einwohnerzahl stabil geblieben, was den Behörden die Möglichkeit geben dürfte, Leitplanken für zukünftige Entwicklungsschübe zu erarbeiten.

Die moderne Mobilität, welche auch der Entwicklung des hinteren Leimentals zu Gevatter stand, hat Bottmingen belastende Verkehrsströme beschert. Über die obere und die untere Verkehrsachse des Tales und über die Bruderholzstrasse rollen Personen- und Güterverkehr auch durch Wohnquartiere und beeinträchtigen die sonst in Bottmingen gewohnte Wohnqualität. Man könnte sagen, dass sich neuerdings in Bottmingen alles um den kürzlich geschaffenen Kreisel drehe, wäre da nicht eine Gemeinde, welche mit einem regen Dorfleben, mit vielen Vereinen und mit kulturellen Angeboten dem städtischen Übergewicht durchaus Paroli bieten kann.

Schweiz,
Kanton Basel-Landschaft
Einwohner: 14'000
Fläche: 446 ha,
davon Wald 40 ha

Binningen

Als Wappen hat die Gemeinde dasjenige einer ehemaligen Stadtbasler Familie namens von Binningen übernommen. Es zeigt auf silbernem Schild einen mit drei silbernen Sternen belegten schwarzen Pfahl.

Die Nachbarn heissen die Binninger Waiechöpf.

In Binningen beginnt wieder ein anderes Leimental. Die Sundgauer Hügel bleiben zurück, die Landschaft weitet sich. Von nun an muss sich der Birsig seinen Weg zum Rhein durch die Schotterterrassen bahnen. Hier, am Fusse der letzten Lösshänge, liegt das Dorf Binningen, am linken Hang der alte Dorfkern, am rechten Hang auf dem Sporn gegen Basel die Margarethenkirche, weiter talaufwärts die katholische Kirche und unten am Birsig das ehemalige Weiherschloss. Heute allerdings ist das Bruderholzspital das weithin sichtbare Wahrzeichen Binningens.

Spuren aus der Steinzeit und aus der Bronzezeit erstaunen in dieser Übergangszone zum Rheintal nicht. Auch die Römer wussten die Gunst der Lage zu schätzen. Dass Germanen schon früh vor den Toren Basels siedelten, beweist der fränkische Friedhof am Bernerring, welcher zwar auf Stadtgebiet liegt, jedoch so nahe beim späteren Holeeschlösschen, dass ein Zusammenhang nicht auszuschliessen ist.

Der Name Binningen weist aber eher auf eine alamannische Gründung hin. Er erscheint erstmals in einer Urkunde von 1004. Schon 1299 wird eine Steinbrücke erwähnt, die den Birsig überquerte. Kurz vorher war das Weiherhaus, das heutige Schloss, von einem Stadtbasler Bürger errichtet worden.

Die Gemeinde lag, wie Bottmingen, im Basler Bann. Ende des 13. Jahrhunderts wurde die Pfarrei von St. Margarethen der Basler St. Ulrichskirche als Filiale angegliedert und die Gemeinde so noch enger an die Stadt gebunden. Die Zugehörigkeit zur Stadt brachte auch Nachteile, 1409 wurde das Schloss und 1445 das Dorf von Feinden Basels angezündet. Die von der Stadtgeistlichkeit versehenen Filiale nahm die Reformation mit der Mutterkirche an.

Zu schaffen machten den Prädikanten allerdings die im Leimental häufig auftretenden Wiedertäufer. Unter ihnen gelangte David Joris zu zweifelhafter Berühmtheit. Er hatte sich in Binningen eingerichtet und es gelang ihm über den Tod hinaus, seine religiöse Einstellung zu verheimlichen. Als sie endlich ruchbar wurde, landete er als Erzketzer nachträglich auf dem Scheiterhaufen, er wurde exhumiert und samt seinen Büchern verbrannt.

1534 gelang es der Stadt, Binningen und Bottmingen als Pfand zu übernehmen und endlich im angrenzenden Leimental Fuss fassen. Der Übergang war endgültig. Bischof Blarer von Wartensee gelang es zwar 1585, seine übrigen Leimentaler Dörfer aus dem Burgrecht mit der Stadt zu lösen, auf Binningen und Bottmingen jedoch musste er endgültig verzichten. Als reformierter Vorposten im nun wieder fast vollständig katholischen Leimental wurde St. Margarethen 1604 mit einem eigenen Pfarrer versehen und 1708 zur selbstständigen Pfarrei erhoben.

Dank der Zugehörigkeit zur Stadt wurde Binningen im Dreissigjährigen Kriege verschont. Es ist zudem anzunehmen, dass es wie andere Randgebiete, von einer gewissen Kriegskonjunktur und vor allem von der Lebensmittelteuerung sogar profitieren konnte.

Im 18. Jahrhundert hatten sich Binningen und Bottmingen, welche damals noch eine Gemeinde und einen Zehntkreis bildeten, auseinander gelebt. Unaufhörlich gab es Reibereien und Streitigkeiten, sei es um den Weidgang, um die Schule oder um den Wegunterhalt. Der Weidgang wurde 1737 getrennt, die Schule 1756 geteilt. Die Umwälzungen der Französischen Revolution machten den Weg frei für die Teilung der Verwaltung und des Gemeindegutes. In kleinen Schritten wurde in den kommenden Jahrzehnten weitere Bereiche entflochten, bis 1896, mit einem eigenen Friedhof in Bottmingen, der sich über zwei Jahrhunderte erstreckende Trennungsprozess endlich abgeschlossen werden konnte.

Wesentlich rascher, aber auch stürmischer, ging nach 1830 die Kantonstrennung über die Bühne. Gerade im stadtnahen Binningen waren die Trennungsgegner zahlreich. Nachdem aber die Häuser der beiden führenden Stadtanhänger in Flammen aufgegangen waren, fand sich auch in Binningen eine Mehrheit für die Trennung. Verschiedenen späteren Vorstössen, die auf eine Angliederung an die Stadt hinausliefen, war kein Erfolg beschieden, obwohl in Binningen bei allen Wiedervereinigungs-

Abstimmungen die Befürworter weitaus überwogen.

Die Entwicklung Binningens zu einem Vorort Basels setzte früh ein. Trotz der Kantonstrennung verdoppelte sich die Bevölkerung zwischen 1833 und 1860 auf gegen 1800 Einwohner. 1910 dann waren es 6300, eine Zahl, die bis 1940 kaum änderte. Bis zu diesem Zeitpunkt mag die 1888 eröffnete Birsigthalbahn das ihre zum Wachstum beigetragen haben. Nun aber wurde Binningen von der städtischen Entwicklung überrollt. 1970 war es eine Stadt und zählte 15'400 Einwohner! Allerdings war damit der Kulminationspunkt überschritten und heute zählt die Gemeinde rund 14 000 Einwohner.

Das explosive Wachstum stellte die Gemeindebehörden vor gewaltige Probleme. Es waren ja vorerst nicht die guten Steuerzahler, welche sich im Vorort niederliessen und zwischen der ausufernden Stadt und ihrem Vorort liegt eine Kantonsgrenze, welche für die Behörden weitaus schwieriger zu überwinden war als für die pendelnden Arbeiter. Doch kann rückblickend festgestellt werden, dass die Schwierigkeiten überwunden werden konnten und dass es in den letzten dreissig Jahren gelang, das innere Wachstum zu fördern.

digital home

Basel

In Binningen verlässt der Birsig den Sundgau und strebt dem Rheine zu. Die ehemalige Aue zwischen Binningen und dem Steinentor wurde auf dem Stadtgebiete zum Zoologischen Garten umgestaltet. Unterhalb strebt der gezähmte und kanalisierte Birsig durch das Nachtigalle-Wäldeli hurtig schnurgerade der City entgegen. Doch noch bevor er sie erreicht, wird er in den Untergrund verbannt, als habe man sich seiner zu schämen. Unterhalb der mittleren Brücke mündet er dann unbeachtet direkt aus der Unterwelt in den Rhein. Dass er sich auch ungebärdig bemerkbar machen konnte, zeigt heute noch die Bronzetafel am Rathaus, mit den Hochwassermarken der Sommer von 1529 und 1530. Trotzdem, heute ist er weitgehend aus dem Bewusstsein der Städter getilgt.

Hier liegt der eine Grund, dass die Frage, ob Basel im Leimental liege, überhaupt gestellt wird. Der andere liegt darin, dass man in neuerer Zeit versucht hat, den vorderen Teil des Leimentales zum Birsigtal umzutaufen. Als Grund gaben die modernen Basler und Baselbieter an, nicht in einem Tal wohnen zu wollen, welches nach einem ausländischen Dörfchen benannt sei. Zudem mögen die von der Landwirtschaft emanzipierten Schichten bestrebt gewesen sein, den zähen Lehm auch sinnbildlich von den Schuhen zu streifen. Schon 1826 machte Oberst Girard in seiner *«Recognoszierung des nordwestlichen Teiles der Schweizerischen Grenze»* einen deutlichen Unterschied zwischen dem Leimental, welches er in Therwil enden liess, und dem Birsigtal, das bei Oberwil beginnen sollte; so wie er auch konsequent zwischen «altbaselschen» und «neubaselschen» Ortschaften unterschied.

Dass das Tal des Birsigs urprünglich auf seiner ganzen Länge Leimental hiess, beweist ein um 1400 entstandener Eintrag in den Basler Annalen, wo das Schloss, das ehedem am Platze der heutigen Leonhardskirche stand, als «schlos Willdeck im Leimthall» bezeichnet wird. Die Form Leimthal, welche noch lange neben dem nach und nach aufkommenden Leimental bestand, beweist auch, dass nicht das Dorf Leimen dem Tal den Namen gab, sondern die Bodenbeschaffenheit – eben der Lehm oder Leim, wie er im Dialekt heisst. Folgerichtig ist die häufig anzutreffende lateinische Form denn auch Vallis lutosa, also lehmiges Tal. Die Journalisten sollten es sich hinter die Ohren schreiben, damit so verquere Formen wie Leymental, oder französisch gar Vallée de Leymen, endlich verschwinden.

Basel liegt also im Leimental, oder genauer: das Leimental durchquert Basel. Denn selbstverständlich liegt Basel nicht nur am Birsig, sondern vor allem am Rhein. Die erste befestigte Siedlung lag auf dem Sporn zwischen dem Rhein und dem Leimental. Doch schon bald begannen sich auf Wasser angewiesene Handwerker in der Talsohle niederzulassen. Die um die Kirche St. Andreas liegende Siedlung wurde bald in die Stadtbefestigung einbezogen und in der Folge auch der Gegenhang bis St. Peter.

Neben der Birsigmündung liefen alle Strassen zusammen; hier, am Ende des Leimentales, wurde Basels erste Brücke geschlagen; hier wurde das Rathaus gebaut. Und so wie oben am himmelstrebenden Münster der Bischof mit seinem Gefolge die spirituelle Macht verkörperte und in seinem Schatten die Kaufleute mehr und mehr die finanziellen Fäden zogen, so verkörperte in der Birsigniederung das anstrengende zünftige Handwerk den goldenen Boden.

Das Machtgerangel der städtischen bürgerlichen Kräfte mit Bischof und Adel band so viele Kräfte, dass es der Stadt nur ungenügend gelang, im Hinterland Fuss zu fassen. Erst nach dem Wiener Kongress konnte sie ihren Einflussbereich im Leimental, ihrem natürlichen Hinterland, bis nach Ettingen ausdehnen. Aber der einseitig auf den Handel ausgerichteten Schicht der regimentsfähigen Familien ging das Gespür im Umgang mit der Landschaft ab. Eine Folge davon war die Kantonstrennung, aus welcher die Stadt eingeengter hervorging denn je.

Damit haben Tal und Stadt ausser dem Birsig noch etwas gemeinsam. So wie das Leimental ein Tal der Grenzen ist, so ist Basel eine Stadt der Grenzen. Über die Nachteile dieser Situation ist beidseitig schon viel gejammert und dabei meist übersehen worden, dass ihr auch Vorteile abzugewinnen sind. Die Notwendigkeit, Grenzen zu überwinden, bewahrt vor Trägheit; die tägliche Konfrontation mit unterschiedlichen Ordnungen weitet den Horizont; Kenntnis und Anerkennung besserer Lösungen dämpft die Überheblichkeit. In der Stadt und im Tal haben wir in dieser Beziehung eine Mission; nehmen wir sie wahr!

Von den Nachbarn werden die Basler «Bebbi» genannt – ein Ausdruck, welcher den Verfechtern geschlechtsneutraler Formulierungen einiges Kopfzerbrechen bereiten dürfte.

ENTSPANNEN
Abfahrt 12.15 Rückfahrt 13.30

11
17
12
13
17
14
FREMO-Obstsäfte
17
Rodersdorf
25
21

Von der Birsigthalbahn zur Baselland Transport AG

Noch rund eine halbe Stunde, und im Westen ziehen dunkle Wolken auf. Wir sind auf unserem Ausflug mit den Velos etwas weit in den Sundgau geraten, und jetzt – auf dem Heimweg droht ein Gewitter, uns einzuholen. Anstatt den Parcours bis zum Ausgangsort fortzusetzen, werden wir wohl in Rodersdorf unsere Fahrräder in einer Sänfte der BLT verstauen und so in einem der bequemen Transportmittel unserem Ziel entgegenfahren.

Wir rollen von Oltingen her über Wolschwiller in Richtung Biederthal durch die weite freie Landschaft, vorbei am Gasthof «Cygne» mit seiner «Gartenwirtschaft» an der Strassengabelung nach Kiffis, Winkel oder Lutter. Hier nehmen wir jeweils gerne noch einen Zvieri mit etwas Flüssigem zu uns. Jetzt eilt es aber, und wir treten die letzte längere Steigung zur Kirche hoch. Ab hier führt die Strasse mehrheitlich in sanfter Abfahrt nach Biederthal und durch den Zollposten der Tramhaltestelle entgegen. Ab und zu grüsst uns die Burg Landskron während dem Vorbeifahren. Die letzte Strecke führt uns in Rodersdorf nach Verlassen der Hauptstrasse ein steiles Weglein hinauf, vorbei am «Goldenen Trämli», das mit Ausstattungsstücken der Vorgängerbahnen, historischen Fotos und Dokumenten, zu einem interessanten Zeugen der Entwicklung dieses Verkehrsmittels im Leimental geworden ist. Das Stationsgebäude ist 1922 von einer Brauerei in den Besitz der Bahngesellschaft übergegangen. Daneben gedeihen im Kräutergarten der BLT-Haltestelle Hunderte von Heilkräutern und Stauden. Die Anlage geht zurück auf eine Idee von Dorfbewohnern. Aus der BTB-Zeit steht noch eine Remise mit Gleisanschluss; darin sind alte Motorwagen und Anhänger abgestellt.

Zwischen Rodersdorf und Leymen – einem Streckenabschnitt, wo sich Fuchs und Hase gute Nacht sagen – funkte einmal der Wagenführer seiner Zugsleitstelle und meldete, dass sich eine Wildsau auf dem Geleise befände und er nicht weiter fahren könne. Der aufgebotene Leymener Wildhüter kam – ohne Gewehr – und verschwand aus Angst sogleich wieder.

Wir verstauen unsere Fahrräder. Aus dem fahrenden Tram wir einen eindrücklichen Ausblick auf den Sundgauer Teil des Tales und die Leimentaler Dörfer Liebenswiller und Leymen, die nächsten Tramhaltestelle, wieder auf französischem Boden.

Was hier ins Auge sticht, ist der schmucke Bau des renovierten Stationsgebäudes, eines Sundgauer Riegelbaus. Er diente noch vor ein paar Jahren als französisches Zollgebäude. Passkontrollen schweizerischerseits fanden im Zug während der Fahrt zwischen Flüh und Leymen statt.

Die Station liegt an der Peripherie des Dorfes, man gewinnt aus der Tramperspektive keinen Eindruck von der Grösse des schmucken Dorfes, dessen Zentrum zudem einige Dutzend Höhenmeter tiefer – an der Strassenverbindung Hagenthal–St-Louis und Basel – liegt.

Auf dem einspurigen Trassee geht es weiter nach Flüh, wo die Postautolinie nach Mariastein–Burg beginnt. Mariastein als Pilgerort ist einer der Orte, die bereits im Jahr nach der Fertigstellung der Strecke bis Therwil zum raschen Weiterausbau bis Flüh beitrugen.

Pläne, den Pilgerort mit einer Seilbahn oder einer Trolleybuslinie an die Birsigthalbahn «anzubinden» bestanden in den Dreissigerjahren, doch schliesslich ist dieser Verkehr durch eine Postautolinie übernommen worden.

Hier hat sich im Jahr 1901 nach Ankunft eines letzten abendlichen Zuges, der Ort hiess damals noch Flühen, während dem Auseinanderkuppeln des Zuges ein Personenwagen selbstständig gemacht. Er soll in «horrendem Tempo» die ganze Strecke bis nach Basel gerollt sein.

Am Ende der Heuwaage endete die Fahrt mit der Beschädigung eines Kiosks in einem Gebüsch. Eine Frau, die im Wagen sitzen geblieben war und die Gefahr nicht erkannte, als sie zurück nach Basel fuhr, soll mit dem Schrecken und dem Problem des nochmaligen «Nach Hause fahren Müssens» davongekommen sein.

Die bis Flüh fahrenden BTB-Züge hatten am Zielort je nach Fahrplan längere Aufenthaltszeiten. Da ist es schon vorgekommen, dass der Wagenführer mit dem Kollegen vom Postauto nach Mariastein fuhr, mit diesem zusammen einen Restaurantbesuch absolvierte und wieder mit dem Postauto zu «seinem» Zug nach Flüh hinunter fuhr. Es ist dabei aber auch passiert, dass in Mariastein das Postauto wegen eines Motorenschadens ausfiel; der BTB-Wagenführer musste dann zu Fuss den Steinrain hinunter rennen, um sein Gefährt wieder einigermassen in den Fahrplanablauf «einzufügen».

Während der Ölkrise, beim bislang einzigen autofreien Sonntag im November 1973, verkehrten alle einsatzfähigen Fahrzeuge, damit das grosse Passagieraufkommen bewältigt werden konnte. Da geschah es in Flüh, dass ein Mittelwagen einer – eher seltenen – vierteiligen Zugskomposition entgleiste.

Auf der Weiterfahrt entdecken wir hinter dem Gebäude der Kreisschule Bättwil ganz kurz einen blauen Wagen der alten Birsigtalbahn, der seit der Umstellung auf Trambetrieb im Jahr 1984 dort steht. Ein weiterer Wagen steht beim Sevogelschulhaus Basel. Den legendären Motorwagen Nr. 7 inkl. Anhänger hat der Tramclub Basel übernommen.

Entlang einer ausgedehnten Einfamilienhaus-Siedlung, die im Lauf der letzten Jahre entstanden ist, verlassen wir Bättwil und gelangen nach Witterswil, dem nächsten Kreuzungspunkt der Linie auf der Einspurstrecke von Ettingen bis Rodersdorf. Mit der neu eingerichteten Haltestelle Sonnenrain wird der östliche Dorfteil, der in den letzten Jahren ständig gegen Ettingen gewachsen ist, an den öffentlichen Verkehr angebunden, und gleichzeitig konnten zwei Bahnübergänge aufgehoben werden.

Einst entgleiste während der Fahrt von Bättwil nach Witterswil, bei der Einfahrt in die Station Witterswil, eine Anhängerachse. Der Wagenführer bemerkte dies nicht, sehr wohl aber die Fahrgäste. Bei der S-Kurve eingangs

Ettingen hüpfte das Rad dann von selbst wieder in die Geleise, die Holperfahrt war für die Fahrgäste vorbei.

In einer langgezogenen Kurve, zuerst talwärts, und dann wieder leicht ansteigend aufs Niveau der Haltestelle, nähern wir uns nun Ettingen. Hier steht immer noch das Gebäude der damaligen «Station Ettingen und Restauration». Um die Jahrhundertwende – nach dem Bahnbau – war dieses Dorf Ausflugsziel und Kurort zugleich. Das Badhotel an der Strasse nach Hofstetten war beliebt bei Baslerinnen und Baslern. Dem Wasser aus der Quelle des Büttenenlochs wurde heilkräftige Wirkung gegen fast alle Gebrechen zugeschrieben.

Es wurden auch – zusammen mit der Birsigtalbahn – Sportferien angeboten, und winters soll die Schlittelbahn vom Felsenkreuz an der Hofstetterstrasse hinunter bis zum Hotel Bad ein Anziehungspunkt gewesen sein, wovon Leute, die das Geschehen noch miterlebt haben, gerne berichten. Trotzdem war das Haus immer wieder anfällig für Konkurse.

Der Anteil der Pendler zum auswärtigen Arbeitsort ist damals im Tal nur von Binningen und Witterswil übertroffen worden. Basels Industrie- und Gewerbebetriebe boten schon Anfang des 20. Jahrhunderts Arbeitskräften der ganzen Region Verdienstmöglichkeiten und Auskommen. Ettinger Gipser, Maurer und Bauhandlanger waren begehrt. Da eine Rückkehr über Mittag zeitlich nicht möglich gewesen ist, hat die Bahn den Transport warmer Mahlzeiten von Ettingen an die Heuwaage ermöglicht. In einem Güterwagen transportierte sie für Abonnenten eines Wochenbillets, das in den Dreissigerjahren Fr. 2.80 kostete, das «daheim» gekochte und in einem Kistchen verstaute Mittagessen an die Heuwaage; am Abend trug man die Behältnisse zum Gebrauch für den nächsten Tag wieder heim. Für diesen Zusatzdienst wurden pro Woche 20 Rappen verlangt. Auch dies eine unter vielen Episoden, die beispielhaft sind für die wichtige Bedeutung der Bahn zur gesellschaftlichen und wirtschaftlichen Entwicklung des Leimentals.

Und noch eine aufgeschnappte Episode. Ettingen war schon früher ein Endpunkt vieler Züge. Hier sind sie umgesetzt worden – der Motorwagen wieder an den Zuganfang rangiert – und dann war Pause bis zur fahrplanmässigen Rückfahrt. Zeit für einen Kaffee beim Fineli im «Stationli». So weit so gut, aber: Als die Zeit um war und die Besatzung wieder abfahren wollte, war einst kein Zug mehr da; der hatte sich, aus welchen Gründen auch immer, selbstständig gemacht und rollte Basel entgegen. Mit Hilfe der Feuerwehr soll der Zug wieder eingefangen, während dem Rollen bemannt und an sein Ziel geführt worden sein.

Heute ist Ettingen Endstation der Tramlinie 17, die zum Kleinbasler Wiesenplatz führt, und seit einigen Jahren besteht eine Postauto-Verbindung nach Hofstetten und weiter nach Mariastein und Burg.

Ist bis Ettingen die Linienführung «vo hinge füre» west-östlich ausgerichtet, macht sie nach der Ausfahrt aus Ettingen einen Knick nach Norden und führt mit einem ständigen leichten Gefälle Basel entgegen. Jetzt wird die Sicht frei zurück nach Westen auf die Hofstetter Matte, die restaurierte Landskron und die Sundgauer Höhen. Eine Baumreihe zieht sich in den Toggessenmatten dem Marchbach entlang Witterswil entgegen und bietet besonders an klaren Abenden, wenn sich die Sonne hinter den Bäumen verabschiedet, ein eindrückliches Bild. Etwa an dieser Stelle hat sich am Pfingstsonntag 1951 bei dichtem Nebel ein Frontalzusammenstoss zweier Züge auf der dazumal noch nicht blockgesicherten Strecke zwischen Ettingen und Therwil ereignet.

Wir fahren nun am Schulzentrum Känelmatt vorbei und nähern uns Therwil. Hier hält der Bus 64, der das Birstal mit dem Leimental verbindet. Das Stationsgebäude ist als kleines Einkaufs- und Wohnzentrum ausgebaut. Eine Fahrplan-Verdichtung ist ab dem Frühjahr 2001 vorgesehen; die Abfahrzeiten sollen dann zur Spitzenzeit vom halbstündlichen zum viertelstündlichen Takt geändert werden.

Oberwil war seit jeher Depotstandort der BTB bzw. der heutigen BLT. Das änderte sich auch nicht, als 1984 vom blauen BTB-Bähnli Abschied genommen und für die gelben Trams ein neues Depot gebaut werden musste. Es bestanden verschiedene Projekte für einen Depotstandort in Ettingen und in Therwil. Die Gemeindeversammlungen der beiden Dörfer lehnten diese aber ab.

So blieb schliesslich Oberwil, hart an der Grenze zu Therwil. Der grosse Baukomplex bei der Haltestelle Hüslimatt bietet mit 2,5 km Geleiselänge, 30 Weichen und 12 Kreuzungen Platz für 40 Gelenktriebwagen. Hier ruhen die Zehner- und Siebzehner-, aber auch einige Elfer-Trams über Nacht. Ins Depot integriert ist auch die BLT-Verwaltung.

Neben dem Depot- und Verwaltungstrakt steht seit 1994 das Park and Ride. Unter anderem sind hier die BLT-Busse abgestellt, es bietet Platz für deren 25. Auf drei weiteren Etagen befindet sich das eigentliche P&R für 270 Autos.

Bottmingen ist ein wichtiger Verkehrsknoten Bahn-/Bushof. Was für die SBB der Bahnhof Olten, ist für das Leimental Bottmingen. Hier treffen zwei Tramlinien (10er und 17er) und drei Buslinien (34er in Richtung Stadt, 37er in Richtung Bruderholzspital und 60er in Richtung Biel-Benken, Münchenstein und Muttenz) aufeinander. Vor allem morgens und abends herrscht hier ein emsiges Treiben.

Von der Haltestelle Dorenbach bis zur Heuwaage verläuft das Trassee entlang des Zollis und des Birsigs. Ein internationaler Bahn-Kreuzungspunkt befindet sich bei der Elässer-Eisenbahnbrücke. Unten fährt die längste, internationale Tramlinie Europas durch und oben drüber die SNCF (Strecke Basel–Mulhouse–Strasbourg–Paris). Wenn im Winter die Bäume entlang des Zollis ihr Laubkleid gegen ein neues auswechseln, geniesst man bei der Vorbeifahrt aus dem Tram einen kurzen Einblick in die – ebenfalls «internationale» – Tierwelt. Und wenn wir die gleiche Fahrt ab Ettingen mit dem 17er unternommen hätten, würde uns dieses Tram ans Ende des Leimen-/Birsigtals, an die Basler Schifflände führen.

Die BLT ist eine absolut moderne Gesellschaft des öffentlichen Verkehrs, was zur Rückschau in vergangene Zeiten und zu Vergleichen mit heute reizt.

3

Damals

Das Jahr 1886 brachte die ersten Anregungen zum Bau einer Bahn durch das Birsigtal oder Leimental. Ihre Initianten stammten aus der Stadt Basel, in welcher die Industrie in den Achtzigerjahren nach längerer Krisenperiode wieder zur Blüte kam und auf Arbeitskräfte aus den benachbarten Dörfern angewiesen war.

Die erfahrenen Ingenieure der Berner Firma Pümpin & Herzog wurden beigezogen und erhielten den Auftrag, die erste Teilstrecke Basel–Therwil zu bauen sowie ein Konzessionsgesuch an den Bundesrat einzureichen. Die Firma übernahm den ganzen Bau der Bahn von Basel, beim Vierlindenbrunnen in der Steinentorstrasse bis Therwil, mit Einschluss des Rollmaterials für die Pauschalsumme von 440000 Franken. Im Frühsommer 1887 begannen die Bauarbeiten am Bau der Strecke Bottminger Mühle–Therwil, und nach deren Fertigstellung wurden die Bauarbeiten in Richtung Steinenvorstadt in Angriff genommen. Eine ursprünglich geplante Depotstation bei der Bottminger Mühle mit Remise und Reparaturwerkstätte wurde in Oberwil erstellt.

Die Birsigthalbahn, wie sie ursprünglich hiess, hat den Betrieb am 4. Oktober 1887 aufgenommen mit zwei Dampflokomotiven von der Schweizerischen Lokomotiv- und Maschinenfabrik Winterthur. Sie trugen die Namen «Basel» und «Blauen»; von der Bevölkerung wurden sie ihres Aussehens wegen «Glettyseli» genannt. Dazu gehörten vier Personenwagen mit zusammen 24 Erstklass- und 128 Zweitklass-Sitzplätzen sowie ein Gepäckwagen mit Postabteil, zwei gedeckte Güterwagen und zwei offene Wagen mit Hochbord. Diese offenen Wagen dienten später mit je 32 Plätzen auch als Personenwagen, um die grosse Zahl von Passagieren an Sonn- und Feiertagen an den Wallfahrtsort Mariastein zu bringen. Laut «Concession» des Bundes wurde die Bahn verpflichtet, in beiden Richtungen täglich zehn Züge zwischen Basel und Binningen und fünf auf der übrigen Strecke zu führen. An Sonntagen wurden Extrazüge geführt mit Zugsfolgen von ungefähr drei Zügen auf zwei Stunden. Die vorgeschriebene Höchstgeschwindigkeit betrug 12 Stundenkilometer auf der Strassenbahnstrecke und 25 auf offener Linie.

Schon zu jener Zeit wurde ein Camionnagedienst zur besseren Verbindung der Stadt mit den Bahnhöfen eingerichtet. Basel lehnte einen Endbahnhof auf dem Barfüsserplatz ab. Dagegen gab man die Erlaubnis, den Kopfbahnhof mit Kiosk in der Steinentorstrasse bei den vier Linden zu erstellen. Um den Niveauunterschied zwischen der Steinentorstrasse und dem Heuwaageplatz sicherer zu überwinden, hat man die Geleise weiter in den Klosterberg verlegt. Mit diesem verlängerten Anlauf hat man die Steigung zur Heuwaage meistern können. An grösseren Steigungen sind durch Fahrgäste besonders belastete Züge gelegentlich sogar steckengeblieben.

Bedingt durch den Bau der Basler Strassenbahn wurde am 2. April 1900 die bisherige Endhaltestelle «Vierlindenbrunnen» aufgehoben und an die Heuwaage versetzt. Der Kiosk wurde an der Station Binningen Schlossgasse wieder aufgebaut; dort diente er noch lange Zeit den Bedürfnissen der Birsigthalbahn. Vom Kanton Basel-Stadt wurde ein schöner neuer Bahnhof mit einem hölzernen Stationsgebäude bei der Heuwaage erstellt. Seit der Einführung der Tramlinie 10 ins Stadtnetz, 1986, steht dieser schmucke Riegelbau in Rheinfelden und dient als Brauerei-«Bahnhof».

Nach etwa einjährigem Bestehen der Gesellschaft wurde bereits die Weiterführung der Strecke von Therwil über Ettingen nach Flühen beschlossen. Da mit dem Bau anschliessend begonnen wurde, konnte die Erweiterung bereits nach rund zwei Monaten eingeweiht und befahren werden. Probleme mit Einsprachen gab es kaum, da der Wunsch, eine Verkehrsverbindung nach Basel zu erhalten, allgemein war. Dass die für Ettingen wichtige Bahnlinie über das Gugger-Dorf gebaut worden ist, ist nicht selbstverständlich. Die Gemeinde hatte seinerzeit 15000 Franken aufzubringen, um den von der Bahngesellschaft angedrohten Bau der Linie über Benken und Biel nach Flühen zu verhindern. Der Benkener Landwirt Anton Kleiber entwickelte zusammen mit einem Benkener Initiativkomitee einen Plan, der eine Linie Oberwil–Benken–Rodersdorf vorsah.

Im Verwaltungsbericht für das Jahr 1888 kann gelesen werden: «Die Hochbauten auf der älteren Strecke erhielten einen wesentlichen Zuwachs durch Erstellung eines stattlichen Stationsgebäudes in Oberwil. Dasselbe wurde durch Herrn Jos. Grellinger zur Krone daselbst auf eigene Kosten erbaut, wobei die Gesellschaft durch Vertrag gegen Überlassung eines Theiles des zum Bau nöthigen Terrains sich das Zugrecht sicherte. Der Bahngesellschaft steht gegen Miethvergütung ein Wartlocal sowie ein Bureaulocal zur Verfügung. ... Das Bahntelephon und der Billetverkauf wurden mit Bezug des Stationsgebäudes aus dem Hotel zur Krone in das Restaurationslokal verlegt. ... Auf der neuen Strecke wurde in Ettingen durch Herrn Basil Moeschlin daselbst theilweise auf seinem Grundstück theilweise auf Bahnterrain ein Stationsgebäude errichtet, wobei die Bahngesellschaft sich wie in Oberwil das Zugrecht zugesichert hat, daneben nur als Miether das Wartelocal benützt. Letzteres sowie ein in Flühen von Herrn Badwirth F. Schumacher erstelltes provisorisches, jedoch sehr zweckentsprechendes Stationshäuschen konnten mit der Bahneröffnung bezogen werden. Letztgenannter Eigenthümer beabsichtigt im Laufe dieses Sommers ein grösseres Wirthschaftsgebäude an passender Lage bei der Station Flühen zu bauen, in welches sodann die Bahnräumlichkeiten verlegt werden sollen.»

Tatsächlich hat die Bahngesellschaft nur in Basel ein bescheidenes Holzgebäude für die Billettausgabe erstellt, und ein Wartlokal ist von einem Mitglied der Gesellschaft eingerichtet und kostenfrei der Bahn zur Verfügung gestellt worden. An den Zwischenstationen wurde die Billettausgabe in bestehenden Gebäulichkeiten eingerichtet, und deren Besitzer haben dann den Stationsdienst übernommen. Wo solche Gebäude an der Strecke nicht vorhanden waren, wurden Windschirme erstellt.

Die Depotstation, die anfänglich bei der Bottminger Mühle geplant war, wurde in Oberwil gebaut, ebenso die Remise für zwei Maschinen und vier Personenwagen nebst Reparaturwerkstätte. Ein Gepäck- und Güterverkehr wurde geboten. Dabei sind die Aufenthaltszeiten bei den Stationen nicht gerade kurz gewesen. Ein florierender Milchtransportdienst und im Winter Eistransporte ab dem Oberwiler Eisweiher waren seinerzeit eine sichere Einnahmequelle, wobei für die Eistransporte Extrazüge mit Spezialwagen eingesetzt wurden.

Sonntags wurden 1888 offene Güterwagen für den Ausflüglerverkehr eingesetzt. Diese Art der Beförderung war beim Publikum sehr beliebt. Täglich verkehrten bis elf Züge in beiden Richtungen zwischen Basel und Therwil. An der Generalversammlung wird die Verlängerung der Strecke von Therwil nach Flühen beschlossen.

Der Verkehr auf der 13 km messenden Stecke nahm ständig zu, und bereits 1889 wurde die Bahn von einer halben Million Fahrgästen benutzt. Eine weitere Dampflok, die vierte, wird 1890 beschafft. Sie trägt den Namen «Landskron». Personenwagen werden dem jeweiligen Bedarf entsprechend zugekauft. Der Bundesrat hat in diesem Jahr alle Eisenbahngesellschaften aufgefordert, die Anhängewagen mit Dampfheizung zu versehen, ursprünglich waren Ofenheizungen auch in den BTB-Personenwagen üblich.

Einem Konzessionsgesuch für eine Automobilverbindung von Basel über Oberwil nach Biel-Benken wurde am 9. Juni 1904 von der Oberpostdirektion stattgegeben; mangels finanzieller Voraussetzungen wurde das Geschäft nicht weiter verfolgt. Im Dezember 1926 wurde ein Versuchsbetrieb mit täglich sieben Kursen Oberwil–Benken–Oberwil aufgenommen, bereits ein Jahr später aber aus wirtschaftlichen Gründen wieder eingestellt.

Am 1. Juni 1905 fand die Einweihung des elektrischen Betriebs zwischen Basel und Flüh statt; Aufnahme des fahrplanmässigen Verkehrs war am Tag darauf.

Flühen-Basel. — (Birsigthalbahn.) **63**

Kil.	Wagen II. u. III. Cl.		1	3	5	7	9	11	13	15	17	19	21	23	25	27	29	131	31
			♦	♦			†	◊			*				†				
	Flühen (Mariastein)	ab	5 06	5 36	6 06	6 36	7 06	7 37	8 06	—	9 06	—	10 06	—	11 06	—	12 01	—	—
1	Bättwil	„	5 08	5 38	6 08	6 38	7 08	↓	8 08	—	9 08	—	10 08	—	11 08	—	12 03	—	—
2	Witterswil	„	5 11	5 41	6 11	6 41	7 11	↓	8 11	—	9 11	—	10 11	—	11 11	—	12 06	—	—
4	Ettingen	an	5 15	5 45	6 15	6 45	7 15	7 45	8 15	—	9 15	—	10 15	—	11 15	—	12 10	—	—
		ab	5 16	5 46	6 16	6 46	7 16	7 46	8 16	—	9 16	—	10 16	—	11 16	—	12 11	—	—
6	Therwil	„	5 21	5 51	6 21	6 51	7 21	7 51	8 21	—	9 21	—	10 21	—	11 21	—	12 16	-	—
8	Oberwil	an	5 25	5 55	6 25	6 55	7 25	7 55	8 25	—	9 25	—	10 25	—	11 25	—	12 20	—	—
		ab	5 26	5 56	6 26	6 56	7 26	8 01	8 26	9 01	9 26	10 01	10 26	11 01	11 26	11 50	12 21	◊ 12 56	♦ 1 01
9	Bottmingen . . .	an	5 30	6 00	6 30	7 00	7 30	8 06	8 30	9 06	9 30	10 06	10 30	11 06	11 30	11 54	12 25	1 00	1 06
		ab	5 31	6 01	6 31	7 01	7 31		8 31		9 31		10 31		11 31	11 55	12 26	1 01	
10	Bottmingermühle . .	„	5 33	6 03	6 33	7 03	7 33	8 08	8 33	9 08	9 33	10 08	10 33	11 08	11 33	11 57	12 28	1 03	1 08
11	Binningen	„	5 36	6 06	6 36	7 06	7 36	8 11	8 36	9 11	9 36	10 11	10 36	11 11	11 36	12 00	12 31	1 06	1 11
13	**Basel**	an	5 42	6 12	6 42	7 12	7 42	8 17	8 42	9 17	9 42	10 17	10 42	11 17	11 42	12 06	12 37	1 12	1 17

Die Verlängerung der Bahnstrecke von Flüh nach Rodersdorf wurde 1907 aktuell. Da die finanziellen Voraussetzungen nicht günstig waren, verzögerte sich der Weiterbau um zwei Jahre, und erst im Jahr 1910 war die durchgehende Strecke Basel–Rodersdorf Tatsache.

Im Jahr 1913 – 25 Jahre nach der Inbetriebnahme – wurden 2855383 Personen transportiert. Dies bei einem Personalbestand von «52 Mann und 10 Hilfsarbeitern».

Die Kriegsmobilmachung der Schweizer Armee brachte eine empfindliche Einbusse an Personal. Auf militärischen Befehl wurde die Grenze bei Flüh gesperrt. Damit fiel der Betrieb auf der Strecke nach Rodersdorf, die durch das Elsass führt, aus. Die Bemühungen der Bahn, die Strecke für den Zugsdienst freizuhalten, führten in diesem Jahr zu keinem Ziel. Mit dem Einzug eines Teils des Personals musste wie auf anderen Bahnen ein Kriegsfahrplan eingeführt werden. Bei der BTB fielen von täglich 74 Zügen nur deren sieben aus. Mit dem Ausbruch des Ersten Weltkriegs im August 1914 gingen die Einnahmen jedoch zurück. Viele der entlang der Grenze liegenden Truppen benutzten die Bahn. Die Stilllegung hatte vom 31. Juli 1914 bis zum 26. März 1915 gedauert. Die Bemühungen für die Wiederaufnahme des Betriebs auf der Strecke Flüh–Rodersdorf waren von Erfolg gekrönt. Der Ertrag lag jedoch wegen Grenzschwierigkeiten unter allen Erwartungen.

Am 12. November 1918 ging das Personal (gemäss Jahresbericht «grundlos») in einen Streik, der sich über das ganze Land zog. Der Ausstand betrug 48 Stunden. Die Fahrtaxen wurden wieder hinaufgesetzt, blieben aber immer noch unter den vom Bundesrat ausgegebenen Richtlinien. Die Teuerungszulagen wurden weiter erhöht. Um die Leistungen der Motorwagen besser zu verteilen, wurde bei der Montreux–Berner Oberland-Bahn ein Motorwagen MOB gemietet.

Einige Bahnprojekte: Um 1900 war eine Verbindung der BTB von Ettingen nach Hofstetten–Metzerlen–Burg, sodann durch den Remeltunnel von 2100 Meter Länge nach Kleinlützel und weiter einerseits nach Delémont, anderseits entlang der Lützel in die Ajoie und zur französischen Grenze nach Belfort vorgesehen.

Nach der Jahrhundertwende scheitern Pläne, die Bahnlinie bis Bonfol zu erweitern mit einem Anschluss an die französische Schmalspurbahn Bonfol–Réchésy–Belfort, an den Problemen im Zusammenhang mit der internationalen Währungssituation und dem dräuenden Kriegsausbruch. Diese Projekte hätten die direkte Verbindung Basel–Belfort ermöglicht.

Ein späterer Plan wollte die BTB von Rodersdorf über Räderscorf nach Pfirt (heute Ferrette) und weiter über Courtavon noch Bonfol führen. Durch den Kriegsausbruch 1914 wurde auch dieses Projekt vereitelt.

Am 1. Dezember 1892 wurde der Tarif für die Personenbeförderung leicht erhöht. Das führte zu einem Streik von Bahnkunden und entsprechenden Mindereinnahmen. Die Bevölkerung zeigte ihre «Unzufriedenheit» sehr deutlich und argumentierte in dieser Angelegenheit wirklich unvernünftig. Nach einem Aufschlag des Abonnementspreises sank 1898 die Zahl der verkauften Abonnemente von 398 auf 221, stieg aber nach Monaten wieder an. Der Streik der Bahnkunden im September und Oktober schädigte die Bahn, der das Tal so viel zu verdanken hat. Streiks waren oftmals Reaktion der Bahnbenützer auf Tariferhöhungen. Infolge Choleragefahr blieben in diesen Zeiten auch Pilger nach Mariastein aus.

Schon früh hat der Sonntags-Ausflugsverkehr die BTB gekennzeichnet. Leute aus der Stadt benützten die Bahn, um hinaus ins Grüne zu gelangen, und im Winter ermöglichte sie den Besuch eines besonderen Anziehungspunktes: des grossen Eisweihers in Oberwil, der auf einem flachen Landstück gleich neben dem Bahnhof eingerichtet war. In den Jahrzehnten vor dem Ersten Weltkrieg wurde der Eislaufsport von Jung und Alt, Reich und Arm mit Begeisterung gepflegt; es gab ja noch kaum eigentliche Winterkurorte in den Alpen, und der Skisport befand sich erst in seinen Anfängen. Das Schlittschuhfahren war Mode, und eine gute Eisbahn wie diejenige von Oberwil wurde gerne aufgesucht. Am Rande des Eisweihers waren Buden aufgestellt, in denen warme Getränke, vor allem der damals sehr beliebte Rum-Grog, angeboten wurden. Gute Orchester spielten zum Eistanz auf, man fuhr auf dem Eis, um zu sehen und gesehen zu werden.

Vier vierachsige Personenwagen wurden 1925 bestellt. Zur Bezahlung der Kosten für die Wagen wurde die Bahn an eine Lebensversicherung verpfändet. Diese musste zur Bezahlung der neuen Personenwagen nur 50000 Franken vorstrecken. – Am 15. August 1925 wurden total 18627 Reisende befördert, das war absoluter Rekord. Anlass war die Erhebung der Klosterkirche Mariastein zur Basilika.

Das Jahr 1934 brachte beim Dorenbach-Viadukt eine neue Haltestelle. Gleichzeitig eröffnete die Basler Strassenbahn die Linie über den Dorenbachviadukt nach Binningen, was sofort einen Rückgang der BTB-Einnahmen herbeiführte. Trotzdem erzielte die BTB erstmals wieder einen Einnahmenüberschuss. Die Haltestelle Dorenbach liegt auf der Grenze zwischen Binningen und Basel. Dort befand sich ein Kiosk-Häuschen, das an das Hexenhäuschen aus Grimms Märchen erinnerte. Drinnen sass ein älterer Mann, welcher für die BTB nebenbei auch den Billettverkauf besorgte. Wenn der Zug von Basel kommend einfuhr, die Leute ein- und ausgestiegen waren, hat er sich – als selbst ernannter Vorstand – eine Dienstmütze aufgesetzt und mit einer Abfahrtskelle den Zug mit einem schrillen Pfeifton abgefertigt.

Anlässlich der Strassen- und Birsigkorrektion konnte 1935 in Binningen ein dringend notwendiges Ausweichgeleise erstellt werden. Der zweispurige Ausbau Basel–Oberwil wurde infolge der Konkurrenzierung durch die Strassenbahn fallen gelassen. – Als Ergänzung der Bahn wurde ein Camionnagedienst der BTB ins Leben gerufen. Immer mehr machte sich die Konkurrenz von Lastwagen auf der Strasse bemerkbar. – Dringend nötige Korrekturen der Spurweite konnten in Angriff genommen werden, an vielen Stellen war sie bis zu 12 mm zu eng, da sich die eingesetzten Buchenschwellen nicht bewährt hatten; es wurden nur noch Eichenschwellen eingebaut.

Mit dem Kauf der Wiese auf der Hofstettermatte über der «Chälegrabeschlucht» und deren Ausbau zu einer Spielanlage mit Spielgeräten, Feuerstellen und Wasseranschluss hat sich die Birsigthalbahn im Jahr 1936 eine Erhöhung des Passagieraufkommens selbst geschaffen. Die Bahndirektion hatte für Skispringer sogar eine Sprungschanze errichten lassen.

Das alte hölzerne Depot in Oberwil geriet 1953 durch einen Kurzschluss in Brand. Zwei Motorwagen und drei Personenwagen brannten vollständig aus. Einer der beiden im Jahr 1951 neu angeschafften Motorwagen konnte nicht mehr rechtzeitig aus dem Schuppen gezogen werden und wurde schwer beschädigt, konnte aber bei der Erbauerfirma Schindler wieder hergestellt werden. Ersatz für so viele Fahrzeuge musste beschafft werden: zwei ältere Motorwagen der Montreux–Oberland-Bahn und vier Vierachsanhänger von den Zugerland-Verkehrsbetrieben halfen über die kritische Zeit hinweg.

Vor dem Ausbau der BLT-Linien auf Trambetrieb war die 17 Kilometer lange Strecke mit zwei Ausnahmen – zwischen Bottmingen und Bottminger Mühle und zwischen Binningen Oberdorf und Dorenbach – nur einspurig befahrbar. Kreuzungen von zwei Zügen konnten nur bei den Stationen selbst erfolgen.

Zur BTB-Zeit verkehrten auch Schnellzüge. Sehr beliebt bei den Fahrgästen war der Zug Basel Heuwaage ab 18.01 Uhr, ohne Halt bis Oberwil. Barrierenanlagen waren noch nicht überall installiert; deshalb musste die BTB-Kioskfrau in Bottmingen jeweils mit einer roten Fahne den Autoverkehr bei der Schlossgasse stoppen, bis der Zug vorbei war. Für sie war es peinlich, wenn sie nicht rechtzeitig auf der Strasse stand und der Zug anhalten musste.

Bis 1998, als die Strecke auf Doppelspur ausgebaut wurde, war auf dem Einspur-Streckenabschnitt zwischen Binningen Schloss und Binningen Oberdorf eine spezielle Gleisverschlingung eingebaut. Auf diesem Abschnitt lagen vier Schienen nebeneinander. Dadurch konnte auf zwei – auch im Unterhalt – teure Weichen am Ende des Abschnitts verzichtet werden.

E BEWEGT MENSCHEN
AIDS HILFE
Ihre Gesundheit ist uns wichtig. Wir beraten Sie gerne.
10
Rodersdorf
223

Heute

In den 70er-Jahren waren die Volksmärsche sehr populär. Auch die BTB führte während einer längeren Zeit jedes Jahr einen solchen durch. Die Teilnehmer erhielten eine Medaille vom Leimental. Sehenswürdigkeiten wie die Landskron, das Schloss Bottmingen und andere waren beliebte Sujets.

Ein «Feldprediger» arbeitete auch bei der BTB: «Dr Rosché vo Biederthal» war der Stationswärter, welcher täglich zwischen Dorenbach und Rodersdorf für die Sauberkeit auf der Strecke und insbesondere bei den Stationen zuständig war. Er wusste immer, was in jedem Dorf passierte. Er plauderte mit den Kioskfrauen – hielt sich am Wischbesen – und konnte so die wahren und unwahren Geschichten als «Feldprediger vom Leimental» zum Besten geben.

Der kondukteurlose Einmannbetrieb wird 1973 eingeführt. Automaten zur Billettausgabe übernehmen den Dienst der Kondukteure.

1974 wurde die Baselland Transport AG mit der Fusion der vier Vorortsbahnen Birsigtalbahn, Birseckbahn, Trambahngesellschaft Basel–Aesch und der Basellandschaftlichen Überlandbahn gegründet. Anschliessend wurden alle Vorortsbahnen erneuert: modernes Rollmaterial wird beschafft, Bahnübergänge werden aufgehoben oder abgesichert und die Trassen auf Doppelspur ausgebaut.

Am 27. Oktober 1984 wird in einer lange vorbereiteten «Nacht-und-Nebelaktion» vom Bahn- auf den Trambetrieb umgestellt. Das blaue Bähnli verschwindet, und am nächsten Morgen verkehren die gelben Trams als Linie 17, vorerst auf der gewohnten Strecke Rodersdorf – Heuwaage. Zwei Jahre später erfolgt die Verknüpfung mit der Tramlinie 10 Aeschenplatz – Dornach zur längsten europäischen Tramlinie. Die «Blauweissen» versehen ihren Dienst weiter bei AOMTC und TPC. – Mit dem Umweltschutz-Abonnement, das 1984 zusammen mit den BVB entwickelt worden ist, ist eine weitere Massnahme zur Förderung des öffentlichen Verkehrs in der Region in die Wege geleitet worden; die Entwicklung zum Tarifverbund Nordwestschweiz wird nur drei Jahre später Tatsache: Das U-Abo ist nun in fünf Kantonen, zwischen 163 Gemeinden und auf allen öffentlichen Transportunternehmen der Nordwestschweiz gültig.

Zwei von den BVB übernommene Dreiachsanhänger werden 1985 zu Velotrams umgerüstet. Damit wurde den Interessierten die Möglichkeit geboten, mit ihren Fahrrädern die Anfahrt in den Sundgau um einige Kilometer abzukürzen.

Die Auslieferung des Prototyps des Achtachser-Gelenkmotorwagens «Sänfte» fand im Jahr 1987 statt. Weitere Umbauten von Fahrzeugen mit Niederflur-Technologie folgten und heute wird dieser Tramtyp bei allen BLT-Kompositionen eingesetzt.

Ein Projekt neuzeitlicheren Datums war der Binninger-Tunnel. Vorgesehen war, dass von der Bottminger Mühle aus ein Tunnel unter der heutigen Grünfläche (Portal-

eingang) bis zur Hauptstrasse in Binningen (bei der Post) führte, anschliessend oberirdisch weiter bis zum Bahnhof SBB. Es bildete sich ein Komitee, das direkt in die Innerstadt fahren und keinen Umweg zum Bahnhof in Kauf nehmen wollte. Die kantonale Abstimmung verwarf dann die Tunnelvorlage der Regierung.

Ab dem Sommer 2001 wird die Leimental/Birstal-Linie über den Bahnhof SBB geführt. Damit wird eine von der Bevölkerung lange erwartete Anbindung an die SBB Tatsache. Schon vor achtzig Jahren lehnte die Generaldirektion der Bundesbahn ein gestelltes Gesuch um einen BTB-Geleiseanschluss an die Bundesbahn ab. Obschon die Birsigtalbahn einige Güterwagen besass und Stückgut zwischen den Leimentaler Ortschaften und der Basler Endstation transportierte, fehlte ein Anschluss an den Centralbahnhof und damit ans normalspurige Hauptnetz. Mit der Schweizerischen Centralbahn, der Vorgängerin der SBB, wurden deshalb Verhandlungen über einen direkten Bahnanschluss gepflegt. 1899 entstand ein sehr grosszügiges Projekt via Binningen–Dorenbach. Die Centralbahn lehnte den Plan aber «als Quelle einer Betriebsunsicherheit» ab.

Ab Samstag, 30. Juni 2001, fahren die Tramlinien 10 und 11 via Bankverein–Aeschenplatz–Centralbahnplatz – Peter Merian-Brücke – Münchensteinerstrasse – M-Parc und weiter an ihre bisherigen Endhaltestellen.

1905

Brauchtum im Leimental

Obwohl das Leimental wegen seiner Nähe auf die Stadt Basel ausgerichtet und seine Bevölkerung sicher von der Stadt beeinflusst ist, finden wir hier eine reiche und eigenständige Brauchtumstradition. Die Bräuche gehen auf Sitten aus alter Zeit zurück. Die Kirche kam nicht umhin, alte heidnische Bräuche in die jährlich wiederkehrenden Feierlichkeiten aufzunehmen. Und weil Biel, Benken, Binningen und Bottmingen als Untertanen der Stadt Basel reformiert, die übrigen Gemeinden als Solothurner oder fürstbischöfliche Untertanen dagegen katholisch waren, unterscheiden sich auch die kirchlichen Bräuche im Leimental.

Aber auch neuere Gewohnheiten haben sich zu Bräuchen entwickelt. Aus der bäuerlichen Lebensweise und dem Versuch, das Schicksal günstig zu beeinflussen, entstanden – vielleicht aus Aberglaube – Vorgehensweisen und Gebräuche, welchen ein positiver Einfluss auf Ernte und Erfolg zugeschrieben wurde. Wie Sie aus den nachfolgenden Ausführungen herauslesen können, bilden hauptsächlich die Fruchtbarkeit, die Gesundheit, der Schutz für Menschen, Gebäude und Vieh sowie eine gute Ernte das angestrebte Ziel.

Der Alltag im bäuerlichen Leben war geprägt von kirchlichen Festen. Im Folgenden liegt das Gewicht auf den katholischen, die sich im Allgemeinen besser erhalten haben. Bei den ursprünglichen, alten Bräuchen zeigt sich, dass diese unabhängig von der Religion im ganzen Tal ausgeführt wurden. Das Zusammenleben im Leimental bot trotz der unterschiedlichen Herren und Religionen keine Probleme. Nur bei der Heirat wurde auf die Religion geschaut.

Mit diesem Artikel soll weder die Herkunft noch der genaue Beschrieb der Bräuche im Leimental aufgezeigt werden, sondern eine Übersicht des lebendigen und nicht mehr ausgeübten Brauchtums aufgezeigt werden. Die Hintergründe zu den angeführten Bräuchen und Festen finden Sie in den Heimatkunden der Gemeinden, in Artikeln in Baselbieter Heimatbüchern und in der Fachliteratur.

1. Januar «Neu Jahr»
«Guete Dag Grossvattr, i winsch dr e gsägnet und gligghafts nei Joor und gueti Gsundheit.» Er Antwortet: «Bisst eier Hingli, chräblet eiri Chatz» (diesen Spruch kenne ich nur von meinem Grossvater). So fing das neue Jahr mit einem Besuch beim Grossvater an. Als Witwer wohnte er im gleichen Haus wie meine Eltern und wir Kinder. Nach dem Mittagessen wurden den Eltern meiner Mutter, der Gotte und dem Götti das «Nei Joor agwinscht». Die Mädchen erhielten dabei bei einen «Weggen» und einen Lebkuchen und die Buben vom Götti einen «Weggen» und einen «Degen» mit einem «Fünfliber». Der Degen wird heute noch von der Bäckerei E. Thüring aus Lebkuchen gebacken. Beim «Thüring-Degen» kann die Holzklinge aus dem Lebkuchenschaft herausgezogen werden.

6. Januar Drei Könige
Am sechsten Januar war, wie in Italien heute noch, die Bescherung der Kinder mit bescheidenen Geschenken üblich. Die Messdiener, Blauringmädchen oder Jungwachtknaben verkleiden sich heute als Sternsinger und segnen die Häuser. Anfänglich wurde die Gruppe vom Pfarrer begleitet. Eine Sammlung kommt bedürftigen Menschen zu Gute.

Der Dreikönigkuchen ist ein neuer Brauch. Wer die Figur im Kuchen findet, darf sich einen Tag lang als König fühlen.

2. Februar Lichtmess
An Lichtmess werden in der Kirche die Kerzen für den Hausgebrauch gesegnet. In Ettingen gilt die Wetterregel: «Scheint an Lichtmess die Sonne auf den Altar, bleibt der Fuchs noch sieben Wochen in seiner Höhle.» Es wird noch lange kaltes Wetter geben.

3. Februar Hl. Blasius
Der Heilige Blasius hilft bei Halserkrankungen. An diesem Tag lassen alle den Hals vom Pfarrer mit zwei Kerzen gegen Erkrankung segnen.

5. Februar Agatha-Segen
Am Agathatag segnet der Pfarrer Brot, Mehl, Salz und Zwiebeln. Es wird in der Familie darauf geachtet, dass alle von den gesegneten Speisen essen. Dadurch soll ihnen nichts Schlechtes widerfahren.

Aus Ettingen ist mir bekannt, dass auch sogenannte «Agathazeddel» mit aufgedruckten, segensreichen Texten vom Pfarrer geweiht wurden. Diese heftete man an die Innenseite der Haustüre, um das Haus vor Unglück zu schützen. Ein Einzelner hat sich in unserem Haus an der Estrichtüre erhalten.

Schmutzige Dunnschtig
Eigentlich gab es zwei «Schmutzige Dunnschtig»: den ersten zwei Wochen vor der Fastnacht und den heute noch üblichen vor der Fastnacht. Mit ihnen fing die Fastnacht an. Am ersten wurden vor allem «Stubeten» in Privathäusern abgehalten. Dabei gingen die Jünglinge auf «Karres» (von französisch «caresser», liebkosen), z' Chilt oder klarer ausgedrückt auf Brautschau.

Maskentreiben und das Foppen («hochnäh») der im Restaurant anwesenden Personen waren am zweiten «Schmutzigen Dunnschtig» sehr beliebt. So mancher wähnte unter der Larve eine alte Freundin, welche sich nach der Demaskierung als Mann erwies.

Fastnacht
Der Fastnachtsonntag brachte einen ersten Höhepunkt. Mit einem Umzug, an welchem allerlei Schabernack getrieben wurde, unterhielt man die nicht «aktiven» Dorfbewohner. Dabei waren die Gruppen meist zusammengewürfelt und stellten keine feste Gesellschaft respektive Clique dar. An die Darstellung eines Schulhausbrandes, wobei eine Nachbildung des Schulhauses in Brand gesetzt und gelöscht wurde, kann ich mich lebhaft erinnern. Der Dorfbach wurde beim Wuhr vor unserem Haus gestaut, um das notwendige Wasser für das Löschen liefern zu können. Dass dabei die Zuschauer ihren Teil abbekamen, ist selbstredend. Im gestauten Wasser wurde auch alte Wäsche gewaschen, welche an den ausgestreckten Armen der anwesenden Männer mit Klämmerli zum Trocknen «aufgehängt» wurde. Die Zuschauer wurden auch mit «Spreuer» (Kornspelt) beglückt, oder mit der «Saubloodere» (Schweineblase) traktiert.

Anschliessend besuchten alle ihre Stammwirtschaften, um die Schnitzelbänke zu geniessen. Auch die nicht Maskierten waren fastnächtlich gekleidet, wobei alte Hochzeitskleider, insbesondere Hüte oder Ähnliches, zu Ehren kamen.

Einen Morgenstreich nach Baselstädter Art gab es im Leimental nicht. An einigen Orten fand am «Schmutzige Dunnschtig», in Ettingen am Montagmorgen danach etwas Analoges statt: Mit viel Lärm wurden die Dorfbewohner am erholsamen Schlaf gehindert und mit Streichen wurden sie geneckt oder geärgert. Gerätschaften wurden an andere Standorte verschoben oder der Zugang des Dorfladens verbarrikadiert. Beim «Mille», dem Ettinger Dorfbäcker, gabs Weggli zum «z' Morge». Mein Vater erzählte mir einen besonderen Streich, auf den eine sofortige Strafe folgte. Mit viel Vergnügen hatten er und seine Kameraden den in der Vorwoche nach Hause geholten Bürgerholz-Ster vom Vorplatz im Dorfbach aufgeschichtet. Sein Vater war natürlich nicht begeistert, ahnte aber auch nicht, dass sein Sohn an der Tat beteiligt war. So kam es, dass mein Vater die zwei Kubikmeter Holz gleich dreimal hat umschichten müssen: einmal vom Wagen auf das Lager vor der Scheune, dann von dort in den Bach und am Montagmorgen wieder vom Bach zum ehemaligen Lagerplatz. Wie er sagte, ärgerte er sich aber weit weniger als sein Vater.

In allen Dörfern kommt oder kam dem «Joorgang» an der Fastnacht eine aktive Rolle zu. Derjenige Jahrgang, welcher zum Militärdienst ausgehoben wird, bildet in diesem Jahr eine Fastnachtsclique. Neben einem Wagen, gemeinsamem Kostüm und einem Schnitzelbank zur Finanzierung der Unkosten ist das Aufrichten des Fastnachtsfeuers seine Aufgabe. Heute wird diese Arbeit meist von den Gemeindearbeitern und einigen freiwilligen Helfern ausgeführt.

Aschermittwoch

Am Aschermittwoch ist die Fastnacht vorbei, die Fastenzeit beginnt. Der Pfarrer segnet die Gläubigen mit der Asche des Osterfeuers. Auch dadurch erhoffte man sich Gesundheit und Schutz gegen Unbill.

Fastnachtsfeuer, «Alti Fasnecht»

Am «Fastnachtsfürsunntig», dem Sonntag nach Aschermittwoch, war viel Lärm im Dorf. Der Jahrgang zog bettelnd und mit dem Ruf «Wällä, Wällä Strau, Geld nämmer au» durch das Dorf und lud bereit gestellte Wellen, Stroh und allerlei Holzgegenstände auf einen Wagen. Das Sammelgut wurde dann zusammen mit vom Förster angeliefertem Holz zu einem grossen Feuer aufgeschichtet.

Beim Eindämmern zog die Dorfgemeinschaft unter den Klängen der Dorf-Musik zum Feuer. Alle trugen ihre Scheiben, Reedli, Sprengreedli, disc de feu usw. mit. Die kleinen Kinder durften mit Lampions leuchten. An kleinen Nebenfeuern «wärmten» die Scheibenschiesser die Holzscheiben und schlugen sie mit viel Schwung über den Scheibenbank ins Tal. Die letzte Scheibe wurde mit einem Spruch abgeschlagen, an den mehr oder weniger gute Wünsche an andere Dorfbewohner oder diejenigen der Nachbargemeinden geknüpft waren. Mit dem Spruch im Ohr «Schiibe, Schiibe de Rai ab; dr Anggehaafe het ä Bai ab, d' Chüchlipfanne dr Boode duss, jetz isch diä alti Fastnecht uss» wanderten alle in die Dorfwirtschaften und genossen das letzte Fest vor der Fastenzeit. Die Dorfjugend blieb dort, bis sie mit dem ersten «Bähnli» zum Morgenstreich in Basel fahren konnten. Kinder, welche keine Möglichkeit hatten, Scheiben herzustellen, sammelten früh am Montagmorgen ausgeglühte Scheiben für das nächste Jahr. Nicht selten wurde auch noch eine Wurst am Gluthaufen gebraten und unzählige Scheiben flogen in die Morgendämmerung.

In Biel und Benken werden immer noch zwei Feuer ausgerichtet. Hier «schiggt» man «Reedli». Nach dem Feuer wird mit einem Fackelzug ins Dorf zurück gezogen. Die Kinder sammeln im Dorf das Material für die Feuer. Lauthals fordern sie «Holz, Schtrau, Schtängelwälle für die alti Fasnachts-Schälle 's Dorf uff, 's Dorf ab; wär nüt git, isch ä Lumpepack». Nur noch in Biel-Benken werden «Chienfaggele» hergestellt und geschwungen. Nach dem «Reedlischigge» entzündet man die Fackeln im Fastnachtsfeuer und bildet einen Fackelzug. Mit dem Schwingen der Fackeln wird deren Erlöschen verhindert. Der Zug bewegt sich ins Dorf zurück und ist von weither sichtbar. Vor allem von den Fastnachtsfeuern am Blauen aus kann die glühende «Schlange» beobachtet werden.

D' Reedli oder d' Schiibli werden heute hauptsächlich aus Buchenholz auf einem Drehbank gedrechselt. In Biel werden sie noch auf dem Ziehbank aus Eichenholz geschnitzt und in Ettingen auf dem Haubloch aus Buchenholz mit dem «Sächsli» (Gertel) zurecht gehauen.

19. März Hl. Joseph
«Dr Seppedag» war in Ettingen immer ein Feiertag (im Tessin heute noch), auch wenn der hl. Joseph nicht der Kirchenpatron des Dorfes war. Zu meiner Jugendzeit war Pfarrer Joseph Moll selig unser Dorfhirte. Dadurch wurde dieser Tag auch feierlich begangen. Trotz den vielen Josephs im Dorf – zeitweise spielten mindestens fünf bis sechs Seppi im Musikverein – kam es nie zu einem «Seppe-Ausflug» wie am Annatag.

Mittelfasten, Laetare
Die Kinder zogen von Haus zu Haus und sammelten Eier, Mehl, Brot, dürre Schnitze und Ähnliches. Sie trugen das Mittelfastenlied und den «Mieschmaa» vor, um von den Hausfrauen möglichst viel zu erheischen. Das Lied aus Ettingen finden Sie in der dortigen Heimatkunde. Hier nur ein kleiner Auszug:

Einleitung: *Hüt isch Mittelfaschte, mir trätte in diä Lache*
Dri roti Röösli im grinere Wald,
Dr lieber Herrgott het ä Leiterli,
dert driber schpringe d' Meitli,
Dr lieber Herrgott het ä Riebli,
dert driber schpringe d' Biebli, ...

Heischend: *Mr heere d' Frau ins Chämmerli goo,*
si will is Nissli abeloo,
Mr heere d' Schulade gixe,
si will is Brot abschnitze, ...

Drohend: *Es schtürmt, es schtürmt, ä alte Mieschmaa,*
hett hingerem Büteneloch ä Huus ghaa,
Siebe Joohr im Chemmi ghange,
Erscht nächte abegfalle,
D' Suppe hinder Diire gschtellt,
Bollä, Bollä soo chalt.
Wenn dir is nit wänd gää
Sell ech dr Iltis d' Hiehner mit samt äm Giggel nää.

Die Verse wurden je nach Situation und Freigiebigkeit der Hausbewohner angepasst. Vor allem Kinder aus Familien ohne Hofstatt besserten so den Vorrat auf.

Eine Woche vor Ostern
Palmsonntag
Schon am Samstag kam Bewegung ins Dorf. Mit dem Vater oder dem Grossvater marschierten wir in den Wald und suchten Stechpalmen. Mit einem Juttesack umwickelt und zusammengebunden wurden sie nach Hause getragen. Ein möglichst langer Stecken (Haseln, 1,5 bis 4,0 m) musste auch noch geschnitten und geschält werden. Die Hecke zu Nachbars Garten lieferte Buchszweige. Am Haselbusch im Garten zwickte man dünne Ruten (0,5 cm Durchmesser, 1,5 m Länge) ab.

Früh am Sonntag wurden vom Vater die Palmzweige zugeschnitten. Wir Buben schälten die Haselruten. Die Mutter suchte farbige Bändel hervor und glättete sie. Die Grossmutter brachte rote Äpfel, welche wir wie Perlen auf die Ruten (zirka 3 bis 5 Stück) aufzogen. Assistiert von Grossvater befestigten wir die Palmzweige am Stecken mit Nägeln und Draht so, dass die Form eines übergrossen Tropfens entstand. Die Ruten mit den Äpfeln wurden ebenfalls eingebunden. Der Übergang vom Stecken zu den Zweigen wurde mit Buchs abgedeckt, die Ruten über den Zweigen mit einem Bändel zusammengebunden. Schon riefen die Kirchenglocken zur Messe. Schnell noch alle Bändel festbinden, und wir Knaben konnten zur Palmsegnung losziehen. Jetzt stand die bange Frage im Raum, wer die grösste Palme hatte. Die meinige war es nie, dafür immer eine der am schönsten geschmückten.

Nach der Segnung wurden die Palmen vor den Häusern aufgestellt. Die einzelnen Palmzweige verteilte man im Haus und in den Scheunen zum Schutz vor Unglück. Einige Zweige wurden Tanten oder Nachbarn ohne Kinder übergeben, was uns jedesmal einen kleinen Zustupf ins «Kässeli» einbrachte. Wie aufgeweckte Dorfbewohner an Ostern von den Palmen profitieren konnten, finden Sie unter dem Abschnitt «Ostern».

Gründonnerstag
In der Kirche wurde das heilige Grab, eine Art Grotte aus Holz, aufgerichtet, in welchem eine Christusfigur, beleuchtet von farbigen, mit Wasser gefüllten Kugeln, lag. Damit begannen die Osterfeierlichkeiten. Nach der Messfeier läuteten die Glocken bis zur Osternacht das letzte Mal. Den Kindern wurde das Verstummen der Glocken damit erklärt, dass sie nach Rom geflogen seien, um dort den Segen des Papstes zu erhalten.

Karfreitag

Am Karfreitag wird in der Kirche ohne Unterbruch gebetet. Zu jeder Stunde wechseln Frauen und Männer ab. In der Hohen Stunde wird dann die Kreuzigung Jesu nachvollzogen. Die Kirchenglocken sind verstummt. Die Gläubigen werden mit einer grossen «Rätsche» zum Gebet gerufen. Die Messdiener hantieren mit «Holzklappern». Denn die Glocken sind ja verstummt.

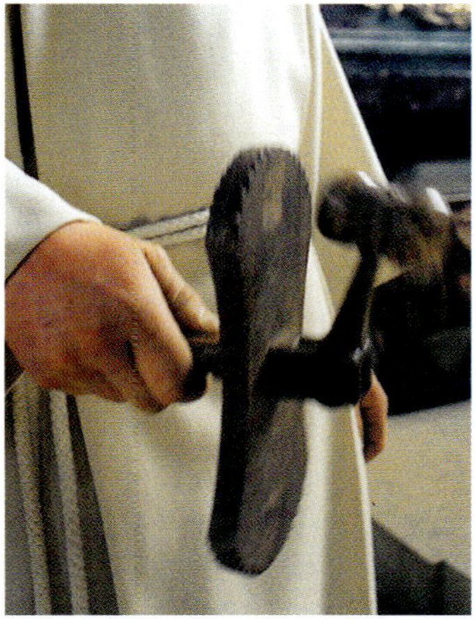

Ostersamstag

In der Nacht auf den Ostersonntag wird die Auferstehung Jesu gefeiert. Hinter der Kirche entfacht der Siegrist ein Feuer aus gesegneten Gegenständen, welche nicht mehr gebraucht werden. An diesem wird der Pfarrer die Osterkerze anzünden, von welcher die anwesenden Gläubigen ihrerseits eine kleine Kerze anzünden und nach Hause nehmen. Ein Teil der Asche wird für den nächsten Aschermittwoch aufbewahrt. Anschliessend wird eine festliche Messe gefeiert. Dabei werden dann die Glocken, aus Rom zurückgekehrt, wieder läuten. Früher haben die Gläubigen ein Holzscheit, einen Bohnenstecken oder Ähnliches am Osterfeuer angebrannt. In der Scheune oder im Stall aufbewahrt, sollte das angesengte Stück Holz vor Unglück im Stall oder im ganzen Haus schützen.

Ostern

Natürlich sehnten wir Kinder uns nach Ostern, um die «Osternäschtli» zu suchen. Während der Fastenzeit war uns Süsses verwehrt worden. Vorerst musste aber das Hochamt besucht werden.

Kommen wir aber noch zu den Palmen zurück. Diese stehen seit dem Palmsonntag in den Gärten vor den Häusern. Wer sie nicht rechtzeitig am Sonntagmorgen von dort entfernt, muss mit Forderungen rechnen. Ein Passant, welcher an diesem Morgen eine Palme im Garten erspäht, kann diese nehmen und beim Besitzer eine Entschädigung in Form von Ostereiern oder Süssem einverlangen. Verpönt ist es, die Palmen schon am Samstag zu versorgen.

Weiser Sonntag / Eierlesen

Die Erstkommunikanten werden von der Dorfmusik in die Kirche begleitet, wo sie mit allen Rechten und Pflichten in die Kirche aufgenommen werden. Für alle Kinder ist das ein grosser Festtag mit vielen Gästen und Geschenken. Die Hausfrauen sind am meisten gefordert. Ein festliches Essen soll den Tag unvergesslich machen.

Im Elsass hat das Essen einen besonderen Stellenwert. An einem Tag wie dem Weissen Sonntag wird alles aufgetischt, was die heimische Küche zu bieten hat. Der Tag wird etwa wie folgt verlaufen: Messfeier und danach Aperitiv im Dorfrestaurant für die Männer. Die Damen helfen der Mutter in der Küche. Um zwölf Uhr Mittagessen mit mehreren Gängen und Dessert. Danach kleiner Spaziergang und Besuch der Vesper in der Kirche. Damit ja kein Hunger aufkommen kann, wird ein «Zoobe» um zirka fünf Uhr serviert. Mit dem Nachtessen gegen acht Uhr findet der Tag seinen Abschluss. Den Frauen zollt für solche Leistungen grösste Anerkennung.

Das Eierlesen hat die oben erwähnten Aktivitäten im schweizerischen Leimental verdrängt. Mit von den Veranstaltern gesammelten Eiern wird ein sportlicher Wettstreit im Dorf veranstaltet. Dabei hat sich der Brauch in jeder Gemeinde verschieden entwickelt. Er erfreut sich grosser Beliebtheit und wird mit einem «Eiertäsch» abgeschlossen. Nehmen Sie sich die Zeit und geniessen Sie, in wärmender Frühlingssonne, die teilweise nicht ganz ernsten Spiele von Klein und Gross.

25. April Hl. Markus
Nach der Messfeier wurde mit dem Wetterkreuz der Wettersegen erteilt. Dieser Segen wurde bis am 14. September (Kreuzerhöhung) nach jeder Messfeier gespendet. Am Markustag gab es eine Flurprozession zum Schutz der Feldfrüchte.

1. Mai Maibaum
In den letzten Jahren hat sich in einigen Gemeinden das Aufstellen eines Maibaumes eingebürgert. Seit Gesangsvereine gegründet wurden, unterhalten diese die Dorfbewohner mit dem Maisingen und zeigen damit an, dass die dunkle Winterszeit endgültig vorbei ist.

Nach Wahlen werden für neue Bürger- oder Gemeinderäte Tannen vor deren Haus aufgestellt.

3. Mai Kreuzauffindung
An diesem Tag wurde das erste Mal im Jahr nach Mariastein gepilgert. Früh am Morgen zogen die Gläubigen betend zur Kirche im Stein. Die Jugend freute sich auf die Schleckereien, welche an den Verkaufsständen vor der Wallfahrtskirche erstanden werden konnten.

Im Mai Banntag
Der Banntag oder Bannumgang hat sich zu einem Familientag entwickelt. Das Kontrollieren der Gemeindegrenzsteine ist heute durch eine perfekte Vermessung und digitale Pläne nicht mehr notwendig. Das gemütliche Zusammensein der Dorfgemeinschaft und die Möglichkeit, Kontakt mit den «Ureinwohnern» aufzunehmen, sind heute wichtige soziale Angelegenheiten. Dabei gilt wie immer, dass nur, wer mitmacht, auch die nötigen Kontakte und Freunde im Dorf findet. Den Termin wählt jede Gemeinde individuell.

Hochzeit

Im Monat der Verliebten wird auch viel geheiratet. So manche Dorfschönheit wird von einem Bräutigam aus dem Nachbardorf entführt. Die ehemaligen Schulkameraden nehmen dies zum Anlass, sich ein kleines Fest zu finanzieren. Beim «Spannen» vor der Kirche wird dem Hochzeiter eine Art Entschädigung für den Verlust der ehemaligen Schulkameradin abverlangt. Mit dem Spannvers, vorgetragen in «Goggs» (Melone) oder Zylinder, wird ein dem Geldbeutel des Heiratwilligen angepasster Betrag eingefordert. So heisst es im Vers:

Gott grüess ech, liebi Hochzitslüt,
zu eurem Ehretag jetzt hüt
wünsche mir euch alleewäge
Gsundheit, Glück und Gottes Säge.

Doch finde mirs jetzt no vo Nöte,
au mit em Brütigam no chli z'rede,
er hets gwüsst fertig z'bringe,
in euse Garte ine z'dringe
und het, mir sages unverhole
die schönschti Blume eus drus gstole.

Bi Zitte hei mir das verno
und si drum au do ane cho,
mit vollem Ärnst jetzt z'protestiere,
dass du tuesch die Brut dervo eus füere.
Denn noch Gsetz und altem Bruch
verfallt, wer stielt der Strof au druf.
Je höcher sich der Wärt bemisst,
je höcher denn die Strof au isch.

Mir schetze sie um die Summe do,
ihm sig sie mehr wärt, hoffe mir jo.
Er wird sie wohl nid billig nää,
die er erwählt fürs ganzi Läbe.
Wär sie nid doppelt so viel wärt,
hät er sie nüd als Frau begärt.
Doch lönd mir ihm jetzt d'Wahl
ob är der rächti Prys eus zahlt
denn wärt isch sis jo die holdi Brut
die hütte ihm wird avertraut.

So hell und klar wie do dä Wy
soll euri Liebi immer si.
Drum gäbe mir die Stross jetzt frei
und lön euch jetzt im Friede hei.

Als Erinnerig an Biel und Bänke
duen mir der Brut das Strüssli schenke.

Bittwoche
(Nach dem fünften Sonntag nach Ostern)
In der Bittwoche wurden jeden Tag Bittgänge oder Prozessionen abgehalten. Von Montag bis Mittwoch wurden die Kirchen der Nachbargemeinden und teilweise auch im Birstal besucht. Die Oberwiler gingen sogar über die Landesgrenze in die Kirche von Neuwiller.

Christi Himmelfahrt, Auffahrt
An diesem Tag wurden Flurprozessionen in der Gemeinde abgehalten, wiederum um eine gute Ernte bittend und den Segen gegen Unwetter austeilend. In Metzerlen führt die Prozession an den Platz der alten Kirche.

Hagelfrytig
Am Freitag nach Auffahrt, dem so genannten «Hagelfrytig», zogen die Gläubigen nach Mariastein und baten um Verschonung vor Gewitter und Hagel.

Der Samstag in der Bittwoche ist in Metzerlen der Segnung der Brunnen und des Viehs vorbehalten. Durch die Lage von Metzerlen bedingt, kann es in trockenen Sommern zu Wassermangel kommen.

Pfingsten
An Pfingstmorgen, nach der Messe, treiben in Ettingen grüne Gestalten ihr Unwesen im Dorf. Die «Pfingstbitter» sind da. In frisches Buchenlaub gekleidete Burschen stellen den Mädchen nach, um sie in einen Brunnen zu werfen. Diese versuchen sich durch Flucht dem Vorhaben zu entziehen. Es entwickeln sich wilde Jagden. Die gleichaltrigen Burschen bilden eine Gegenpartei und versuchen ihrerseits die Laubmänner in die Brunnen zu werfen. Nach zirka einer Stunde ist das Spektakel zu Ende.
Dieser Fruchtbarkeitsbrauch ist nur noch an wenigen Orten in der Schweiz erhalten und bildet in Ettingen einen festen Bestandteil des Dorflebens.

Pfingstmontag
An diesem Montag besuchten die viele Leimentalergemeinden das Kirchlein St. Brice (Britzgi-Kapällä) im Banne Oltingen.

Die Hofstetter wallfahren heute noch am Pfingstmontag nach Meltingen zur Maria im Hag. Diese Wallfahrttradition ist über 350 Jahre alt.

Fronleichnam
Nach der Messfeier zogen in Ettingen die Gläubigen in einer Prozession durch das Dorf. An vier Orten hatten die Anwohner schon früh Altäre aufgestellt und mit schmuckvollen Blumenteppichen versehen. Die Blüten wurden schon am Vortag, einzelne erst am Morgen gepflückt. Den Hintergrund bildeten Laub- und Blütenäste. An jedem Altar spendete der Pfarrer den Segen. Die Prozession wurde durch die Kirchenfahne und das Prozessionskreuz angeführt. Dahinter folgten die Knaben mit bunten und Symbolen verzierten Fähnlein. Dann die Mädchen mit Körbchen, aus denen sie Blütenblätter auf die Strasse streuen. Hinter den Messdienern schritt der Pfarrer unter einem Baldachin, welcher von vier Kirchenräten getragen wurde. Den Schluss bildeten die Erwachsenen.

Der «Altärlisunntig» hat sich als eine festliche Prozession in meiner Erinnerung eingeprägt. Vor allem der unglaubliche Eifer und Zeitaufwand, mit welchen die Altarbauer dieses Fest in kürzester Zeit vorbereiteten.

Erster Sonntag im Juli Maria vom Trost
In feierlicher Prozession wurde das Gnadenbild in Mariastein durch die festlich geschmückten Strassen geführt. Die Gläubigen konnten nach der Prozession die Blumen vom Wagen als Andenken mit nach Hause nehmen. Das Fest bot Gelegenheit, Freunde aus dem ganzen Tal wieder zu treffen. Das Trostfest findet leider seit zirka zwanzig Jahren nicht mehr statt.

4. Juli Hl. Ulrich
Die Metzerler bitten den heiligen Ulrich mit einem Bittgang um Schutz vor Mäuseplagen.

14. Juli Nationalfeiertag Frankreich
Der «Quatorze juillet» wird im Elsass immer festlich durchgeführt. Das grosse Fest mit Tanz wird am Vortag abgehalten. Am 14. Juli werden dann patriotische Reden gehalten. Für die Leimentaler aus dem Schweizer Gebiet eine willkommene Gelegenheit, sich im gastfreundlichen Elsass zu amüsieren.

26. Juli Hl. Anna
In Metzerlen wird ein Bittgang zur St. Annakapelle in Mariastein unternommen. Die Annakapelle war immer ein beliebter Wallfahrtsort. Zur heiligen Anna, der Mutter von Maria, wird schon seit jeher gepilgert. Sie ist die Patronin der Fruchtbarkeit. Ihr wurden das Getreide und die Reben zum Schutze anvertraut.

In Ettingen organisieren die Frauen mit dem Vornamen Anna zum Annatag einen Ausflug. Der Autocar kann immer gut besetzt zur Abfahrt starten.

1. August Nationalfeiertag Schweiz
Das Donnern und Blitzen am 1. August hängt nicht mit einem Gewitter zusammen. Gross und Klein will Raketen steigen lassen. Das patriotische Gedankengut tritt dabei in den Hintergrund. Das Knallen entwickelt sich teilweise zur Unsitte. Wie erhebend fühlte man sich früher bei einem Höhenfeuer mit Freunden! In meiner Jugendzeit wurde den jungen Leuten nach der Festrede an der Erst-August-Feier ein Weggen ausgeteilt.

15. August Maria Himmelfahrt
In den Kirchen werden Blumen und Kräuter gesegnet. Die Kräuter verleihen den damit gewürzten Speisen einen besonders guten Geschmack.

Früher wurden noch «Gliggshämpfeli» gebunden, die dann in der Bauernstube bei einem Kreuz einen Ehrenplatz bekamen. In diese kleinen Sträussen wurden Ähren und Feldblumen eingeflochten.

Ernten – Erntedank
Für das Ernten wurden, als es noch keine Maschinen gab, viele Hände gebraucht. Nachbarn und Verwandte halfen selbstverständlich immer mit. Heute wird die Feldarbeit durch Maschinen erleichtert und es sind weniger Helfer notwendig. Bei Baumfrüchten oder im Weinberg muss aber immer noch viel Handarbeit geleistet werden. Erfreulich ist dabei, dass sich trotz Shareholdervalue und dem Verlorengehen des Gemeinschaftgefühles viele Helfer bereit erklären, bei Bauern und Winzern mitzuhelfen. Dabei steht nicht der eigene Profit im Vordergrund, sondern das solidarische Helfen bei Freunden oder Nachbarn. Diese Arbeit, die vor allem von Hausfrauen und Pensionierten geleistet wird, darf sicher auch als Brauch hier erwähnt werden. Oft werden die willigen Helfer mit einem «Erntedankfest» oder Naturalien belohnt.

14. September
Kreuzerhöhung
Auch an Kreuzerhöhung wallfahrten die Leimentaler nach Mariastein.

Bettag
Der eidgenössische Buss- und Bettag wird in der ganzen Schweiz begangen. In Biel-Benken wird traditionsgemäss Zwetschenwähe gegessen.

Öpfelhauet
In Benken hat sich der «Öpfelhauet» bis heute erhalten. Hat er sich wohl vom römischen Reiterexerzieren über das Lanzenstechen im Mittelalter und einer Übung der Dragoner zum heutigen Brauch entwickelt? In Benken hat er seit 1934 einen festen Platz im Veranstaltungsprogramm. Es haben sich viele lokale Nuancen herausgebildet, welche auch durch Persönlichkeiten geprägt wurden. So haben die «Eulalia» und der Platzsprecher in Benken einen grossen Stellenwert. Neben dem Überspringen von Hindernissen sind folgende Übungen zum Gaudi der Zuschauer zu absolvieren. Anschlagen einer Glocke; mehrere Fanions (zirka 50 cm lang) aus dem Boden ziehen und in die Luft werfen; die Puppe «Eulalia» aus ihrem Fauteuil reissen, ein Hindernis überqueren, sie in einem Bett platzieren und dann das Bett überspringen; zum Schluss einen Säbel ergreifen, drei Äpfel, an einer Schnur aufgehängt, mit dem Säbel zerschneiden, sodass ein Teil des Apfels an der Schnurr hängen bleibt, und den Säbel in einem Fass versorgen. Da die Pferde nicht nur Freude an «Eulalia» zeigen, kommen die Zuschauer in den Genuss von einiger Situationskomik.

20. Oktober Wendelin
Mit einer Prozession über den Plattenpass nach Blauen zur Wendelinskapelle wird des heiligen Wendelin gedacht. Als Beschützer des Viehs ist er für die Bauern ein wichtiger Schutzheiliger. Die ihm geweihte Kapelle steht südlich von Blauen auf dem Hochplateau über dem Laufental.

Durlipse aushöhlen
Zum Ernten wurden früher viele Hände gebraucht. Für mich war das Einbringen der «Durlipse» (Futterrüben) eine der liebsten Beschäftigungen. Die Kinder durften mit einem grossen Messer das Kraut (Blätter) abschneiden und auf ein «Schörli» («eine Mahde», ein langgezogener Haufen von Gras oder Gewächs) werfen. Das Kraut wurde am Abend auf den Wagen geladen und dem Vieh verfüttert. Vorher hatten die Erwachsenen die «Durlipse» aus dem Boden gerissen, geputzt und auf Haufen geschichtet, um sie später nach Hause zu führen und im Keller oder in Gruben in Stroh als Winterfutter fürs Vieh zu lagern. Beim Ausreissen der Rüben wurde manches Mäusenest freigelegt. Die ausgewachsenen Mäuse konnten meist fliehen. Wir Knaben aber fingen die jungen Mäuschen, um damit zu spielen. Mit ihnen konnten die Mädchen vortrefflich erschreckt werden. Auch die Mutter hatte keine Freude, wenn sie bei der Heimkehr ein Mäuslein in einem unserer Hosensäcke entdeckte.

Mit einigen grossen «Durlipsen» durften wir, unter der Mithilfe von Grossvater, Schreckfratzen schnitzen. Ausgehöhlt und mit einer Kerze versehen schützten sie unser Haus Anfang November vor bösen Geistern. In Amerika haben klevere Geschäftsleute diesen Brauch als Halloween entdeckt. Die Welle ist auf Europa zurück geschwappt und so zieren nun Plastikgebilde und Kostüme die Schaufenster. Ade du stiller, einfacher Brauch.

1. November
Allerheiligen
Am Mittag von Allerheiligen wird mit einer Feier in der Kirche den Verstorbenen gedacht. Anschliessend werden die geschmückten und mit Kerzen versehenen Gräber besucht. Verwandte von ausserhalb nahmen die Gelegenheit war, die Gräber der Angehörigen und ihre Familie im Heimatdorf zu sehen. Bei uns wurde den Gästen frische Nüsse, Speck, Brot und neuer Wein (eben vergoren, aber noch trüb) aufgestellt. Bei vielen Anekdoten und Geschichten aus der Vergangenheit war es schnell Abend und die Besucher traten ihren Heimweg an. Aber viel Wissen wurde so an die Jugend weitergegeben.

Hier möchte ich noch etwas zu den Bräuchen bei Todesfällen anmerken. Ein Todesfall wurde mit der Totenglocke angezeigt. Dabei wurde das Läuten bei einer Frau zweimal, bei einem Mann dreimal und bei einem Kind viermal unterbrochen. Die Verstorbenen wurden zu Hause aufgebahrt und die Verwandten und Bekannten fanden sich bis zur Bestattung jeden Abend zum Gebet ein. Wie mein Grossvater erzählte, beteten vor allem die Frauen. Die Männer verbrachten die meiste Zeit bei Wein oder Schnaps in der Küche.

Chilbisunntig
Auch am Chilbisunntig, in Ettingen am Sonntag nach Allerheiligen, gedachte man der Verstorbenen.
Je nach Gemeinde wird der «Chilbisunntig» auch im Sommer gefeiert.

11. November
Hl. Martin

Der Martinstag ist seit jeher der Zinstag. Früher überbrachten die Bauern dem Herrn den Zehnten meist in Form von Naturalien. Heute zahlen die Landwirte dem Besitzer des zugepachteten Landes den Zins. Dabei wird über den Erfolg oder Misserfolg im Stall und auf dem Feld berichtet.

Die zugezogenen Leimentaler haben den Räbeliechtliumzug eingeführt. Meist ziehen die Schüler der unteren Klassen mit den leuchtenden Reben (Rübe) durch das Dorf. In Metzerlen heissen sie Martiniliechtli.

Metzgete

Im Spätherbst wurde in vielen Haushalten geschlachtet. Ein Störmetzger verrichtete dabei die Facharbeit. Die Helfer, Verwandten und Nachbarn durften «Chesselifleisch» und «Präggeli» geniessen. Auch frische Blut- und Leberwürste fanden den Weg in die Bratpfanne. Die Dorfjugend wollte auch ihren Teil erheischen. Aus Biel-Benken ist folgendes Wurscht- oder Heischlied überliefert:

Düri, düri Bire
Hinderem Ofe füre,
dr Metzger het e Süli gschtoche,
Süli het e chrumme Chnoche.
Gänd mer au Läberwurscht,
aber kei so Kleini,
lieber zwo für eini!
Glii, glii, glii,
suscht schlöö mr d' Dür und Fänschter y!
Lööntt is nüt lang warte,
mir müen no dure Garte,
Löönt is nüd lang steh,
es friert is an de Zeh!
Wurscht herein, Wurscht heraus,
Glück und Segen diesem Haus!

Und noch ein Lied aus Biel-Benken: Wurde ein Marder geschossen, band ihn die Schuljugend an einen langen Rebstecken und zog damit durch das Dorf. Die Kinder sangen dazu:

Stüred dämm alte Untier o ne paar Eier
und wenn d'r em keine weit gäh,
so sel's ech z' Nacht alli Hüener und d' Eier näh.

In einem Elternhaus wurden die Eier zu einem «Eiertätsch» für die Kinder gekocht.

4. Dezember
Hl. Barbara

Die heilige Barbara als Schutzpatronin der Mineure und Tunnelbauer wird in Basel durch die Artilleristen gefeiert. Ein am Barbaratag geschnittener Kirschbaumzweig wird am 24. Dezember erblühen. Die Wohnung erhält so neben dem Tannenbaum einen weiteren farbigen Schmuck.

6. Dezember
Hl. Nikolaus

Der Besuch des heiligen Nikolaus bleibt allen in Erinnerung. War man recht folgsam, durfte man mit reichlichen Gaben rechnen. Die Rute ist für die Unfolgsamen bestimmt. Der Nikolaus als Bischof und sein Knecht Ruprecht haben heute nicht mehr das Drohende von früher an sich. Wurde zu meiner Jugendzeit doch da und dort noch ein Kind in den Sack gesteckt und bis vors Haus getragen, so tritt der St. Nikolaus heute als gütiger Ermahner auf. So bereitet das Läuten der Glocke mehr Vorfreude als das Rasseln von Ketten in vergangener Zeit.

Adventszeit

Mit einer stillen, feierlichen Adventszeit bereitet man sich auf Weihnachten vor. Neben dem Adventskranz zeigen Krippenspiele das bevorstehende Fest an. Der Adventskalender birgt erste Geschenke oder festliche Bilder, von Kerzen beleuchtet.

Grosse Beliebtheit geniessen Adventsfenster oder ganze Kalender an grossen Gebäuden. Die Fenster werden am jeweiligen Abend im Beisein der Dorfgemeinschaft geöffnet. Zum Beispiel in Metzerlen erfreuen die festlich geschmückten Fenster Jung und Alt.

Mit Rorate-Messen stimmt man sich auf die Adventszeit ein. Die mitgebrachten Kerzen werden in der Kirche entzündet. Früher fanden diese Messen in aller Herrgottsfrühe statt.

8. Dezember
Maria Empfängnis

Dieser Tag war in vielen Gemeinden Gemeindefeiertag und wird heute noch in Metzerlen feierlich begangen.

24. Dezember
Weihnachten
Der Weihnachtsbaum und das Geschenkeverteilen sind Ihnen ja bekannt. In Metzerlen künden die Turmbläser um 23 Uhr die Geburt Jesu an. Die Zeit, wenn am 24. Dezember die Kirchenglocken festlich läuten, nennt man «Heiliwoog». In unsere Familie hat sich ein Brauch um «Heiliwoog» erhalten. Die Glocken läuten um 17 Uhr. Mit einem Bündel Heu und einer Flasche Wein wurden wir zu den Grosseltern geschickt. Der Wein ist für den Nikolaus, welcher dem Weihnachtskind bei der Verteilung der Geschenke hilft, und das Heu für dessen Esel bestimmt.

Mit dem Vers:
Heiliwoog
Gottesgoob
Gligg ins Hus,
's Ungligg drus
begrüssten wir die Grosseltern. Wir Kinder erhielten Kakao und ein «Wienechtsgutzi». Nach unserer Rückkehr konnten wir den geschmückten Tannenbaum in der Stube bestaunen.

26. Dezember
Hl. Stephan
Während oder nach einer Messfeier wurde der von den Gläubigen mitgebrachte Wein gesegnet. Alle Familienmitglieder durften von dem gesegneten Wein trinken. Dadurch sollte sich der Segen auf sie übertragen.

27. Dezember
Hl. Johannes
Auch am Johannistag wurde Wein, der früher von den Bauern gekeltert wurde, gesegnet. Der Wein war das alltägliche Getränk im bäuerlichen Haushalt. Über die Qualität der vor mehr als hundert Jahren getrunkenen lokalen Weine ist nichts überliefert.

31. Dezember Silvester
Wer am Silvestermorgen am längsten schlief, wurde den ganzen Tag als «Silvester» gehänselt. Dem Grossvater oder dem Götti trug man das nachfolgende Sprüchlein vor:
«Hit isch Silveschter und
moorn isch Neijoor,
gi-m-mr ä Batze, suscht zieh
di am Oor.»

Baumann Ernst, (1905–1955)
Geboren in Metzerlen, Klosterschule Mariastein und St.Gallen. Studium der Sprachen und Kunstgeschichte.
Ab 1932 Lehrer an der Bezirksschule Therwil. Leimental-Artikel in den Jurablättern, Tageszeitungen und Bauernkalender. Mitarbeit in diversen Vereinen und der Denkmalpflege.
«Vom solothurnischen Leimental» (1980)

Selbst eine listen-knappe Übersicht über Maler, Bildhauer, Fotografen, Schriftsteller und Komponisten, frühere und jetzige, männliche und weibliche (-innen), bleibt lückenhaft. Für die basellandschaftlichen Gemeinden wird auf deren Heimatkunden verwiesen, wo mehr zu finden ist; für das solothurnische Leimental wurde auf den Gemeindeverwaltungen angeklopft und beim Kulturamt in Solothurn; für Leymen, Biederthal und Liebenswiller wurden die Mairien aufgesucht. Eine Fülle fand sich, eine noch grössere hätte sich gefunden, wäre jene Künstlerkategorie einbezogen worden, die ihre Kunst auf der Mairie von Leymen im Durcheinander der Zweisprachigkeit, das dort herrscht, zeigte. Die Madame an der Réception kam über einen einzigen Künstlernamen nicht hinaus. Es machte sie traurig. Darum schlug ich vor: «Ajoutez donc votre nom! Cela vous rendra célèbre!» Sie stutzte: «Comment? Moi? Mais je ne suis pas d'artiste!» «Mais oui», sagte ich, «Lebenskünstler!»

Ohne diese im Leimental weit verbreitete Künstlerspezies hier die Liste einiger Namen, «vo hinge füre»:

Kulturschaffende im Leimental

BURG

Geyer Elisabeth
(1792–1845) Malerin
s. Kunstdenkmälerband Solothurn III
Bilder v.a. im Kloster Mariastein, zwei in der St. Josef-Kapelle

Jaeggi Hugo
(1936) Fotograf,
seit 1984 in Burg, v.a. Reportagen und Porträtserien, «einer der führenden Neuerer der Fotogeschichte unseres Landes» (Schweizer. Stiftung für die Fotografie), Solothurner Kunstpreis (1998)

RODERSDORF

Eugster Sämi
(1938) Maler,
seit 1987 in Rodersdorf, Ausstellungen, Aktionen, Installationen, Publikationen, z.B. «Lebensraum Schule»

Wäber Jill
(1945) Malerin,
seit 1995 in Rodersdorf, diverse Techniken, Solothurner Kunstpreis (2000)

LIEBENSWILLER

Sollbach Alberto
(1933–83) Maler,
1964–83 in Liebenswiller,
Landschaftsmaler

Mösch Peter
(1941) Maler,
seit 1985 in Liebenswiller,
Atelier im Bahnhof
Leymen, speziell WOP's
(Works on Paper)

LEYMEN

Simonetti Emil
(1940) Maler, Bildhauer,
seit 1995 in Leymen,
speziell Baselstabmotiv,
Monografie (1992)

MARIASTEIN

Stöcklin Leo, Abt
(1803–73) Komponist:
Messen, Vespern,
Offertorien usw.

Scherer Bruno Stephan P.,
(1929) Schriftsteller,
Lyrik, Aphorismen, Prosa
z.B. «Begegnung mit
Arnold Kübler» (1978)

HOFSTETTEN

Brandstetter Getti
(1936) Malerin,
seit 1987 in Hofstetten,
verschiedene Techniken,
z.B. «Farbenbrief an Anton
Bruckner» Bezirksspital
Dornach

FLÜH

Widmer Emma
(1914) Malerin,
seit 1954 in Flüh, speziell Nadelmalerei: Wandteppiche. Monografie Nadelmalerei

Oser Antoine
(1940) Maler,
seit 1970 in Flüh, verschiedene Techniken, über 100 Ausstellungen im In- und Ausland

Leus Bruno
(1943) Bildhauer,
seit 1976 in Flüh, Eisenbetonplastik Primarschule Flüh (1993), Plastik aus Stahl, Glas und Drahtseil Im Ziegelgarten Oberwil (1993), Steinplastik Gemeindehaus Metzerlen (1997), Chromnickelstahl Altar kathol. Kirche Hofstetten (1998), Monografien (1996/97)

WITTERSWIL

von Sonnenfeld Franz
(1821–88) Schriftsteller, eigentl. Johann Gihr, bis 1855 Verbindung zu Witterswil. Gedenktafel beim «Gihrhaus», Nr. 1 Bättwilerstrasse.
«Volksgeschichten aus dem Schwarzbubenland» (1858)

Moeschlin Felix
(1882–1969) Schriftsteller, in Basel, Bürger von ▶ Witterswil, häufiger Besuch bei den Grosseltern.
«Zwischen der weissen Kirche von Mariastein und dem roten Münster über dem Rhein liegt meine Jugendwelt: Wie ich meinen Weg fand» (1953)

His Andreas
(1928) Maler,
seit 1963 in Witterswil, Oel, Oelskizzen, Zeichnungen, v.a. Stadtbilder (Paris), Monografien (1978, 1993, 1998)

Woodtli Thomas
(1956) Maler,
seit 1985 in Witterswil, diverse Techniken «Spiel, Tanz und Politik» Mehrzweckhalle Witterswil, Katalog «Kunst als Wissenschaft» (1995), eigentlich ein Allrounder bis zu Fotografie und Computer

BIEL-BENKEN

Oser Friedrich
(1820–91) Liederdichter, einer der meistvertonten im deutschen Sprachraum, 1884–91 Pfarrer in Biel-Benken, Oser-Denkmal im Kainiz seit 1907, Grabstein neben dem Kircheingang seit 1943, Oser-Stübli im Wirtshaus Zihlmann.
«Das weisse Kreuz im roten Feld»

Hiltbrunner Hermann
(1893–1961) Schriftsteller, Jugendzeit in Biel-Benken, Gedenktafel am alten Schulhaus an der Schulgasse, Hermann-Hiltbrunner-Weg
«Die Landschaft von Biel-Benken ist eine Landschaft der Harmonie und Ruhe.»
Dichtung und Erlebnis ◀ (1934)

ETTINGEN

Kron Alois
(1913) Landschaftsmaler, «Ettingen mit seinen schönen Wald- und Feldpartien» Heimatkunde Ettingen (1993)

Düblin Lukas
(1933) Glasmaler, Maler, Plastiker,
seit 1955 in Ettingen, Glasfenster Rückwand kathol. Kirche Oberwil, kathol. Kirche Ettingen, Altersheim Blumenrain Therwil, Gemeindeverwaltung Ettingen, Schweizer. Glasmalereimuseum Romont FR, Abdankungshalle Oberwil (1997), Porträtzeichnungen «Musizierende» Eingangshalle Bruderholzspital (1972).
Plastiken: Steinkreuz Oberwil (1997), Windrad ARA Therwil (1997), bemalte Metallplastik «Frosch», Schulhaus Ettingen (1998)

THERWIL

Hasenböhler Stefan
(1911–99) Landschaftsmaler «... ein Gemäldeœuvre, das von einer innigen Verbundenheit mit dem Leimental erzählt» Heimatkunde Therwil(1999)

Engler Jakob
(1933) Bildhauer,
seit 1954 in Therwil, Eisenplastik «Kreuzigung» evangel.-reform. Kirche Oberwil (1967), Brunnenplastik «Dra-Dri-Druf-Drab» Schulhaus Hüslimat Oberwil (1972), Pausenplatzgestaltung Schulhaus Känelmatt II Therwil (1975,) Eisenplastik «Verbindendes» Post Binningen (1976), Eisen/Steinplastik «Stephan-Gutzwiller-Gedenkstätte» Kirchplatz Therwil (1983), Monografie (1996)

OBERWIL

Düblin Jacques
(1901–78) Glasmaler, Maler, Wandbilder, Wehrlinschulhaus Oberwil, Landgasthof Ochsen Oberwil, Glasfenster: evangel.-reform. Kirche Oberwil (1936), Abdankungskapelle Oberwil (1959), kathol. Kirche Oberwil (1965), Monografie (1978)

BOTTMINGEN

Grieder Friedel
(1890–1980) Bildhauerin, von 1890–1913 in Bottmingen, nachher Krenzlingen, im Bodenseeraum viele Plastiken, «Sitzendes Mädchen am Brunnen» Bottmingen

Bernauer Ludwig
(1922) Fotograf,
seit 1969 in Bottmingen, «Impressionist der Landschaften am Rhein» Heimatkunde Bottmingen (1996)

Isler Vera
(1931) Fotografin,
seit 1963 in Bottmingen, v.a. Porträtfotos in zahlreichen Bildbänden, u.a. «Rollenwechsel» (1992) und «Face to Face» (1994)

Müller Dominik
(1871–1952) Schriftsteller,
eigentl. Paul Schmitz,
1931–40 in Bottmingen,
Mentor der neueren Basler
Mundartdichtung

Baerwart Theobald
(1872–1942) Schriftsteller,
1909–42 in Bottmingen,
«Rosswiler Geschichten»
Schauplatz Bottmingen
(1918), zahlreiche Mundarttexte über Basel

Laederach Jürg
(1945) Schriftsteller,
1948–95 in Bottmingen,
u.a. «Das ganze Leben»
(1978), «Schattenmänner»
(1994)

Ronner Kurt-Rolf
(1935) Komponist,
seit 1966 in Bottmingen,
u.a. «Lieder des Katers
Hidigeigei», Scheffelpreis
der Stadt Bad-Säckingen
(1986)

Bolens Ernest
(1881–1959) Landschaftsmaler,
1926–59 in Binningen
«Grunderlebnis Leimentaler Landschaft»
Heimatkunde Binningen
(1978)

Abt Otto
(1903–82) Maler,
Mitbegründer der Basler
Gruppe 33, Oel- und
Glasmalereien, Mosaiken;
Wandmalereien: Landschaften, Intérieurs,
Blumen

Breitenstein Jonas
(1828–77) Schriftsteller,
1852–70 Pfarrer in Binningen, Mundartverse in «Mir
wei luege», Mundartanthologie (1982)

Goetz Curt
(1888-1960) Schriftsteller,
Bürger von Binningen,
aber ortsfremd, dank seiner
Lebensgeschichte unter
dem Namen Peterhans von
Binningen (1960/62) gibt
es in Binningen die Curt
Goetz-Strasse und im
Restaurant Schloss Binningen die Curt Goetz-Stube

Aebersold Maria
(1908–82) Schriftstellerin,
1945–82 in Binningen,
bekannt als s' Miggeli
Aebersold,
«Vielleicht wird es wieder
einmal ein Waldeckfamilien-Gartenfest geben»
Heimatkunde Binningen ▶

Suter Hermann
(1870–1926) Komponist,
1916–26 in Binningen:
Kammermusik, eine Symphonie, Lieder: «Vaterland,
hoch und schön», Gedenktafel auf St. Margrethen

Sutermeister Heinrich
(1910–95) Komponist,
Jugendzeit in Binningen,
wo sein Vater von 1921–33
Pfarrer war. Vielfältige
Musikwerke, u.a. Opern,
Salzburger Opernpreis
(1965) ▼

Wer sich im Leimental aufhält, bewegt sich auf erdgeschichtlich «blutjungen» Schichten und Formationen: Die ältesten bei uns sichtbaren Tone und Gesteine wurden vor «nur» 170 Mio. Jahren im Tethysmeer als *Dogger* (brauner Jura) abgelagert; vor ca. 150 Mio. Jahren begann sich der *Malm* (weisser Jura) darüber zu schichten. Erst vor 7 Mio. Jahren aber setzte die Jurafaltung ein und markierte mit Blauen und Landskronkette den Südrand unseres Tals. Schon vor 20 Mio Jahren begann die für das spätere Leimental äusserst bedeutsame Absenkung des Oberrheingrabens, die auch heute noch nicht endgültig abgeschlossen ist: zwischen zwei etwa 35 km voneinander entfernten Bruchlinien sackte die mittlere Scholle allmählich um 2000 m ab, während die seitlichen Schollen des vorher zusammenhängenden Urgesteinrückens als Vogesen und Schwarzwald ebenso stark emporstiegen und dabei bis auf ihre Granitrümpfe erodierten, sodass sie den austrocknenden Meeresrest zunehmend mit ihrem Geschiebe auffüllten. Lediglich auf den abgesackten Horsten am Fuss von Schwarzwald und Vogesen blieben die kalkigen Juraschichten erhalten und bilden die Basis für Elsässer- und Badenserweine.

Grund und Boden

In das später in diese Senke eingebrochene Nordmeer setzten sich bis zu 350 m mächtige Schichten von *Septarienton* (Blauer Letten oder Melettaschichten) ab, in die zeitweise gelbgraue Glimmersande oder graublaue Sandsteinflöze der *Elsässer Molasse* eingespült wurden, welche als «Stützschichten» unsere Sundgauer Hügel vor allzu starker Erosion schützen und so die für den Rebbau wichtigen steilen Südhänge bewirken.

Lagerte dann noch die Ur-Aare auf ihrem Weg zur Burgunderpforte *Sundgauschotter* darauf ab, so war damit die widerstandsfähige Wasserscheide am Nordrand des Tals festgelegt. Nachdem das Meer abgezogen war und die Jurafaltung Aare und Rhein nordwärts abgedrängt hatte, räumten die Gewässer die weichen Septarientone oberflächlich aus und formten die typisch weich gewellten Sundgauerhügel, deren östlichster das Bruderholz ist.

Mit der letzten Erdgeschichtsperiode, dem Quartär, begann vor 600 000 Jahren der Wechsel zwischen frostigen, wasserarmen Eiszeiten und feuchtwarmen, wasserreichen Zwischeneiszeiten. In den Zwischeneiszeiten transportierte der Rhein mächtige Schottermassen aus den Alpen herab und frass sein Bett immer tiefer, sodass in den höhern Terrassen die ältern, in den tiefern die jüngern Schotter aufgeschichtet liegen. In den Eiszeiten bliesen die eisigen

Nordwinde gewaltige Staubwolken aus den trockenen Schotterbänken in die Lettenhügel und in die Jurasenken hinauf und überlagerten sie mit bis zu 3 m mächtigen Schichten von feinkörnigem *Löss*. Da in dieser porösen, mineralreichen Gelberde keine Feldsteine wie z.B. im Tafeljura zu finden sind, ist sie bequem zu bearbeiten. Freilich entkalkte in den Zwischeneiszeiten der Regen diesen Löss und wandelte ihn in den anhänglichen *Lösslehm* (Braunerde) oder eben «Leim» um, der zum fruchtbarsten Ackerbaugürtel der Erde gehört und für unser Tal namengebend war. Erst in den letzten 100 000 Jahren lagerten sich in den Flussauen die lehmigfeuchten *Alluvialböden* (Schwemmböden) ab, welche unsere naturnahen Vorfahren als «Matten» bezeichneten und als Gras- und Weideland nutzten, während sie auf den höher gelegenen rundrückigen «Feldern» ihre Äcker anlegten.

Das Ergebnis dieser Entwicklung ist eine, wie Hiltbrunner sagt, «Landschaft ohne Härten» und ohne spektakuläre Formen, aber mit eigenen stillen Reizen, die zu erkunden sich lohnt. Wer die Augen offen hält, stösst immer wieder auf erdgeschichtliche Zeugnisse, die ihn mit Ehrfurcht vor der ewigen Schöpfung erfüllen.

Als kleine anregende Auswahl seien hier einige davon erwähnt, und zwar von oben nach unten bzw. von alt zu jung:

1. Der *Opalinuston* des Doggers tritt nur in der stets nassen Senke sw des Restaurants Hofstetter Bergmatte zutage, weil dort das Gewölbe des
2. *Hauptrogensteins* eingebrochen und erodiert ist. Dieses gelbbräunliche Doggergestein bildet den Rücken des Blauens und der Challhöchi; in Steinbrüchen ist er dort besonders gut erkennbar, und ebenso entlang der Strasse zwischen Felsplatten und Challpass.
3. Der *Oxfordton* zeigt sich v.a. in den stark ausgeräumten Längstälern, z.B. südlich des Fürstensteins oder des Schlossrückens von Burg, weshalb der Blauen-Nordschenkel des
4. *Malms* oft überhängend nach Süden freisteht, während er nordseitig im Gehängeschutt steckt. Alle Burgen und Burgruinen erheben sich auf diesem hellen, dichten Malmkalk. Besonders schön zeigt sich diese oben abgetragene Malmformation am Fürstenstein oder als Fundament der Landskron und der Waldeck, ferner als noch vollständiges Gewölbe am Hofstetterköpfli.

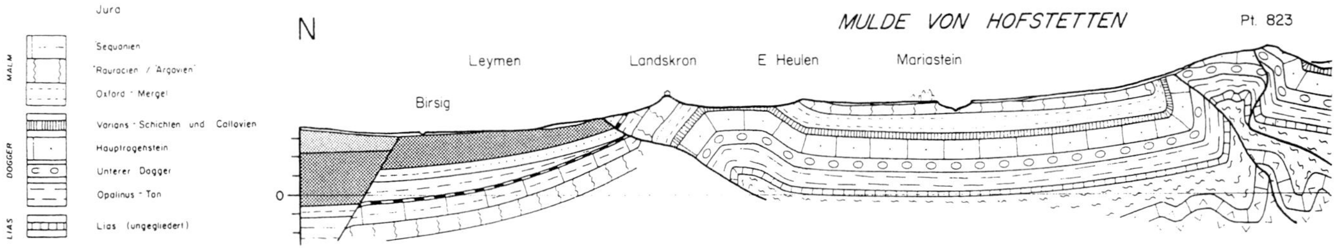

5. Als typische Karsterscheinungen begleiten eingesackte *Dolinen* die wasserdurchlässigen Kalkfalten, oft in Linien gereiht wie z.B. w Pt. 825 auf dem Hofstettenspitz, und bezeugen unterirdische Wasserläufe und Höhlensysteme, wie z.B. das geheimnisumwitterte Heiligloch im Solboden ob Ettingen.
6. Typisch für den Jura sind auch die *Halbklusen* von Chälengraben und Burg, die bloss den Malmschenkel durchschneiden, oder die *Klus* von Flüh, die die ganze Landskronkette durchbricht, wobei das Gewölbe ostseits noch intakt ist (Hofstetterköpfli), während es westwärts aufgebrochen ist (N-Schenkel Landskron, S-Schenkel St. Anna-Kapelle).
7. Den für das Tal formgebenden *Septarienton* findet man aufgeschlossen fast nur dort, wo der Mensch sich durch darüber liegende Schichten gebuddelt hat, v.a. in Baugruben, worin nach Regenfällen das Wasser auf dem blaugrauen Untergrund «steht».
8. Die darin eingelagerte *Elsässer Molasse* tritt an den nördlichen Hängen in Baugruben und Strassendurchstichen zutage, z.B. auf dem Chäppeli in Therwil, aber auch an Wegborden, v.a. oberhalb des Bieler Rebbergs beim Oser-Denkmal. Oft richten sich Dachse und Füchse unter diesen Schutzdächern häuslich ein, z.B. am Hölzliweg Therwil oder beim Pistolenstand Oberwil.
9. *Sundgauschotter* können aufmerksame Beobachter etwa in Biel im Fichtenrain und an der Landesgrenzecke bei Stein Nr. 91 sowie auf dem Grat des Wessenbergs n. Liebenswiller erkennen – aber Achtung: andern Schotter hat der menschliche Strassenbau «fehlplaziert»!
10. Allgegenwärtig sind *Löss* und *Lösslehm* auf den Sundgauer Hügeln, wozu eben auch das Leimental gehört, und auf der Synklinale Hofstetten–Mariastein–Metzerlen. Jenen kann man auf Äckern nach längerer Trockenperiode sandig-feinbröselig zwischen den Fingern zerreiben; diesen erlebt man in seiner treuen Anhänglichkeit, wenn man nach Auftau- oder Nieselperioden über unbefestigte Feldwege wandert. Seitliche Einblicke ergeben sich oft in den Hohlwegen, die für Lössgebiete typisch sind, oder auch etwa in tief erodierten Seitenbächen des nördlichen Bruderholzes.
11. Jüngere *Deckenschotter* liegen an den Kanten des vordern Leimentals zwischen Oberwil und Binningen, z.B. unterhalb des Kantonsspitals Bruderholz, während die Stufen von St. Margrethen und Holee durch *Hochterrassenschotter* geprägt sind.
12. Eine Spezialität der Landskronkette zwischen Witterswil und Ettingen sind die eocänen Karren- und Schlotfüllungen mit *Bohnerz*, welches im Mittelalter ausgebeutet wurde, und *Huppererde*, welche noch bis in die Mitte des 20. Jahrhunderts abgebaut wurde; die meisten Vertiefungen auf dem sog. Vorblauen sind also Menschenwerk und keine Dolinen.

Kurzum, es warten hier auf engem Raum so manche geologische Phänomene darauf, erkannt zu werden – schenken wir uns diese Entdeckerfreuden!

Der frühere Name «Verkehrsverein Birsig- und Leimental verrät, dass Fluss und Tal eine Einheit bilden, wie die Gewässerforscher der ETH feststellen: «Der Birsig war und ist heute noch das Landschaft prägende Element des Leimentals.» Das Tal umfasst das Gebiet, das vom Birsig und seinen Zuflüssen in folgender Wasserscheide entwässert wird: Bruderholz – Blauenkamm – Wolschwiller über den Bogen des Wessenbergs und des Eichwalds zum Ischlag, wo die Deckenschotter den Lauf der Ur-Aare zur Burgunderpforte verraten, und nordwärts via Allme – Allschwiler Wasserturm – Spalentor – Totentanz, insgesamt 74,5 km² in drei Schweizer Kantonen und im Dpt. Haut-Rhin.

Der *Birsig* entspringt ca. 650 m ü.M. 1,4 km sw. von Burg (BL) am Fuss des Galgenfels, durchbricht in einer Klus unter dem Schloss Burg den n. Malmschenkel des Blauens und tritt nach dem Dorf Biederthal (F) in den Bann von Rodersdorf (SO). An dieser Stelle nimmt er den Börsengraben auf, der von Wolschwiller herfliesst, wo ein höchst sanfter Rücken als Wasserscheide bestimmt, welcher Regentropfen den Rhein schon in Basel, welcher aber erst in Strassburg erreichen darf. Bis zur ARA Rodersdorf an der entgegengesetzten Landesgrenze hat ihn der Mensch bereits in ein Kanalkorsett gezwängt und von seinem ursprünglichen Lauf über die Müli und die Oeli abgeschnitten, sodass heute der Strängenbach das Wasser der Talsohle aufnimmt und kurz vor der ARA in den «Kunstbirsig» spült.

Nach 500 m empfängt der Birsig den Liebenswilerbach und fliesst halbwegs naturgerecht durch den Bann Leymen (F), wobei er zwei Bächlein vom Heiligenbrunn und vom Tannenwald her aufnimmt. Ab Benken (BL) mäandriert er durch den lauschigen Auenwaldgürtel Oberwil (BL) zu: «Hier durchläuft der Birsig einen Abschnitt, der annähernd so natürlich und artenreich ist wie der Abschnitt zwischen der Quelle und dem Dorf Burg, und stellt hier im unverbauten Bachbett seine Selbstreinigungkraft unter Beweis» (ETH).

Unterhalb Therwil empfängt er sein längstes Nebengewässer, das mit seinem ste-ten Namenswechsel verwirrt: Auf der Bergmatte von Hofstetten (SO) entspringt es als *Binnbach,* zwängt sich in der Chälengrabenschlucht durch den nördlichen Blauen-Malmschenkel und in der Klus von Flüh durch die Landskronkette. Dann wendet er sich als «Haugraben» ostwärts, nennt sich unterm Eggfeld nochmals Binnbach, auf Therwiler Boden jedoch Schlifbach, wobei er zugleich als Oberer Mühleteich dient, und mündet schliesslich als Mühlebach in den Birsig.

Dagegen bewahrt der *Marchbach* seinen Namen konsequent, obwohl er nur ca. 1 km weit eine March (Grenze) zwischen Ettingen und Therwil bildet. Von den Marchmatten kommend, nimmt er bald den Ettinger Dorfbach vom Büttenloch her auf; später verschluckt er verschiedene Rinnsale, die vom Bruderholz herunterfliessen und deren Schwemmfächer einst eine fruchtbare Grundlage für Gärtnereien bildeten. So schön «renaturiert» er übrigens wieder aussieht, so hat ihn doch in seinem Endlauf der Mensch zugunsten des BTB-Trassees (heute BLT 10/17) aus der Mühlematt verdrängt, sodass er heute erst unterhalb der einstigen Oberwiler Eisweiher in den Birsig mündet.

Von Bottmingen weg schneidet sich der grausam betonkanalisierte Fluss durch die Binninger Höhe hindurch, wobei er an der engsten Stelle den seltsamen *Dorenbach* aufnimmt. Dieser entspringt in der Hintern Allmend nw. Oberwil, nimmt als beeindruckender Graben in der Herzogenmatt das Weierbächlein mit und gelangt vom Allschwiler Weiher durch einen um 1670 angelegten Kanal, der seit 1833 die Kantonsgrenze markiert, ostwärts beim gleichnamigen Viadukt in den Birsig. Vorher ergoss er sich nordwärts ins Allschwilerfeld, wo er im eigenen Schwemmmaterial umhersumpfte und im Kies der Niederterrasse versickerte, wie die meisten Sundgauer Bächlein; der Flurname «Steinbüchel» erinnert noch daran. Der Birsig selbst taucht bei der Munimattbrücke an der Heuwaage in den seit 1955 durchgehend überwölbten innerstädtischen Basler Untergrund und erreicht nach 21 km Flusslauf auf 244 m ü. M. bei der Schifflände den Rhein. Die Senke zwischen Münsterberg–Steinenberg und Heuberg–Nadelberg gehört also auch zum Leimental!

Vor seiner «Versenkung» und dem Bau der Kanalisation hat er dort jahrhundertelang als stinkende Kloake jegliche Abfälle der Anwohner «entsorgt» und durch Choleraepidemien und verheerende Hochwasser immer wieder zu Katastrophen geführt. Wer ihm das nicht zutraut, betrachte einmal die Gedenktafel am Basler Rathaus, welche die Höchststände von 1529 und 1530 anzeigt! Fürwahr, das scheinbar harmlose Wässerlein hat bis heute oft bewiesen, dass es seinen Namen *Birsig* (kelt. bhers = schnell, reissend) zu Recht trägt und, wie Rud. Wackernagel schreibt, «den Namen eines Wildwassers verdient».

Selbstverständlich wurden einst aus diesen Bächen auch überall *Teiche* abgeleitet, um mit Wasserkraft Mühlen und Sägen anzutreiben oder um die Matten zu wässern. Heute sind sie grossteils verschwunden oder wie der Therwiler Grossmattbach zu einem eigenständigen Gewässer geworden.

Zu den Gewässern zählen auch die *Feuchtbiotope*, die zwar zumeist der Mensch eingerichtet hat, um existenzbedrohten Tieren und Pflanzen einen Lebensraum in unserer intensiv genutzten Kultursteppe zu sichern. Deren Probleme sind einerseits die fehlende Vernetzung, andrerseits die Störungen durch menschliche Besucher, weshalb hier nur die grössten Biotope genannt werden sollen, an denen Wanderwege vorbeiführen:

- in Benken der idyllische Waldweiher im Ischlag
- in Therwil die Mooswasenweiher (die Buchlochweiher liegen zwar im Bann Therwil, aber bereits jenseits der Wasserscheide)
- in Oberwil das Biotop im Kuhgraben
- in Bottmingen das Weiherareal am Ursprung des Talholzbächleins
- in Binningen das Naturschutzgebiet Herzogenmatt entlang dem Weiherbächlein vor dessen Einmündung in den Dorenbach.

Obwohl überall entsprechende Naturschutz-Tafeln darauf hinweisen, kann nicht genug betont werden, dass der Mensch als beglückter Gast und Betrachter nur auf vorhandenen Fusswegen geduldet werden kann und v.a. seinen vierbeinigen Begleiter an der Leine halten muss.

Zuerst hatte ich für diesen Beitrag einen ganz anderen Titel im Sinn: GRENZLAND. Gewiss, die Landesgrenze, eine Kantonsgrenze und verschiedene Gemeindegrenzen haben wir im Leimental. Doch da ist eine grössere Grenze, und die meinte ich eigentlich. Sie schert sich nicht um politische Verhältnisse und war lange schon da, bevor es so etwas wie Staatswesen gab. Sie zieht sich der Länge nach von West nach Ost durch unser Gebiet, ungefähr folgt sie dem südlichen Rand der Talböden von Birsig, Binnbach und Marchbach. Wir merken sie auch weiter im Westen, etwa in der Gegend von Pfirt. Es hat viel Ähnliches, was wir überschauen, wenn wir auf Schloss Pfirt stehen oder auf der Landskron. Gegen Süden sind es die langgezogenen waldigen Falten des Juras – eben des Faltenjuras. Wo sie durch Quertäler, Durchbrüche, Klusen zerschnitten sind, ragen die weissgrauen Felsen des Malmkalks auf und sind da und dort gekrönt von einem Schloss oder einer Ruine.

Wenden wir den Blick nach Norden, so schweift er über weites, sanft hügeliges Land bis an den Fuss der fernen Vogesen. Wälder bedecken vor allem die Kuppen, dazwischen ziehen sich Täler und Tälchen mit Wiesen und Feldern hin (heute leider mit viel zu viel Mais). In den Bachniederungen oder an ihrem Rand, seltener an den Hängen, ganz selten auf freier Höhe liegen die Dörfer. Felsen fehlen.

Vo hinge füre, vo devorne hingereszue – ein Streifzug durch die Pflanzenwelt

Ja, es sind zwei Landschaften grösseren Stils, die da im Leimental aneinander stossen, der Jura und das Sundgauer Hügelland. Im Jura bilden harte trockene Kalke, schichtweise abwechselnd mit weicheren, feuchteren, meist ebenfalls kalkhaltigen Mergeln und Tonen den Untergrund. In den Sundgauer Hügeln ist es auf grossen Flächen Lösslehm von etlichen Metern Dicke. Löss, das ist an sich ein ganz feiner Staub, viel feiner als Sand. Er wurde in den Eiszeiten von den kalten, trockenen Winden aus der Flussniederung des Rheins auf die angrenzenden Schotter- und Sandsteinhügel verblasen. Im Laufe der Jahrtausende hat der Regen den ursprünglich durchaus reichlich vorhandenen Kalk aus den oberen Bodenschichten ausgewaschen und in die Tiefe verlagert. Dabei ist der Oberboden immer dichter und schwerer geworden und auch ärmer an Kalk – er ist «verlehmt», und das ist nun Lösslehm. Lokal liegen allerdings uralte Schotter bloss. Der «Ältere Deckenschotter» und die «Sundgau-Schotter» bestehen vorwiegend bis ausschliesslich aus Granitgeröll, das in der ersten Eiszeit und früher von Flüssen, die es längst nicht mehr gibt, abgelagert wurde. Schöne Aufschlüsse finden wir auf den Kuppen im Wald von St. Brice und am Fiechtenrain ob Biel. Der Boden ist hier nicht nur völlig frei von Kalk, er ist stark versauert.

Dass so unterschiedliche Böden sich auch in der Pflanzenwelt aussprechen, wird uns nicht wundern. Absolut scharf ist die Grenze allerdings nicht. Manche Pflanzenart ist in dieser Beziehung nicht so anspruchsvoll und kommt hüben wie drüben vor. Darüber hinaus gibt es auch bei den Böden selbst gewisse Unschärfen: Ablagerungen von Lösslehm auf dem Plateau von Hofstetten und Metzerlen, oberflächliche Versauerungen am Blauenkamm, kalkreiche Geschiebe an Birsig, Binn- und Marchbach weit ins Leimental hinaus. Nimmt man alles zusammen, was im Leimental und auf der Blauennordseite gegenwärtig an Gefässpflanzen (ohne Algen, Moose, Flechten und Pilze und auch ohne Verschollenes, Ausgestorbenes!) wild wächst, also nicht in Gärten und in der Feldflur kultiviert wird, sondern von sich aus «schon immer» da war, vor längerer oder kürzerer Zeit unabsichtlich eingeschleppt wurde und sich selbstständig halten konnte oder einigermassen dauerhaft verwilderte, so kommen wir über den Daumen gepeilt auf rund siebenhundertfünfzig Arten. Über die Hälfte davon kennen wir sowohl aus dem eigentlichen Leimental als auch vom Blauennordhang. Knapp dreihundert (vor allem ausgesprochene Kalkliebhaber) beschränken sich auf das Blauengebiet, sind also sozusagen «Jurassier», und etwa hundert verlassen das Gebiet des Sundgauer Lösslehms nicht. Nennen wir sie «Leimentaler». Aber seien wir uns im Klaren: Effektiv sind die allermeisten «Jurassier» weder auf das Blauengebiet noch auf den Jura festgelegt, sondern siedeln in den (mittel-)europäischen (Kalk-)gebirgen, einige auch in den Tiefländern Europas und natürlich in den Alpen selbst. Entsprechend verhält es sich mit den «Leimentalern». Wir finden sie quer durch West-, Mittel-, manche bis nach Osteuropa, wo kalkarme, tiefgründig lehmige Boden anstehen. Dass wir hier nicht alle besprechen können, liegt auf der Hand. Deshalb kommt es darauf an, die Beispiele geschickt zu wählen.

Beginnen wir auf den Felsen des Blauengebiets. Auf dem Hofstetter Köpfli. Auf dem Landskronberg. Auf den Schlossfelsen von Burg oder auf dem Galgenfels am Rämel. Bei den Jurassiern. Diejenigen, die wir uns ansehen werden, das sind echte Pflanzen der Berge, die in den Flusstälern nicht wiederkehren. Auf die Felsen zu steigen, ist zu jeder Jahreszeit ein Erlebnis, und wenn im tiefsten Winter die Sonne scheint, ahnt man hier still und heimlich den Frühling. Aber dann, oft schon im Februar, auf jeden Fall im März, naht er tatsächlich mit Riesenschritten, der Frühling. In den Schattenhängen liegen vielleicht noch Resten von Schnee, auf den offenen Graten und Flühen aber hat die Sonne über Mittag wieder enorme Kraft. Und bald entdecken wir zuäusserst an den Fluhköpfen und sogar auf kleinsten Absätzen der freien Wände die ersten vorwitzigen gelben Blümchen, die sich aus polsterartigen, stacheligen Blattrosettchen hervorwagen. Bereits Mitte April, wenn sich viel anderes erst zum Blühen anschickt, ist dieser früheste Zauber dahin. Die Stängelchen tragen nun eiförmige Schötchen, in denen die Samen heranreifen.

Das nette Pflänzchen hat einen treffenden Namen: *Immergrünes Felsenblümchen (Draba aizoides).* Immergrün sind die Rosettenpölsterchen, und sie verraten eindeutig den Gebirgsbewohner, der Sonnenhitze, Sturm und Eis schadlos übersteht. In hübschen Beständen wächst das Felsenblümchen am Hofstetter Köpfli und am Galgenfels, fehlt jedoch am Landskronberg.

Schauen wir noch genauer hin. Das Gras bildet auf den trockenen Felsköpfen einen kurzwüchsigen, derben Teppich. Doch jetzt entdecken wir, dass auch es blühen will. Aus den strohartigen, zum Teil schon dürren Blättern des Vorjahres schieben sich kurze, dichte, violettblaue Ähren, denen bald gelbe Staubbeutel und die silberweissen federigen Narben entquellen. Ja, auch es hat einen trefflichen Namen, das *Blaugras (Sesleria coerulea, Sesleria varia* oder auch *Sesleria albicans*, das sind drei botanische Namen, alle für eine und dieselbe Art). Nach dem Blust wachsen die Stängel bis zu vierzig Zentimetern Länge aus, und die blauen («coerulea») Spelzen verlieren ihren Glanz, entfärben sich («varia»), werden weisslich («albicans»). Das Blaugras fehlt wohl keiner sonnigen Fluh am Blauen, ausser dem Tschöpperli, tritt auf steinigen Böden auch etwa in lichten Buchenwald über, so oben am Gipfelgrat beim Blauenpass und beim Hofstetter Kreuz, und ebenso siedelt es auf den schattigeren Felsen, auf denen wir uns als nächstes umschauen wollen.

Nicht alle Felsen stehen also in der vollen Sonne. Fürstenstein und Amselfels schauen sogar fast genau nach Norden. Sie erhalten nur gerade im Hochsommer vormittags und gegen Abend direkte Sonnenstrahlen. Andere bilden die Wände einer Schlucht, einer Klus. Das sind nun zwar keine nasse Standorte, aber die Hitze mittäglichen Sonnenscheins, wie wir sie vom Hofstetter Köpfli kennen, mit Temperaturen bis sechzig Grad an der Bodenoberfläche, tritt hier nie ein. Feuchtigkeit nach Regen bleibt länger erhalten, das Kleinklima ist also um einiges weniger extrem. Dem Blaugras und manchen anderen, die wir in der vollen Sonne gefunden haben, gefällt es trotzdem. Und weitere treten hinzu. Zwei nennen wir beim Namen: Den *Trauben-Steinbrech (Saxifraga paniculata)* und den *Dreischnittigen Baldrian (Valeriana tripteris).* Sie zieren die Felsen von Burg, der Baldrian auch den Galgenfels und die Challplatten, fehlen im mittleren Teil (Fürstenstein, Amselfels, Schalberg) und erscheinen wieder an der Eggfluh über dem Birstal.

Die grösste Rarität bieten aber die Felsen von Fürstenstein. Sind wir einigermassen schwindelfrei, dann wagen wir uns ganz an die Kante vor, folgen etwa sogar einem grasigen Absatz in den felsigen Hang. Tun wir das im Mai, dann werden uns die tiefgelben Blüten nicht entgehen. Unverkennbar sind es Primeln, wenn auch nicht die gewöhnlichen des Waldes oder der mageren, sonnigen Wiesen. Für die Art ganz typisch sind die bläulichgrünen, etwas fleischigen, überhaupt nicht runzligen Blätter. Das ist die *Felsen-Aurikel* oder auch das *Flühblümchen (Primula auricula).* Sie scheint fast ein wenig fremd hier, wir fühlen uns an Felsen in den Kalkalpen erinnert.

immergrünes Felsenblümchen
(Draba aizoides)

Blaugras
(Sesleria albicans)

Trauben-Steinbrech
(Saxifraga paniculata)

Felsen-Aurikel,
Flühblümchen
(Primula auricula)

Abgesehen vom nahen Vorkommen jenseits des Blattenpasses am Chuenisberg (Nenzlingen) liegen die nächsten Stellen der landesweit geschützten Pflanze deutlich entfernt im höheren Jura jenseits der Birs. Und da ist selbstverständlich, dass wir nur mit den Augen hinschauen und nicht mit den Fingern.

Liegen die Fusspartien dieser absonnigen Felsen im Schatten anschliessenden Waldes (Berg-Ahorn, Sommer-Linde, Berg-Ulme, Esche), dann sind sie meistens dicht mit Moos besetzt. Fürstenstein vereinigt über vierzig verschiedene Moosarten. Hier bleibt die Feuchtigkeit nämlich noch viel besser beisammen, im Sommer ist es unter dem grünen Blätterdach angenehm kühl, und das gefällt auch manchen Farnen.

Ganz bezeichnend ist die *Hirschzunge (Phyllitis scolopendrium)*. Sie fehlt im Gebiet keinem wirklich schattigen Fels, siedelt auch im Steinschutt schattig waldiger Hänge. Hinzu gesellen sich weitere Gebirgspflanzen, die allzu offenen Sonnenschein meiden. Das *Märzenglöckchen* oder «Rämseli, Ramsele» *(Leucojum vernum)* bildet an verschiedenen Orten Bestände, die nach Tausenden zählen und oft schon Ende Februar aufblühen, etwa bei Burg, am Geissberg ob Biederthal, unterhalb Mariastein und Rotberg, am Fuss des Ettinger Amselfelsens (eigentlich «Ramselefels»), in den Bielgräben unterhalb der Blatten, im Aescher Gmeiniwald und weiter ostwärts. Das *Silberblatt*, mit anderem Namen die *Mondviole (Lunaria rediviva)* ist in der weiteren Umgebung eine Spezialität der Blauen-Nordseite. Hinter Biederthal im felsigen Tälchen am Geissberg, im Chälengraben ob Hofstetten unterhalb Mariastein, im Büttenenloch hinter Ettingen, im Nordhang des Tschöpperli und in den Bielgräben, bei Schalberg und dann wieder drüben am Pfeffinger Schlossberg wächst sie in ansehnlichen Herden, die wir um Mitte Mai in hellvioletter Blüte sehen. Die *Weisse Pestwurz (Petasites albus)* hat schöne Vorkommen hinter Burg und am Steiherrenberg ob Metzerlen. Der grösste Platz, der sich in den letzten Jahren sogar deutlich ausgebreitet hat, findet sich am waldig steinigen Hang unterhalb den Felsen von Fürstenstein. Nach Mitte Februar erscheinen die kräftigen, kolbenartigen Blütenstände, im Sommer aber bedeckt ein Meer der rhabarberähnlichen Blätter den Boden.

Andere sind in den Wäldern am Blauen (und im Jura überhaupt) weit verbreitet und häufig. Nur drei nennen wir hier: Die *Fiederblättrige Zahnwurz (Dentaria heptaphylla)*, den *Lorbeer-Seidelbast (Daphne laureola)*, den *Grauen Alpendost (Adenostyles alliariae)*. Sie alle fehlen im Leimental und drüben in den Sundgauer Hügeln, denn die Böden passen ihnen ganz einfach nicht. Es gibt dort ja keine Kalkfelsen, Felsschutt und auch sonst kaum kalkreich-steinige Böden.

Ja und die Leimentaler, die Sundgauer? Ganz typische Beispiele finden wir auf den lehmigen, zum Vernässen neigenden Ackerböden. Es ist eine sehr spezielle Schar, die das Kunststück fertig bringt, zusammen mit dem Getreide zu wachsen, umgepflügt zu werden und doch immer wieder dazustehen oder vielmehr: gerade deswegen sich zu behaupten. Die moderne Landwirtschaft hat ihr zugesetzt,

Hirschzunge
(Phyllitis scolopendrium)

Weisse Pestwurz
(Petasites albus)

Lorbeer-Seidelbast
(Daphne laureola)

Grauer Alpendost
(Adenostyles alliariae)

und dennoch harren viele ihrer «Mitglieder» tapfer aus. Einige sind so winzig, dass wir sie sehr leicht übersehen, wenn wir über einen sommerlichen Stoppelacker gehen. Eines heisst denn tatsächlich *Kleinling (Centunculus minimus)*. Dass es wie die Aurikel zu den Primelgewächsen gehört, sieht man ihm nicht ohne weiteres an. Etwas auffälliger ist das *Sumpf-Ruhrkraut (Gnaphalium uliginosum)*. Auch es bleibt meist recht niedrig. Blättchen und Blütenkörbchen tragen weisslich filzige Haartracht. In Basel nennt man es scherzhaft, aber trefflich, das «Bruderholz-Edelweiss», denn dem richtigen Edelweiss des Hochgebirges sieht es nicht nur ähnlich, es ist ihm tatsächlich nahe verwandt.

Kommen wir zu einer ganz schönen Blume, zur *Weinbergstulpe (Tulipa sylvestris)*. In guten Beständen wächst sie in den Reben von Benken, am Oberwiler Bernhardsberg und drüben in der Aescher Klus, und im April leuchten ihre gelben Blüten zu Hunderten weithin. Mit den dichten staunassen Böden hat sie gar nichts «am Hut». Hier in den Hängen kommt indessen eine ältere Bodenschicht zum Vorschein, die andernorts tief unter dem Lösslehm versteckt liegt. Es sind die grauen Sandsteine der Elsässer Molasse. In der Klus ist die Geologie komplizierter. Streng genommen befinden wir uns dort schon im Jura, aber auch in der Klus sind Sandsteine im Spiel. An allen drei Orten ist der Boden wesentlich weniger schwer und nass als sonst im Leimental. Den anderen Rebbergen des Gebiets fehlt die Weinbergstulpe und hat den meisten vielleicht immer gefehlt. Ob sie mit der Rebkultur als «Mitschleppsel», also schon zur Römerzeit, über die Alpen kam, oder ob sie erst im 16. Jahrhundert als Zierpflanze in Mitteleuropa eingeführt wurde und dann in die Reben zu verwildern begann, darüber gehen die Meinungen auseinander.

Wie alle Tulpen hat sie unter dem Boden eine Zwiebel. Traditionell wurden Reben ja im Winter gehackt. Dabei im Boden umgekehrt zu werden, schadet keiner Zwiebel, es befreit sie höchstens von der lästigen Konkurrenz starkwüchsigen Grases und Krauts. Allerdings hält die Weinbergstulpe aus, wenn die Rebkultur längst aufgegeben ist. Am Bernhardsberg und unterhalb der Benkener Reben wächst (und blüht!) sie auch in Obstwiesen, ob Biel sogar in Robiniengehölzen, die aufgelassenes Rebland eingenommen haben.

Ausgesprochen auf kalkarme, eher lockere Böden spezialisiert ist eine der attraktivsten und merkwürdigsten Leimentaler Pflanzen, das *Windende Geissblatt oder Wald-Geissblatt (Lonicera periclymenum)*. An Waldrändern, in Waldlichtungen klimmt es, windet es sich an Sträuchern und Ästen der Bäume etliche Meter in die Höhe. Es ist eine echte Liane und deshalb auf diese «Ständer» angewiesen. In der mitsommerlichen Abenddämmerung riechen wir das Geissblatt manchmal, bevor wir es sehen, denn nach Sonnenuntergang beginnen seine märchenhaft schönen Blüten einen beinahe betäubenden Duft zu verströmen. Recht häufig treffen wir es in den Waldgebieten am Bruderholz, zum Beispiel auf der Allme (Therwil), im Britzgi-Wald (St. Brice) und anderswo.

Kleinling
(Centunculus minimus)

Sumpf-Ruhrkraut,
«Bruderholz-Edelweiss»
(Gnaphalium uliginosum)

Weinbergstulpe
(Tulipa sylvestris)

Windendes Geissblatt,
Wald-Geissblatt
(Lonicera periclymenum)

Randlich tritt das Windende Geissblatt vereinzelt ins Blauengebiet über: Am Waldrand des Steinwegs bei Ettingen, ob dem Weiler Tannwald am Landskronberg. Aber es ist kein Zufall: Genau hier liegen lokale, inselartige Vorkommen versauerten Lösslehms.

Bleiben wir im Blauengebiet. Genauer: auf dem Landskronberg. Halten wir uns von der Landskron an das kleine Weglein, das im lichten, knorrig krüppeligen Eichenwald (den es so im Leimental drunten auch nirgends gibt!) auf dem Gratbuckel nach Westen führt, so stossen wir nach einer knappen Viertelstunde auf den oberen Rand der «carrière», des Steinbruchs von Leymen. Hätte ihn nicht ein naturverbundener Privatmann gekauft, er wäre wohl schon lange mit Bauaushub (und vielleicht Schlimmerem!) aufgefüllt. Der Eigentümer pflegt ihn eigenhändig und verhindert so, dass er über kurz oder lang zuwächst. Man mag den offenen Steinbruch für eine Wunde, für einen Landschaftsschaden halten. Eine Qualität hat er aber ganz bestimmt: Er ist offen und sonnig, warm bis heiss, und das kommt wiederum der sehr speziellen Vegetation zu Gute und darüber hinaus vielen Insekten. Manches finden wir wieder, was wir vom Hofstetterköpfli oder von der Landskron selbst kennen. Doch im Hochsommer und bis weit in den Herbst hinein stehen da auch sparrige, bis über halbmeterhohe Gestalten mit hell weinroten Blütenköpfen. Unverkennbar ist es eine Flockenblume, doch nicht die gewöhnliche der Wiesen und auch nicht die Skabiosen-Flockenblume der Felsköpfe und Trockenrasen (die hier ebenfalls wächst). Nein, die fein gefiederten, graufilzigen Blätter lassen die *Rheinische Flockenblume (Centaurea stoebe)* erkennen. Der Name sagt es, am Rhein ist sie zu Hause, in der Oberrheinischen Ebene südlich bis Basel, ein Stück weit am Hochrhein aufwärts und dann wieder im Churer Rheintal. Nicht etwa in den nassen Staudenfluren der Ufer, sondern auf den offenen hitzigen Schotterfluren, in den lückigen Trockenrasen, auch in Spalten von Mauern, in Bahnarealen. Insofern ist der Leymener Steinbruch ein ganz typischer Ort, obwohl er von der nächsten beständigen Stelle im Basler Wolfbahnhof nahezu zwölf Kilometer entfernt liegt. Bekannt ist das Vorkommen erst seit wenigen Jahren. Seit wann aber wächst die Art tatsächlich dort? Wurde sie in neuester Zeit eingeschleppt? Oder ist sie seit langem da und wurde ganz einfach übersehen, nicht erkannt? Das halte ich für wahrscheinlicher. Gegen eine Neuankunft spricht der ausgedehnte Bestand, der nach Hunderten von Pflanzen zählt. Eines darf man nicht vergessen: Bevor es den Steinbruch gab, in dem sie sich so komfortabel einrichten konnte, war da immerhin schon der offene Felsgrat, und in früheren Zeiten, als die Landskron noch strategische Bedeutung besass, hielt man praktisch die ganze Bergkuppe frei von Gehölz. Für die Rheinische Flockenblume bot sie damals paradiesische Verhältnisse. Doch auch wenn die faszinierende Blume relativ neu angekommen wäre; dass sie ausgerechnet diesen Ort dauerhaft besiedelt hat, wäre kein Zufall. Die Rheinische Flockenblume ist kein Leimentaler, denn das Leimental hat sie übersprungen, als sie «vo devorne hingereszue» kam. Ein Jurassier ist sie noch weniger, denn weiter im Jura drinnen fehlt sie erst recht.

Und da sind nochmals andere. Auch sie kommen «vo devorne hingereszue». Aber das war nicht vor langen Zeiten, als noch niemand hinschaute. Das geschah und geschieht heute. Unter unseren Augen. Es wäre ein Irrtum anzunehmen, Vegetation sei irgend einmal einfach fertig installiert, Bewegung, Dynamik sei eine Sache ferner Vergangenheit. Im Gegenteil! Gerade in der neuesten Zeit ist unglaublich viel im Umbruch. Es ist eine Folge davon, dass die Landschaft heute ganz anders genutzt wird als noch vor fünfzig Jahren.

Die Landwirtschaft hat sich komplett auf moderne, mechanisch-rationelle Methoden umgestellt. Wo früher die Obstgärten der Dörfer lagen, stehen heute Einfamilienhäuser. Die Bachniederungen, den einstigen Standort der Wässermatten, nehmen Industrie- und Gewerbegebiete, Sport- und Schulanlagen ein. Dass diese und jene früher häufige Pflanzenart selten geworden, verschwunden ist, weiss man ziemlich allgemein und bedauert es. Dass ständig Pflanzen auf der Wanderschaft sind, ist weniger bekannt. Es sind wohl Dutzende von Sippen, die wir vor hundert Jahren im Gebiet noch vergeblich gesucht hätten. Und in Zukunft dürfte noch allerlei kommen.
Es ist spannend, mitzuerleben, wie das vor sich geht. Teils stammen diese Neuankömmlinge aus grösserer Ferne, ursprünglich gar aus Übersee, teils kommen sie aus der Nähe, aus der Oberrheinebene, aus dem Stadtgebiet von Basel.

Früher, als das Leimental noch eine fast reine Agrarlandschaft auf lehmigem Untergrund war, fehlten ihnen die geeigneten Stellen zum Wachsen. Trockene Kiesböden gab es damals im ganzen Tal nirgends. Heute ist das anders. Als Baugrund, als Boden für Lagerplätze wurden in den letzten Jahrzehnten Mengen von Kies aus dem Rheintal ins Gebiet transportiert. Seit hundertdreizehn Jahren besteht auch das Schotterbett des Bähnleins, excusez, des Trams. Ja, Bahntrasseen sind ideale Verbindungswege, nicht nur für Schienenfahrzeuge, sondern eben auch für – Pflanzen. Ihre Samen können mit irgendwelchen Ladungen über weite Distanzen verschleppt werden, und beim Umschlag die Freiheit finden (Vor vierzig Jahren hatte die Birsigtalbahn noch Güterverkehr). Dann aber, und das dürfte im Gebiet häufiger zutreffen, ist ein Bahnkörper für kurzlebige Kiesbewohner ganz einfach ein idealer Ort zum Keimen, Wachsen, Blühen, Fruchten. Kurzlebig; darauf kommt es an, denn die Trasse wird ja gepflegt, freigehalten. Reife Samen gelangen in die Umgebung, viele landen irgendwo, wo ein Aufkommen unmöglich ist, andere aber wieder im Bahnschotter, einige wenige, einige Dutzend, einige hundert Meter weiter taleinwärts. So lassen sich in erstaunlich kurzer Zeit respektable Distanzen überwinden und von der Bahnlinie aus auch seitlich abliegende Stellen erreichen.

Das treffliche Beispiel einer Pflanze, die mit einiger Wahrscheinlichkeit so ins Leimental gekommen

Rheinische Flockenblume
(Centaurea stoebe)

Stinkender Pippau
(Crepis foetida)

Kleines Liebesgras
(Eragrostis minor)

ist, ist der *Stinkende Pippau (Crepis foetida)*, ein gelber Körbchenblütler, dem Löwenzahn, der «Chettenestude» verwandt, aber in Blättern und Stängeln viel derber und rau behaart. Sein Name sagt es. Reiben wir nämlich die Blätter zwischen den Fingern, dann riecht der Saft merkwürdig streng, fast so wie verbrannter Gummi. In Südeuropa, seiner engeren Heimat, ist der Stink-Pippau auf Ödland, an Wegrändern, in Feldern weit verbreitet und häufig. Seit längerem siedelt er auch in der Oberrheinischen Tiefebene und in der Stadt Basel, immer auf offenem Kies in Bahnhöfen, an Strassenrändern, auf Plätzen. Erst in den letzten Jahren scheint er den Weg ins Leimental angetreten zu haben. Nicht dass er nun in Massen die ganze Landschaft überzöge! Von Jahr zu Jahr siedeln die Pflanzen auch nicht immer am selben Ort. Mit offenen Augen und etwas Glück werden wir sie aber jeden Sommer irgendwo antreffen; an der Tramlinie bei der Bottminger Mühle, in der Hüslimatt, in der Chänelmatt (Therwil), bei der Station Leymen und auch schon eingangs Rodersdorf. In Ettingen hat sich am Lebernweg vor einigen Jahren ein kleiner Bestand des Stink-Pippaus auf dem Vorplatz einer Garage angesiedelt, zweihundert Meter abseits der Linie, und sich bis heute Jahr für Jahr versamt. Vielleicht ist es nur eine Frage der Zeit, bis die Art oben im Leymener Steinbruch zur Rheinischen Flockenblume stösst.

Auf einem ähnlichen Siegeszug befindet sich zur Zeit ein kleines Gras, das *Kleine Liebesgras (Eragrostis minor)*. Wie der Pippau überdauert es den Winter nicht, muss sich also von Jahr zu Jahr neu versamen. Ursprünglich stammt auch es aus südlichen Gegenden. Auf Wegen und Plätzen der Stadt Basel, in Pflästerungen, in den Fugen von Strassenrandsteinen ist es schon vor bald zweihundert Jahren heimisch geworden. Leimentalwärts schien es lange nicht über Binningen hinaus zu reichen, abgesehen von einem recht stabilen, aber isolierten Vorkommen an den Trottoirrändern des Hinterwegs in Therwil, das dort seit mindestens fünfzehn Jahren besteht, und einem kleinen Bestand im alten Dorfkern von Biel. Vor etwa sieben Jahren trat es erstmals auf dem Friedhof Ettingen auf, vor drei Jahren, ebenfalls in Ettingen, am Gempenweg, und auch bei der Kirche Rodersdorf kenne ich es erst seit Neuerem. Wahrscheinlich siedelt es inzwischen (oder schon länger?) unbemerkt auch an anderen Stellen. Seine winzigen Samen lassen sich leicht an Schuhsohlen, Pneus und anderen nicht spiegelblanken Oberflächen weit herum verschleppen; rätselhaft bleibt, wieso dieses Fussfassen im Leimental erst in den allerletzten Jahren so richtig in Gang gekommen ist.

«Vo hinge füre», aus dem höheren Jura, kamen einst wahrscheinlich viele der Fels- und Waldpflanzen der Blauennordseite, «vo vorne hingereszue» kamen und kommen manche typischen Begleiter der Siedlungen. Derartige Zusammenhänge liegen zunächst nicht so offen auf der Hand. Sie aber zu entdecken, das finde ich ausgesprochen spannend.

Gabelweih oder Roter Milan, der grösste und bunteste Greifvogel des Leimentals, beim Landen.

Von der Leimentaler Tierwelt

Unser Leimental ist ein Grenzland, politisch, aber auch landschaftlich: Die Südflanke bildet die Blauenkette, also die nördlichste Jurafalte; nach Norden geht das Tal über in das Sundgauer Hügelland, das einen Ausläufer der oberrheinischen Tiefebene darstellt. Dem Jura verdanken wir ein wenig Kühle, mit dem Oberrheingebiet haben wir Anteil am mildesten Klima Mitteleuropas. So ist im Lauf der Jahrhunderte dank der grossartigen Gegebenheiten der Schöpfung und dem Fleiss der Bewohner ein paradiesisches Tal entstanden, wo nicht nur die Menschen, sondern auch viele Lebewesen aus der Pflanzen- und Tierwelt gut gediehen sind. Das Tal ist auch ein Durchgangsgebiet, wo nach der letzten Eiszeit, also seit etwa 10 000 Jahren, Menschen, Tiere und Pflanzen durchgewandert sind. Wem es hier gefallen hat, der konnte sich zum Bleiben entschliessen. Der Hauptweg führt von der Nordeuropäischen Tiefebene dem Rhein entlang erst zwischen Schwarzwald und Vogesen, dann zwischen Vogesen und Jura durch einerseits nach Süden ans Mittelmeer oder westwärts gegen den Atlantik. Die umgekehrte Richtung, von Süd und West nach Norden, ist die bedeutendere.

Für die Menschen hat man zwischen Jura und Vogesen, in der «Burgunderpforte», durch die befestigte Stadt Belfort eine Hemmschwelle eingebaut. An diesen Durchgangsweg schliesst sich Osteuropa über Donau und Hochrhein an. Denken wir an den kalkreichen Jura, der hier an die fruchtbaren Lössdecken des Sundgaus anschliesst, und an die europaweite Offenheit, so begreifen wir, dass die Grundlagen für eine reiche Tier- und Pflanzenwelt und vielleicht auch für einen interessanten Menschenschlag im Leimental gegeben sind.

Veränderungen

Aber auch über das Leimental ist das letzte Jahrhundert hereingebrochen. Die geschlossenen, von einem Obstbaumwald umgebenen und um die Kirche gruppierten Dörfer haben sich in landhungrige Agglomerationen ausgedehnt. Unablässig donnert der Verkehr fast bis in die letzten Winkel. Die technisierte Landwirtschaft hat wertvolle Strukturen zerstört und vieles ausgeglichen, das vorher unzähligen Lebewesen gedient hat. Dank der Agrochemie sind manche Tiere und Pflanzen selten geworden oder ganz verschwunden. Nicht mehr da oder äusserst selten sind heute einige besonders liebenswerte Geschöpfe: Rebhuhn und Wachtel in Matten und Äckern, im Obstgarten Wiedehopf, Steinkauz, Rotkopf- und Raubwürger und der Wendehals, im Walde Fitis und Pirol und natürlich der Kuckuck, der seit einigen Jahren nicht mehr bei uns bleiben will, um von Bachstelze oder Grauschnäpper seine Jungen aufziehen zu lassen. Im Bach vermissen wir Groppe und Krebs. Einige Arten haben uns nach langer Abwesenheit wieder aufgesucht oder sind in letzter Zeit neu zu uns gekommen. Etwas später möchte ich von ihnen erzählen.

Ein Blick zurück

Nun will ich darüber berichten, wie ich das Leimental erlebt habe zusammen mit meinen Mitgeschöpfen, den Tieren. Meine Gedanken gehen weit zurück. Nein, lachen Sie nicht! Ich beginne vor etwa 80 Jahren. Aber keine Angst, es gibt grosse Zeitsprünge.

Unser Haus stand im Unterdorf am Ettinger Dorfbach an einem Teilstück, das auch heute noch nicht eingedohlt ist und wo die Forellen immer noch vorbeiflitzen. Und schon als «Häfelischüeler» zog dieser Bach mich ganz in seinen Bann. Trotzdem ich oft nass und schmutzig heimschleichen und die entsprechenden Folgen in Kauf nehmen musste, lockte das plätschernde Wasser mich immer wieder unwiderstehlich an. Es gab aber auch erlaubte Szenen: Da meldete sich Herr Wenger, der Pächter der Fischwaid, und teilte mit, dass ich mich bereit halten sollte. In hohen Stiefeln schritt er dann den Bach ab, griff mit kräftigen Händen in die Höhlen unter dem Bord und warf die gepackte Forelle auf das Gras zwischen Bach und Weg. Das elegant geformte, bunt getupfte glitschige Geschöpf entzückte mich und dauerte mich zugleich. Schnell brachte ich es in den grossen wassergefüllten Zuber, den wir auf einem Leiterwagen mitzogen. Am Abend bereitete mir dann die Mutter – eine ganz vorzügliche Köchin – meinen Arbeitslohn zu, eben eine Forelle. Und ich konnte sie tatsächlich mit Genuss essen, wohl weil die Beziehung des prächtigen Fisches zu dem guten Essen auf dem Teller für mich keine wirkliche Tatsache war.

In der Luft über dem Bach zwischen den Erlen gaukelten im Sommer ganz besondere Wesen. Heute nennt man sie «Blauflügel-Prachtlibellen». Es ist ein ansehnliches wunderschönes Insekt, sehr schlank gebaut, die grösste unserer «Kleinlibellen». Die blauen Männchen jagen sich oder führen vor den braun geflügelten Weibchen als einzige Libellengattung einen Hochzeitstanz auf. Dabei können sie den letzten Teil des langen Hinterkörpers senkrecht anheben und zeigen dabei einen auffallend roten Fleck, einem Schlusslicht gleich. So geben sie an, dass sie das «richtige» Männchen sind, also von der gleichen Art. Das alles wussten wir damals noch nicht, vielleicht überhaupt noch niemand.

Für uns waren es einfach «Teufelsnadeln». «Wenn sie dich stechen, dann bist du tot!» Man hat wohl nicht einmal Zeit zum Sterben! Das war unser fester Glaube; und auch die Erwachsenen benahmen sich nicht gescheiter. Nur kann keine einzige unserer über siebzig Libellenarten stechen, weil keine einen Stachel als Waffe trägt. Einen harmlosen Legestachel besitzen die Weibchen, um die Eier abzusetzen. Leider sind diese schönen Flieger verschwunden, vertrieben durch die Verschmutzung des Wassers. In der Nähe aber, im oberen Illtal und an der Lützel, haben sie gut überlebt. Da das Wasser auch bei uns wieder sauberer geworden ist, kann man sogar hier einmal im Frühsommer eine Prachtlibelle oder meinetwegen eine «Teufelsnadel» sehen.

Wir haben noch einen zweiten Bach, den Marchbach, der leider eingedolt durch das solothurnische Gebiet fliesst, in unserem Bann aber als nettes kleines Gewässer Therwil zustrebt und dabei den Ettinger

Dorfbach mitnimmt. Marchbach oder «Marbach», wie wir ihn nennen, heisst er, weil er die «March», also die Grenze zwischen Therwil und Ettingen bildet. Und da lebte das für uns unglaublichste Wesen, das einem gepanzerten Ritter, einer mechanischen Apparatur fast eher glich als einem Tier, der Krebs. Es handelte sich dabei nicht um den eigentlichen Bach- oder Edelkrebs, sondern um den für die kleineren Gewässer der Nordwestschweiz typischen «Dohlenkrebs», mit dem komplizierten Namen *Austropotamobius palliceps*. Er wird nicht ganz so gross wie der Edelkrebs und unterscheidet sich sonst noch durch ein paar winzige Kleinigkeiten wie etwa der kürzeren Stirnspitze des Kopfbrustpanzers. Der Dohlenkrebs kommt zum Beispiel in der jenseits der Blauenkette fliessenden Lützel vor und im Leimental im verhältnismässig sauberen Liebenswiller Bach. Sonst dürfte er bei uns verschwunden sein.

Für die Jüngsten unserer Bubenclique bot der Krebs die Möglichkeit zu einem Mannbarkeitstest. Das Kommando führte Gotti, der ein wenig älter war als wir andere, vor allem aber umfangreichere «Müsli» aufzuweisen hatte; Bizeps würde ich heute die Dinger nennen. Da musste ich auf Befehl ein Stück Bach abwaten und mit der Hand in die unheimlichen Löcher unter dem Bord greifen, ein Stossgebet in der Seele: «Nur nicht zu gross und kräftig!» Plötzlich durchzuckt ein harter Schmerz Hand und Arm. Ich ziehe den geplagten Pfoten zurück. Am Finger hängt ein gewaltiger Krebs. Mit Kennergriff setzt Gotti Daumen und Zeigfinger auf den Rückenpanzer des Ungeheuers, wo ihn keine Schere erreichen kann, und reisst den Krebs mir von der Hand. «Hast's gut gemacht», lobt er, und ich fühle mich zufrieden; denn ich hatte keinen Ton von mir gegeben, und keine Träne ist mir entwischt.

Wenn nun der Krebs in seinem von uns gestauten Tümpel auf den zehn Beinen, von denen die vorderen eine grosse Schere und die vier nächsten kleine Klemmer tragen, majestätisch umherspaziert und bei der kleinsten Störung blitzschnell rückwärts schwimmt, indem er den Hinterkörper samt der breiten Schwanzflosse in raschen Schlägen unter den Bauch jagt, schaue ich nur noch mit strahlenden Augen zu und habe jeden Schmerz vergessen. Die vielen Glieder mit all den Gelenken, die Fühler und Stielaugen und die Ringe des Hinterleibes, alle Teile in einen harten Panzer gehüllt und sich trotzdem zielgerecht bewegend, lassen an eine vollkommene Maschine denken und müssen ein Bubenherz begeistern. Leider hat das schmutzige Wasser auch die Krebse weitgehend vertrieben. Und würde man wieder einsetzen, käme natürlich nur der Edelkrebs in Frage und nicht die Art, die in unsere Gewässer gehört.

In den Bachtümpel mit den Krebsen brachten wir auch noch ein paar Groppen. Das sind knapp handlange Fischchen mit übergrossen Köpfen, auf denen die Augen oben drauf sitzen. Sie können nicht wie die Forellen schweben, weil sie keine Schwimmblase haben, und leben ständig am Boden des Baches, meist versteckt unter hohl aufliegenden Steinen. Wollen sie einmal in die Höhe, müssen sie gewaltig mit dem Schwanz rudern und sinken bald wieder ermattet in die Tiefe. Dabei glotzen einem die auf dem Kopf stehenden Augen kläglich an, obwohl es ihnen vielleicht recht wohl ist, falls wir sie in Ruhe lassen. Sie lieben aber sauberes Wasser und sind aus unserem Bachsystem verschwunden.

Ein Schritt in die Vierziger- bis Sechzigerjahre

Da war ich in Therwil an der Schule, die zuerst Bezirks-, dann Realschule und zuletzt Sekundarschule hiess. Von all dem vielen Schönen, das ich im Leimental hatte sehen und erleben dürfen, wollte ich den Mädchen und Buben einiges mitgeben. So zogen wir mit offenen Augen und Ohren über Felder und Matten, durch Obstgärten und Wald und den Bachgalerien entlang. Ich selber konnte von den Schülern viel Wertvolles lernen und erfahren: Schon in meinem ersten Therwiler Jahr, 1946, kannte ich sieben vom Wiedehopf besetzte Baumhöhlen. Das hätte ich allein nie fertig gebracht. Das erste Auffinden des Raubwürgers führte vorerst zu einer ziemlichen Aufregung. Hing doch am kurzen Astzinken einer Erle beim Marchbach tatsächlich eine Lerche mit aufgeschlitztem Bauch. Da denkt man natürlich sofort an ein menschliches Ungeheuer. Die Beobachtung aus gebührlichem Abstand verriet bald den Täter. Ein Raubwürger flog an und fuhr mit seiner Mahlzeit fort. Der Raubwürger sieht aus wie ein kleiner Falke in weiss, schwarz und grau, mit einem grossen Kopf, der tatsächlich einen Hakenschnabel trägt. Die eigentlichen Greifvögel halten die Beute mit dem starken Fang fest, um sie mit dem Schnabel zerreissen zu können. Würger sind aber Singvögel und haben verhältnismässig schwache Füsse. So hängen sie vor allem grössere Beute an Dornen oder spitze Äste, um sie zerlegen zu können, wie es der Metzger mit der Sau macht. Damals gab es bei uns drei Arten von Würgern: Im Obstgarten den wunderschönen Rotkopfwürger, der in der Schweiz nur noch in wenigen Paaren im oberen Baselbiet und dem angrenzenden Fricktal brütet, den Raubwürger, der in der Schweiz als Brutvogel verschwunden ist, und den heute hier nur noch ziemlich selten vorkommenden Rotrückenwürger oder Neuntöter. Der heisst so, weil er erst neun Beutestücke wie Heuschrecken, Käfer, kleine Echsen und Frösche, manchmal sogar Mäuse aufgespiesst haben muss, bevor er die Mahlzeit beginnen kann. Ja, diese Zahl wäre ein Zufall, weil er kaum auf neun zählen kann. Den Raubwürger nannte man bei uns «Dornägeschte», weil er fast die gleiche Färbung zeigt wie die Elster, eben die «Ägeschte», und ähnlich schäkert. Er ist ein sehr mutiger Vogel, der sein Brutrevier auch gegen die viel grösseren Krähen eifrig verteidigt. Der prächtige Singvogel wurde als «Schädling» gejagt. Schädling: Da müssen wir an die aufgespiesste Lerche denken!

Ein sehr eindrückliches Erlebnis war für eine dritte Klasse und mich die Krähenjagd eines Habichts in den Birsmatten. In geringer Höhe überflog uns ein Schwarm Saatkrähen. Der Habicht stürzte sich hinein, unterflog eine Krähe, wobei er sich im Flug auf den Rücken drehte, und fasste die Beute von unten mit dem Fang. Beide, Jäger und Opfer, flatterten miteinander auf den Boden. Erst jetzt hatte uns der Greifvogel bemerkt, liess die Krähe los und floh. Die flatternde Krähe konnten wir leicht fangen. Sie lag im Sterben. Blut sickerte aus dem Schnabel. Mit dem einzigen sekundenkurzen Griff hatte der Habicht die scharfen Krallen des Fanges durch die dicken und harten Brustmuskeln der Krähe bis in die Lunge gestossen. Welche Kraft hat doch die Natur diesem gefiederten Jäger mitgegeben.

Störche trafen wir in meiner Knabenzeit im Gebiet des Marchbaches immer wieder an. Sie flogen gewiss aus dem Horst auf dem Kirchturm in Oberwil zu uns, wo Störche bis 1928 brüteten. Später verschwand der grosse Vogel, der so eng mit dem Menschen zusammenlebt, aus der Schweiz. In den Sechzigerjahren wurden verschiedene Einbürgerungsversuche durchgeführt, der erfolgreichste von «Storchenvater» Blösch im solothurnischen Altreu an der Aare. Auf einmal konnten auch bei uns wieder vereinzelt Störche oder zur Zugszeit ganze Gruppen beobachtet werden.

Während des Winters 1965/66 blieben zwei Störche in den Therwiler Birsmatten beim damaligen Märki Hof. Die Nacht verbrachten sie auf dem Dach des Gehöftes. Die für die Verpflegung am Hofe verantwortliche Bäuerin, Frau Märki, betreute natürlich auch die Störche und fütterte sie vor allem mit Fischen. Die Mädchen unserer Klasse vermuteten dahinter schmunzelnd einen Selbstzweck; denn Frau Märki erwartete offensichtlich ein Buschi.

Auf Neujahr fiel mehr als ein halber Meter Schnee. Darauf wurde es bitterkalt. Die Störche standen zitternd auf dem Dach und wagten nicht mehr zu landen. Etwa zehn Tage mussten sie hungern. Dann wurde der Schnee geräumt, und Herr Märki streute Heublumen, um das abschreckende Weiss zu überdecken. Nun stürzten sich beide Vögel auf den Boden und die Fische. Sie brachten sich vor Futterneid fast um, und auch Frau Märki geriet durch die spitzen Schnäbel in Gefahr.

Anfang Juni 1954 fand in Basel der XI. Internationale Ornithologenkongress statt. Dabei wurde in Morgenexkursionen die Vogelwelt der Basler Umgebung, also auch jene des Leimentales, den Teilnehmern vorgeführt. Der Schulpflegepräsident Dr. Rechsteiner beurlaubte mich eine Woche, sodass ich auch Exkursionen führen konnte. Mein Thema lautete «Höhlenbewohner» und betraf vor allem die vielen Spechtarten des Leimentales, die drei Buntspechtformen, den Grau- und den Grünspecht, den man früher das «Nenzliger Fülli» nannte, weil er so schön wiehert, und die im Bergdorf doch kein anderes Ross vermögen, und natürlich den Schwarzspecht sowie den Spechtverwandten, den Wendehals. Dieser letzte ist sehr selten geworden; aber es kommen alle Arten im Leimental heute noch vor. Dank der eifrigen Mitarbeit der Schüler war es mir damals möglich, alle Spechte an ihrer Bruthöhle zu zeigen, sodass wir an keinem Morgen Gefahr liefen, einen zu verpassen.

Den Bau des gewaltigen Schwarzspechtes oberhalb des Amselfels hatte Karl Thüring, der damalige Förster, entdeckt.

Die Bachforelle ist immer noch da, weil regelmässig Junge eingesetzt werden.

Die Blauflüglige Prachtsjungfer war einst häufig als «Teufelsnadel». Später verschwand sie. Kommt sie wohl zurück?

Der Dohlenkrebs lebt im Leimental wahrscheinlich nur noch im Liebenswiller Bach.

Die Groppe, der kleine Bodenfisch, ist leider nicht mehr da.

Der Wiedehopf, hier in einem Therwiler Obstgarten, unser einstiger «Märchenvogel», hat uns leider verlassen.

Der einst stark verfolgte und beinahe ausgerottete Graureiher steht seit 1928 unter Schutz und hat sich ordentlich erholt. Die Leimentaler Brutkolonie lebt frei im Basler Zoo.

Die ersten nachgezüchteten Störche sind manchmal im Winter hier geblieben und mussten durchgefüttert werden.

Die Störche haben 1993 auf dem Kirchturm von Biel-Benken gebrütet und seither auf dem Kirchendach in Leymen.

Am Schwarzspecht und am Mittleren Buntspecht, auch einfach Mittelspecht genannt, hatten die Engländer, vor allem die Engländerinnen, eine besondere Freude. Denn diese kommen in England nicht vor und waren von den meisten noch nie beobachtet worden. Und so konnten überraschte Ettinger eine Woche lang im Walde Leuten begegnen, die sich intensiv nach dem «Black Woodpecker», eben dem krähengrossen Schwarzspecht, erkundigten.

Der Höhepunkt der Exkursionen spielte sich aber auf einem kleinen Acker in den Benkener Reben ab, der dem Onkel von Peter gehörte, einem besonders eifrigen Biologieschüler und «Naturforscher»: Im alten Kirschbaum fütterten Kleine Buntspechte in ihrer Nisthöhle die Brut. Ein paar Schritte weiter wohnte Familie Wiedehopf. Vielleicht sollten ganz grosse Vogelfreunde eine Seite umschlagen. Wir haben etwas unternommen, das heute nicht mehr denkbar wäre. Aber ich musste dem Drängen der stark interessierten Buben nachgeben und hatte selber Freude an der Sache. In der Nähe lag ein Haufen granitener Grenzsteine. Diese wurden unter den Apfelbaum des Wiedehopfs geschleppt und mit ihnen eine Stiege gebaut. Auf ihr gewann man über einen halben Meter an Höhe und konnte bequem in einen der beiden Eingänge zur Nisthöhle des Wiedehopfs sehen. Eine Batterie wurde hinter dem Stamm montiert, ein Draht mit dem Lämpchen durch den hinteren Eingang geführt, als der Vogel einmal abwesend war, und ein Schaltknopf unter dem vorderen Eingang angebracht. Zum Beginn der Woche war der Wiedehopf längst am Brüten. Man kann sich das Staunen der Ornithologen vorstellen, wenn sie in die beleuchtete Nisthöhle blickten.

Der Wiedehopf machte brav mit. Er floh nicht, sondern drückte sich nur an die Hinterwand und zeigte seine sieben Eier und später die Jungen. Und oh' Wunder! Es passierte gar nichts. Die Jungen sind gut hochgekommen. – Unser Wiedehopf, der prächtige Märchenvogel, stand damals in schlechtem Ruf. Man erzählte sich, dass er mit Kot, eventuell sogar mit Menschenkot, sein Nest in der Baumhöhle auspolstere. Im Klassenzimmer nannte ihn der brave Lehrer «Kothahn», das ehrliche Volk sagte einfach «Schyssdräggvogel»! Und warum? Alle Vögel besitzen in der Bürzelgegend, also gegen Ende des Rückens hin, eine Drüse, die Bürzeldrüse, mit deren Extrakt sie sich das Gefieder einfetten, damit es geschmeidig und wasserabstossend bleibt. Junge Wiedehopfe brauchen für ihre struppigen Dunen diese Pflege nicht. So scheidet die Drüse bei Nestlingen, wenn sie gereizt werden, einen ecklig stinkenden Tropfen aus. Zugleich spritzen sie Darmsaft gegen den Höhlenausgang, somit auf den Störefried. Doch dieser Kot stinkt gar nicht, wie ich habe feststellen dürfen, wenn mir bei einer Beobachtung aus nächster Nähe ein solcher Strahl ins Gesicht gespritzt worden ist. – Dieser für uns fast fremdartige Vogel ist hier längst verschwunden. Er findet seine Nahrung nicht mehr, etwa die vielen Werren und die fetten Engerlinge des Maikäfers, die er benötigt. Er hätte aber auch Schwierigkeiten mit dem Nistraum. Ist doch in der Nordwestschweiz im letzten halben Jahrhundert die Anzahl der Hochstammobstbäume von 750 000 auf 170 000 gesunken, zum grossen Teil durch subventionierte Fällaktionen. Natürlich sind vor allem alte Bäume betroffen gewesen, die als Nistgelegenheiten in Frage kämen. Dieses Schicksal hat auch Steinkauz und Wendehals getroffen. Einige Wiedehopfe brüten noch im Unterwallis und im Tessin und, von uns aus etwas näher gelegen, am Kaiserstuhl und in der Oberrheinischen Tiefebene.

Ein Nobelpreis und ein Schock für die Natur

Natürlich fand der Schock nicht nur im Leimental statt, aber wir haben ihn eindrücklich erlebt. Schon im vorletzten Jahrhundert hatte man die Verbindung Dichlor-Diphenyl-Trichloräthan, $C_{14}H_3C_5$, synthetisch hergestellt. 1938 entdeckte Dr. Paul Müller, der in der Geigy Basel arbeitete, dass dieser Stoff, das DDT, als starkes Insektengift verwendet werden konnte. Dafür erhielt er 1948 den Nobelpreis der Medizin. Man glaubte mit diesem Gift grosse Probleme in den Griff zu bekommen, so zum Beispiel die Bekämpfung der Malaria durch Vernichtung der Fiebermücken. Die Hoffnungen erfüllten sich nicht. In der ersten Hälfte der Fünfzigerjahre begann die Verwendung dieser chlorierten Kohlenwasserstoffe in grossem Massstabe gegen die Maikäferplage. Die vielfachen Wirkungen dieses gefährlichen Kontaktgiftes waren noch gar nicht richtig erforscht. Alle erreichbaren Spritzen wurden aufgeboten und gegen die Obstbäume mit den vielen Käfern gerichtet und der Waldrand in grosser Breite aus Flugzeugen besprüht. Zu Millionen bedeckten sie Waldboden und -wege und zappelten sich während Tagen zu Tode. Was Insekten fressen mochte, Säuger und Vögel, tat sich gütlich an der reichen und leichten Beute. Und die Folgen? Ja, sicher die Maikäfer waren vernichtet, was sogar den Sänger Mey dazu brachte zu singen: «Es gibt keine Maikäfer mehr ...» Aber das DDT ist nicht, wie man angenommen hatte, für Wirbeltiere harmlos. Es ist sehr schwer abbaubar, speichert sich in den Tieren, die es aufnehmen, und kumuliert sich in deren Fressfeinden. Greifvögel und Raubtiere, die Endstellen der Nahrungskette, sind am meisten gefährdet. Sie werden nicht einfach getötet. Aber die Greifvögel zum Beispiel legen weniger und erst noch weichschalige Eier, die beim Ausbrüten eingedrückt werden. Der Bestand an Greifvögeln ging damals bedenklich zurück. Der eleganteste unserer Luftjäger, der Wanderfalke, wäre beinahe ausgestorben. Mit dem Gift traf man auch Insekten, die man gar nicht aufs Korn nehmen wollte, vor allem die Bienen, ebenso die Schmetterlinge und viele harmlose Käfer und die Heuschrecken und eine Unzahl von Kleinstlebewesen, wodurch manchem grösseren Tier die nötige Nahrung vernichtet und das Gleichgewicht in der Natur empfindlich gestört wurde.

Die amerikanische Biologin und Bestsellerautorin Rachel Carson machte 1962 das unheimliche Geschehen in ihrem Buch «Silent Spring» (Der stumme Frühling) weltweit bewusst. Natürlich gab es

nicht nur das DDT, auf das Rachel Carson unter den «Elixieren des Todes» ganz besonders eingeht. Es entstanden die verschiedenen «Zide» oder «Töter», Insekti-, Herbi-, Fungizide oder zusammengefasst Biozide, welche die Insekten, die Pflanzen, die Pilze oder eben das Leben vernichten sollten. Nun, nach etwas über zwanzig Jahren, wurde das DDT wenigstens in der westlichen Welt wegen seiner Gefährlichkeit – auch für den Menschen – verboten. Aber die Natur war verarmt. Die Landwirtschaft hatte sich intensiviert und industrialisiert, mit Maschinen und Chemikalien verödend gewirkt. Die Blumenmatten hatten sich durch die starke Düngung in Grünfutterflächen verwandelt, in denen kaum etwas anderes als Löwenzahn und Hahnenfuss blühte. Die Unkräuter waren von Äckern und Feldrand verschwunden mit ihren für viele Vögel wichtigen Samen und den für manches Insekt lebensnotwendigen Blüten und Blättern. Landschaftliche Strukturen wie Hecken, Gräben, Hügel und Bäche waren ausgeglichen. Natürlich trifft die Landwirtschaft und die Chemie nicht allein die Schuld. Es sind in dieser Zeit auch viele andere Gefahren für die Natur entstanden. Aber der rücksichtslose Eingriff hatte in den Fünfzigerjahren einen richtigen Schock erzeugt.

Und heute – im dritten Jahrtausend?

Nein, ganz stumm ist der Frühling nicht geworden. So war es ja auch nicht gemeint. Aber bestimmt ist er leiser! Wenn ich heute an einem Frühlingstag dem morgendlichen Vogelkonzert lausche, vermisse ich nicht nur die markanten Rufe von Kuckuck, Wiedehopf, Wendehals und Pirol, sondern spüre deutlich, dass die einstige unerhörte Klangfülle nicht mehr erreicht wird. Beim Bummel über die Felder vernehme ich keinen Wachtelruf und nicht das heisere Krähen und Flügelwuchteln des Fasanenhahns, sehe im Tageslauf nur noch selten eine Feldlerche trillernd gegen den blauen Himmel steigen und höre das weiche «Lülülü...» der Heidelerche nicht mehr am Abend in den Stapflen ob Ettingen.

Wir müssen mit der Zeit gehen und uns freuen an dem, was wir noch haben. Vor allem die Anspruchslosen und Anpassungsfähigen sind noch da. Auch haben sich selten gewordene vermehrt und ganz verschwundene sind zurückgekehrt.

Es brüten wieder Störche auf dem Kirchturm in Benken oder wie in den letzten Jahren auf dem Kirchendach in Leymen, vor allem aber im Basler Zoo, der ja am Birsig, also im Leimental liegt. Im Zoo denke ich nicht an gefangene Tiere, sondern an Storchenpaare, die hier ganz frei nisten. Beim Gymnasium in Oberwil befindet sich eine Storchenstation, die bei der Wiederbesiedlung auch mitgeholfen hat und nun, da diese gelungen ist, die aktive Unterstützung einstellen kann. Der Wanderfalke horstet an beiden Enden unserer Blauenkette. Der Uhu, zweifellos unser stärkstes «Raubwild», zieht in einem Steinbruch am Blauen seit Jahren seine Jungen auf und füllt die Frühlingsnächte mit dem unheimlichen dumpfen Ruf.

Der kleine Steinkauz ist leider aus den Obstgärten verschwunden.

Nun brütet der gewaltige Uhu im Leimental, am Blauenhang.

Der Mittlere Buntspecht oder Mittelspecht ist ein charakteristischer Vogel der Nordwestschweiz, wo es noch Reste alter Eichenbestände gibt.

Der fast krähengrosse Schwarzspecht schätzt für seine Nisthöhle hochstämmige Buchen am Blauenhang.

Einen ganz eigenen Fall stellt der Graureiher dar. Früher hat er allgemein Fischreiher geheissen, und wohl alle Leute ausser seinen besonderen Freunden nennen ihn noch immer so. Aber da fast alle Reiherarten keine Fischverächter sind und nach neueren Erkenntnissen unsere Art nicht besonders schädlich auftritt, macht der Name wenig Sinn. Zudem ist der Titel ein Reizwort, da er als «Fischschädling» eifrig gejagt worden ist, seit ihn der Adel nicht mehr schützt, der ihn für sich in Anspruch genommen hat, um ihn mit dem Falken zu jagen. Man hat den Reiher tatsächlich ausrotten wollen, hat ihn abgeschossen, wo immer es gelungen ist, und seine Brutkolonien auf hohen Rottannen oder Föhren vernichtet. Bis ins erste Viertel des zwanzigsten Jahrhunderts ist das Ziel fast erreicht worden. 1926 ist der Graureiher in der Schweiz unter Schutz gestellt worden und hat sich von da an langsam erholt. Gesamtschweizerisch gilt er nicht mehr als gefährdet, wohl aber im Baselbiet. Die Brutkolonie des Leimentales mit etwa zwei Dutzend Paaren horstet im Basler Zoo natürlich wie die Störche in voller Freiheit. Immer wieder sehen wir auf Matten oder abgeernteten Feldern einen oder sogar mehrere Reiher, dann aber mit dem nötigen Abstand, da sie ausser der Brutzeit keine starke soziale Bindung zeigen. Natürlich kann man ihn auch in einem Bach oder Weiher entdecken. Seine einstige grosse Scheu als vielbejagter Vogel hat er weitgehend aufgegeben und besucht sogar Gewässer in Siedlungsnähe oder auch zwischen den ersten Häusern des Dorfes. Auf dem Feld sieht man ihn als ruhigen keilförmigen Pfahl oder bedächtig mit gesenktem Schnabel dahinschreiten, um auf Mäuse Jagd zu machen. Im Flugbild unterscheidet er sich leicht vom Storch, weil er dank der Halsschleife den Kopf bis zum Körper zurückzieht, der Storch aber Schnabel, Kopf und Hals weit nach vorne gestreckt trägt.

In den letzten fünfzig Jahren haben sogar bisherige Fremdlinge ihr Brutgebiet bis zu uns ausgedehnt. Die Saatkrähe, die sich als Altvogel durch die federfreie, helle Schnabelbasis, den Glanz des Gefieders und das soziale Verhalten, nämlich das ständige Leben in grossen Scharen, von der schon immer heimischen Rabenkrähe unterscheidet, stammt als Brutvogel aus dem nördlichen und nordöstlichen Europa. Seit langem kommt sie in Scharen herbei, um bei uns zu überwintern. Nun brütet sie auch in Kolonien bei uns, seit 1996 erstmals im Basler Margarethenpark, den wir ja auch noch zum Leimental zählen können. Ein solcher Zuwanderer ist auch die Wacholderdrossel. Diese bunteste unserer Drosseln brütete ursprünglich in Sibirien. Im Winter sind immer grosse Scharen hierher gekommen.

Die Jäger haben sie gerne als «Krametsvögel» mit der Flinte in Empfang genommen, weil ihr Fleisch besonders schmackhaft sein soll dank den Beeren, die sie im nordischen Sommer in Menge verzehren. Ornithologen bezweifeln aber, dass Wacholderbeeren ihre Hauptnahrung seien. Die winterlichen Scharen scheinen mir nicht mehr so gross wie einst. Dafür brüten seit den Zwanzigerjahren diese als Singvögel jetzt natürlich geschützten Drosseln in der Schweiz, seit den Siebzigerjahren im Baselbiet und selbstverständlich auch im Leimental.

Der auffälligste Neuling bei uns ist die Türkentaube. Eine andere kleine Taube, die ähnlich aussieht, die Turteltaube, ist hier immer selten gewesen. Sie liebt ruhige abgelegene Waldränder und buschreiche Gebiete und hat uns wohl deswegen verlassen. Dafür ist die Türkentaube, die belebte und lärmige Gegenden gar nicht scheut, von Anatolien her in Europa eingewandert und hat um 1950 Basel erreicht. Sie besiedelt nun die Ortschaften im Leimental und macht sich durch intensives Gurren und einen eigenartig näselnden Flugruf in den Gärten bemerkbar.

Die Greifvögel haben sich wieder etwas erholt. Alle Arten, die für unser Gebiet überhaupt in Betracht kommen, kann man im Leimental antreffen. Der Mäusebussard, ist sozusagen überall daheim und füllt durch seine weittragenden Rufe unser Tal. Der Turmfalke, der im Leimental den Namen «Wannewädeli» geführt hat, rüttelt im Stehflug über den Äckern und sucht sich so eine Maus als Beute zwischen den Furchen.

Der Wanderfalke ist schon erwähnt worden. Aber auch Seltenheiten werden von guten Kennern immer wieder beobachtet: der Baumfalke, die kleine Ausgabe des Wanderfalken, ein sehr geschickter Jäger von Kleinvögeln und Fluginsekten, und der Wespenbussard, auf dessen Menuplan die stachelbewehrten Giftinsekten samt Brut stehen, die wir so gerne meiden. Auch die beiden Strauchritter sind da: der grössere Habicht, früher auch «Hühnerdieb» genannt und in dieser Richtung tätig, und sein kleines Abbild, der Sperber, der sich hinter Spatzen und anderen Kleinvögeln bis mitten in die Dörfer wagt.

Auch die beiden Milane, der Schwarze und der Rote, sind bei uns daheim und zwar zahlreicher, als ich sie von früher her in Erinnerung habe, weil wohl hie und da einer als «Räuber» abgeknallt worden ist.

Sehr auffällig benimmt sich der Rotmilan oder «Gabelweih», wie wir ihn nennen. Er ist unser grösster Greifvogel, misst doch seine Spannweite bis gegen anderthalb Meter, und auch der bunteste mit Farbnuancen von Weiss bis Rostrot und schwarzen Schwingen. Sein Schwanz ist tief gegabelt, während der des kleineren und dunkleren Schwarzmilans nur eingebuchtet ist. Wie wenn der Gabelweih sich seiner Pracht bewusst wäre, führt er sie auch vor. Täglich gleitet er im Tiefflug über Gärten und Dächer des Dorfes und lässt sich in eleganten, meist gemächlichen Flugspielen bestaunen. Man kann ihn sogar im Winter auf den Feldern antreffen. Es scheint, dass er wie auch andere Vögel immer mehr sich entschliesst, das ganze Jahr hier zu verbringen, wohl weil die Winter milder geworden sind. Wir wohnten in den Sechzigerjahren am Dorfrand von Ettingen, der sich seither nach aussen verschoben hat. Da hörte ich manchmal aus der Höhe das Rufen und Trillern der Milane. Über mir kreisten ein Dutzend oder noch mehr der roten und der schwarzen Art. Langsam zog sich das Karussel dahin. Auf einmal kreisten sie an Ort und liessen sich nach einiger Zeit in die Tiefe fallen. Und des Rätsels Lösung? Damals gab es in Ettingen einen Mann, der sich nebenbei als Schermauser betätigte, Gottlieb Bachofner. Die Vögel kannten ihn und folgten ihm von Falle zu Falle. Er sammelte die Mauskadaver in einem Korb. Dann hielt er an, und die kreisenden Vögel in der Höhe auch. Er schnitt den Schermäusen als Beleg für die Gemeinde die Schwänze ab und liess die Körper auf einem Haufen am Boden liegen. Das war die Stelle, auf die sich die Milane stürzten. Ja sie kannten einander gut, der Schermauser und die Milane.

Säugetiere sind weniger leicht zu beobachten als die Vögel, weil viele von ihnen hauptsächlich in der Dämmerung und in der Nacht tätig werden. Und doch sehen wir einmal einen Igel bei Sonnenschein im Garten oder einen Fuchs auf einer abgelegenen Matte in elegantem Sprung Mäuse jagen. Gerne erinnere ich mich an ganz reizvolle Erlebnisse, wenn ich früh am Morgen von Ettingen nach Therwil in die Schule radelte. Da hoppelten im Frühling über die leeren Felder und Matten zwischen Marbach und Strasse ein Dutzend, ja bis zu zwanzig Feldhasen. Sie jagten sich und liessen es auch zu kurzen Zweikämpfen kommen, indem sie sich gegeneinander aufstellten. Das war die erste Rammelzeit. Hasen pflanzen sich unglaublich stark fort. Sie haben im Jahr bis viermal Junge, jedesmal zwei bis vier nette fixfertige kleine Häschen mit dichtem Fell und grossen Augen. Es sind Nestflüchter, die einfach auf einer Wiese abgesetzt werden. Deshalb ist der Hase als Fruchtbarkeitssymbol das Tier der germanischen Frühjahrsgöttin Ostara und später zum «Osterhasen» geworden, in dem ja der Name der Göttin nachklingt. Er muss sogar bemalte Eier legen, die natürlich ungekocht ein ebensolches Sinnbild sind. Auch die starke Vermehrung genügt heute für den Hasen nicht mehr. Er ist durch die moderne Landwirtschaft, durch das Ausräumen seiner Lebensgebiete stark bedrängt worden, sodass man um sein Fortleben bei uns fürchtet.

Das Wildkaninchen sieht wie ein kleiner rundlicher Hase mit verkürzten Ohren aus. Es ist kein Einzelgänger und Schnellläufer wie der Feldhase. Es lebt in Gruppen und bewohnt ein Höhlensystem, das es mit seinen kräftigen Vorderläufen in die Erde gräbt. In einer Höhle kommen die Jungen als blinde und nackte Nesthocker zur Welt. Das Wildkaninchen hat von der Oberrheinischen Tiefebene her das Gebiet um Basel und damit auch das Leimental erreicht. Bei uns haben ihm die sonnigen Hanglehnen bei den Biel-Benkener Reben, am Therwiler Stutz und gegen die Ettinger Reben gefallen. Bei Gärtner Schmid, im Gebiet des heutigen Ettinger Schulhauses, verfing sich immer wieder ein Kaninchen in den glasbedeckten Frühbeeten, wenn ein Flügel geöffnet war. Doch heute sind sie offensichtlich aus dem Leimental verschwunden. Über das Wild der sundgauischen Nordflanke unseres Tales habe ich mich mit Theo Jäggi, einem Bauern und Jäger aus Biel-Benken, der schon ein sehr eifriger Biologieschüler gewesen ist, und über jenes des Blauenhanges mit Förster Christoph Sütterlin unterhalten, um in meinen Ausführungen etwas sicherer zu sein. Das Kaninchen ist nicht mehr beobachtet worden. Eine andere Entwicklung hat der Bestand der Wildschweine genommen. Diese haben sich vom gelegentlichen Überläufer aus dem Elsass zum häufigen Standwild entwickelt, das auf den Äckern grosse Schäden verursachen kann. Im nördlichen Sundgauer Teil des Tales halten sich die Wühlereien in Grenzen. Schlimm sind sie auf den Feldern im Blauengebiet, etwa bei Ettingen, Hofstetten und Metzerlen. Zu dieser Entwicklung hat wohl vor allem die gute Ernährung durch den so häufig angepflanzten Mais geführt, der zugleich zu einer grossartigen Deckung verhilft. Da werfen die Bachen statt vier oder fünf aufs Mal bis zu einem Dutzend Junge, werden statt im zweiten manchmal schon im ersten Lebensjahr trächtig. Ältere Bachen können sogar zweimal im Jahr Frischlinge werfen. Fuchs und Dachs haben wieder ihren normalen Stand erreicht, da die Tollwut verschwunden und eine verstärkte Jagd nicht mehr notwendig ist. Auch das Reh tritt in durchschnittlicher Anzahl auf. Die Schäden durch Verbiss und das Fegen des Bockes halten sich in Grenzen. Das Reh aber ist scheuer und flüchtiger geworden, was kaum auf das Auftauchen des Luchses – wie schon behauptet worden ist –, sondern eher durch die stärkere Nutzung unserer Wälder als Erholungszonen, vor allem durch verschiedene Sportarten und die grössere Beunruhigung erklärt werden kann.

Unter den Mardern sind Wiesel, Iltis und der Baum- oder Edelmarder mit dem gelben Kehlfleck selten geworden. Doch der Stein- oder Hausmarder mit dem weissen gegen die Brust hin gegabelten Latz ist ein häufiger Kulturfolger. Und das freut nicht alle Leute. Wenn er sich den Schopf oder Estrich als Wohnung aussucht, macht er oft einen argen Lärm. Er bringt auch Gartenbeete durcheinander. Natürlich interessiert er sich für Hühner, die nachts nicht gut versorgt worden sind, und soll sogar das Kunststück fertig bringen, Eier wegzuschleppen, ohne sie zu zerbrechen. Am meisten Ärger aber erzeugt er, wenn er bei Nacht unter eine Motorhaube klettert und mit Durchbeissen von Kabeln des Menschen wichtigsten beweglichen Untersatz zum Stehenbleiben zwingt.

Ausblick

Naturfreunde haben in der letzten Zeit oft arg gelitten. Immer wieder ist etwas, das sie besonders lieb gewonnen hatten, verschwunden: Eine Blume, ein Schmetterling, ein Bach, eine Hecke, ein Hügel. Heute sehen schon viele Menschen ein, sicher auch im Leimental, dass man zu weit gegangen ist im Kampf gegen die Natur, zu der wir ja auch gehören. In der Landwirtschaft, der man während Jahrzehnten beigebracht hat, dass zur Steigerung der Erträge jedes Mittel recht ist, möchte man etwas einhalten und neue Überlegungen anstellen. Man redet nun von biologischer und ökologischer Landwirtschaft, die schonend mit der Natur umgehen soll. Man spricht von «Biodiversität», der Mannigfaltigkeit der Pflanzen- und Tierwelt, die nicht mehr weiter zerstört werden soll. Im Gegenteil, man sucht wieder Arten zurückzubringen, die in einem Gebiet verschwunden sind. Die betroffenen

Landwirte müssen natürlich für den erlittenen Ertragsausfall entschädigt werden.

Es sind bestimmte Projekte in Angriff genommen worden. Man will die Hochstammobstbäume, die lange Zeit systematisch dezimiert worden sind, wieder fördern, weil sie lebenswichtig sind für viele Vögel und andere Tiere, aber auch weil sie das Bild unserer Landschaft geprägt haben. Besondere Mühe gibt man sich, den Steinkauz in den Obstgärten wieder anzusiedeln. Da er in der Badischen Nachbarschaft noch vorkommt, soll er angelockt werden durch spezielle Niströhren, die es dem Hauptfeind, dem Hausmarder, verunmöglichen, die jungen Käuze zu erreichen.

Ein besonderes Hasenprojekt der Vogelwarte Sempach wird seit Jahren in der Schweiz durchgeführt. Bei uns ist dazu das Gebiet ausersehen, das zwischen den Orten Ettingen, Aesch, Reinach und Therwil liegt, also mit einem Anteil aus dem Leimen- und dem Birstal. Bauern, Jäger und Naturschützer haben sich zusammengetan. Nachts werden mit starken Scheinwerfern Hasenzählungen durchgeführt. Es sind nur knapp fünf pro Quadratkilometer. Zum Teil soll schon eine kleine Besserung eingetreten sein. Selbstverständlich werden keine gefangenen Hasen ausgesetzt. Man schafft für sie einfach bessere Lebensräume: extensiv genutzte Flächen und sogenannte Buntbrachen, die mit ihrer Blütenpracht das Auge erfreuen, wichtige Futterpflanzen enthalten und ungemäht auch im Winter Schutz bieten. Wichtig sind auch Niedrighecken, die vielen verfolgten Tieren Verstecke anbieten. Diese Bemühungen gelten nicht nur dem Feldhasen. Bodenbrütern unter den Vögeln soll geholfen werden, vor allem der selten gewordenen Feldlerche. Dass das Rebhuhn aus den stark gelichteten Beständen im Elsass bei uns wieder einwandern könnte, ist sicher ein zu optimistischer Gedanke.

Wichtig ist auch der Versuch, Bächen wieder einen natürlicheren Lauf zu geben, eingedohlte an die Oberfläche zu bringen und in Beton gezwängte freier fliessen zu lassen. Als erstes Beispiel möchte ich den Marchbach zwischen Therwil und Oberwil erwähnen. Natürlich hat es auch in früheren Jahrzehnten Leimentaler gegeben, die für die Natur eingestanden sind. Anführen möchte ich da Ruedi Düblin aus Oberwil (1901–1975), unseren früheren Strassenmeister, der sich tatkräftig und mit Erfolg dafür eingesetzt hat, dass der Birsig zwischen Biel und Oberwil seinen Lauf hat behalten können. Für mich ist ein winziger Bach, der bei der Feldregulierung in Ettingen bis auf einen kleinen buschbestandenen Rest eingedohlt worden ist, ein erfreuliches Beispiel. Die Gemeinde hat ein kleines zusätzliches Stück freilegen lassen, das nun als sonnenbeschienener, von Blüten gesäumter Wiesenbach dahinplätschert. Lange habe ich eine besondere Libelle gesucht. Und die fliegt nun an schönen Sommertagen tatsächlich hinter den letzten Häusern des Dorfes an diesem Möslibach. Es ist die prächtige Quelljungfer in der zweistreifigen Form, unsere grösste Libelle, die bis acht Zentimeter lang wird und am kleinsten Gewässer lebt.

Der Fasan, ein Fremdling aus Asien, ist schon im Mittelalter als Jagdvogel eingesetzt worden. Heute ist er selten.

Die Bachstelze füttert ihr Stiefkind, einen jungen Kuckuck. Das geschieht aber im Leimental nicht mehr.

Ein Satz junger «herziger» Feldhasen in einer Matte. Es sind Nestflüchter mit offenen Augen und dichtem Fell.

Nach dem langen Winterschlaf nimmt der Igel im Frühling auch einmal ein Sonnenbad.

Die Quelljungfer, mit acht Zentimetern Körperlänge die grösste unserer Libellen, lebt am kleinsten Gewässer, dem Ettinger Möslibach.

Anmerkung: Wer sich für die heimische Vogelwelt interessiert, greift nach dem Buch «Die Brutvögel beider Basel» von Martin Plattner & Matthias Kestenholz, das die Naturforschenden Gesellschaften beider Basel 1999 herausgegeben haben. Es haben auch etliche Leimentaler Ornithologen mitgewirkt.

VerkehrsVerein Leimental – eine hundertjährige Geschichte

Als sich 1901 einige aktive Leimentaler zur Gründungsgeneralversammlung des «Verkehrsvereins des Birsigthals» in der Krone in Oberwil trafen, waren schon zirka zehn Jahre aktive Leimentaler im Sinne eines Vereines tätig.

Wie einige Protokolle aus den Jahren 1890 bis 1900 belegen, unternahmen die damalige Birsigtalbahn (BTB), die Leimentaler Gemeinden und Allschwil einiges, um den neuen Güterbahnhof anstatt auf dem Wolf im Gebiet Holeeletten (Grenzgebiet Basel–Binningen–Allschwil) zu bauen. Die Bemühungen waren nicht erfolgreich, aber durch die Kontakte der Gemeinden mit der BTB ist der Verkehrsverein des Birsig- und Leimentals entstanden.

Über all die Jahre sind einige Themen für den Verkehrsverein stets aktuell geblieben. Die Beziehung zur BTB, der heutigen BLT, die Erschliessung und der Unterhalt der Chällegrabenschlucht, das Wandern im Leimental, der Erhalt der Landskron und die Herausgabe von Büchern und Schriften über unser Tal. Das beweisen die unzähligen Protokolle und Berichte in unserem Archiv.

Persönlichkeiten spielten im Verkehrsverein immer eine grosse Rolle. Dabei denke ich an die vielen Direktoren der BTB mit ihrer Mitarbeit im Vorstand. Die Wirte, welche sich mehr Besucher erhofften. Die Lehrer, ohne welche die Publikationen und Berichte undenkbar wären. Nicht vergessen dürfen wir diejenigen Leimentaler, die eine starke Bindung zur Kultur des Tales und zur Mithilfe im Vorstand bewegte. Stellvertretend möchte ich hier einige unvergessene Persönlichkeiten aufzählen: Max Flury aus Mariastein als erster Präsident; Ruedi Düblin aus Oberwil, der mehr als 25 Jahre die Geschicke des Vereins in seine Hände nahm; Dr. Ernst Baumann aus Metzerlen als grossen Lokalhistoriker; Hans Schweighauser-Rychen als Präsident und Buchautor sowie Peter Hügin-Degen als Autor und beeindruckender Redner.

Wenn auch nicht alle Ideen, die aufgegriffen wurden, zur Verwirklichung gelangten, so zeichnet sich unser Verein doch durch seine vielfältigen Tätigkeiten aus. Es gab auch ruhige Phasen, in welchen keine auffälligen Aufgaben gelöst wurden.

Nachfolgend werden einige Höhepunkte der letzten hundert Jahre Vereinsgeschichte dargestellt. Diese sind eng verbunden mit der Geschichte des Leimentales.

Birsigthalbahn

Bei der Umstellung des Dampfbetriebes auf Strom im Jahre 1905 verlangte der Verkehrsverein einen 20-Minuten-Betrieb bis Oberwil. Zudem sollten mehr Abendzüge verkehren. Worauf der letzte Zug bis Flüh Basel um 21.40 Uhr und bis Oberwil um 22.40 Uhr verliessen.

Der Verkehrsverein setzte sich sodann für die Streckenführung nach Rodersdorf und sogar die Verlängerung nach Oltingen und Werentzhausen ein. Nach eifrigen Diskussionen, ob die Linie von Oberwil über Biel-Benken–Leymen nach Rodersdorf oder über Ettingen–Flüh nach Rodersdorf geführt werden solle, wurde im Mai 1907 der zweiten Variante der Vorzug gegeben. Die Strecke nach Rodersdorf wurde am 1. Mai 1910 eingeweiht.

Ebenfalls 1910 wurde die BTB boykottiert. Unser Verein organisierte die Massnahmen. Die BTB sollte gezwungen werden, eine beschlossene Tariferhöhung rückgängig zu machen. Mit Alternativ-Transporten durch elsässisches Gebiet nach Basel wurde der Boykott zum Erfolg. Bis nach dem zweiten Weltkrieg wurden die Tarife durch ein spezielles Gremium, in welchem der Verkehrsverein Einsitz hatte, beschlossen.

In Zusammenarbeit mit der BTB wurde der direkte Anschluss eines Gütergeleises an das Netz der Centralbahn (heute SBB) geprüft. Die Idee wurde nie verwirklicht. Die Güter mussten weiterhin umgeladen werden.

Neben den vorgenannten Problemen wurde auch über den Bau von «Bedürfnisanstalten», Telefonkabinen, Plakatsäulen und Güterrampen im Bereich der Bahnhöfe entlang der BTB-Strecke diskutiert und wurden Vorschläge eingereicht. An die Speisehütte der GGG auf der Heuwaage leistete der Verkehrsverein einen Beitrag von Fr. 200.–.

Ein immer wieder auftretendes Thema war die Bahnpost-Beförderung durch die BTB. Anlässlich einer Vereins-Vorstandssitzung wurde reklamiert, dass ein am Nachmittag aufgegebener Brief erst am nächsten Nachmittag und nicht schon am nächsten Morgen ausgeliefert wurde!

Chälegrabenschlucht

Auf Initiative des «Verkehrs- und Verschönerungsvereins des Birsigtals» wurde 1908 der Chälegrabe begehbar gemacht. Zusammen mit der Gemeinde Hofstetten und der Birsigtalbahn wurden die Wege und Brücken aufgebaut. Seit dieser Zeit wurde auch für den Unterhalt gesorgt.

Bei den Sanierungsarbeiten 1982 wurde die Idee geboren, ein Patronatskomitee zu gründen, um damit die Trägerschaft auf eine breitere Basis zu stellen. Unser Verein beteiligt sich in diesem Komitee sehr aktiv.

Auch im Jahre 2000, als der Sturm «Lothar» grossen Schaden im Chälegraben verursachte und die Schlucht aus Sicherheitsgründen geschlossen werden musste, war der Verkehrsverein gefordert.

Landskron

Schon zu Beginn des letzten Jahrhunderts wurde der Verkehrsverein um Unterstützung beim Unterhalt der Ruine Landskron gebeten. Mit einer Broschüre, verfasst von Herrn Aby Junior, wurde versucht, Geld aufzutreiben.

Bei der Gründung des Vereines Pro Landskron war Edi Koller, Präsident des Verkehrsvereins Leimental, aktiv beteiligt. Ein Vertreter des Verkehrsvereins stellt den Kontakt, zum Wohle der Ruine, zwischen den beiden Organisationen heute noch sicher.

Veröffentlichungen

Schon bald nach der Gründung des Verkehrsvereines wurde der Druck eines «Tourenführers» notwendig. Die Städter zog es in die Natur, sie sollten über Wanderwege, Aussichtspunkte und Restaurants orientiert werden. Nachfolgend eine Zusammenstellung der Broschüren und Bücher:

– Illustrierter Tourenführer	1904, 1905, 1906 und 1926
– Tourenvorschläge für das Birsig- und Leimental	1916
– Jubiläumsbericht 1901–1926	1926
– Das Birsig- und Leimental	1935
– Führer durch das Birsigtal, E. Baumann	1939
– Lob dem Leimental, Hermann Hiltbrunner	1943
– Ausflüge mit der Birsigtalbahn, Wanderkarte	1950
– Leimental	1965
– Leimental	1980
– Leimental von Binningen bis Burg	1997, 1999, 2001

Daneben erschienen auch Berichte über die Vereinstätigkeit, Mitgliederverzeichnisse und Broschüren über «Empfehlenswerte Firmen».

Wanderwege und Ruhebänke

Das Büttenenloch in Ettingen sollte auch erschlossen werden. Aber das Bächlein führte zu wenig Wasser und so sah man, nach mehreren Augenscheinen, von einem Projekt ab.

Der Zustand des Steinrainweges, jedem Wallfahrer als letztes Hindernis zum Kloster Mariastein bekannt, gab ebenfalls Gesprächsstoff. Zusammen mit den Gemeinden Hofstetten, Flüh und Metzerlen kam der Verein mehrere Jahre für den Unterhalt auf.

Für den Höhenweg Basel–Rämel war der Verein gezwungen, von den Gemeinden Reinach und Therwil Wegbenutzungsrechte zu kaufen! Dazu musste die ganze Beschilderung angebracht und bezahlt werden.

Die Kapelle St. Brice, Britzgi im Dialekt, ist mit ihrem kleinen Restaurant in der Region sehr bekannt. Der Wanderweg von St. Brice nach Biel-Benken ist leider nicht beschildert. Unglücklicherweise verlief ein erster Versuch der Beschilderung im Sand.

Exkursionen und Vorträge

In den letzten dreissig Jahren entwickelte sich ein reges Exkursionsleben im Verkehrsverein. Bei unseren beliebten Tagesausflügen, so zum Beispiel zur «Sauschwänzlebahn» im Schwarzwald, zur Habsburgerausstellung auf Schloss Lenzburg oder einem Besuch in der «Glasi» in Hergiswil mit anschliessendem Mittagessen auf einem Bauernhof, ist der bereitgestellte Reisecar immer besetzt. Aber auch die Sehenswürdigkeiten im Leimental und den benachbarten Regionen erhalten regelmässig Besuch von unserem Verein. Vorträge über die Natur, die Geschichte oder ein Diavortrag aus alter und neuer Zeit mobilisieren immer eine zahlreiche Zuhörerschar.

Beziehungen zu anderen Vereinen

Im Laufe der Jahre wurde mit einigen Vereinen eine erspriessliche Zusammenarbeit geschaffen. Schon 1916 wurde dem Verkehrsverein Baselland, heute Baselland Tourismus, beigetreten. Heute pflegt der Vorstand regen Kontakte zum Verein Pro Landskron, zum Patronat Chälegrabe, zum Kulturverein Elsassfreunde und zu den Wanderwegen beider Basel. Der Vorstand hofft, noch viele Projekte mit den befreundeten Vereinen aufzugreifen und in die Tat umzusetzen.

Zukunft

Der Verkehrsverein hat in den letzten hundert Jahren die Leimentaler mit seiner Vielseitigkeit erfreut. Er will auch in Zukunft mit kleineren und grösseren Aktivitäten an die Öffentlichkeit treten und so seinen Teil an das kulturelle Leben im Leimental beitragen.

Mit der festlichen Jubiläums-Generalversammlung im März 2001 wurde der Start zu neuen Taten eingeläutet. Das vorliegende Buch bildet einen weiteren Meilenstein in der Vereinsgeschichte. Einige neue Projekte sind in den Köpfen der Vorstandsmitglieder bereits vorhanden. Die Zusammenarbeit mit den Gemeinden und den befreundeten Vereinen wird weiterhin gepflegt und der Vorstand kann auf die Unterstützung der Mitglieder zählen. Freuen wir uns auf die Zukunft des Verkehrsverein Leimental.

Sponsoren- und Dankesliste

Sponsoren:

Lotteriefonds Baselland, Liestal
Solothurnerbank SoBa, Solothurn
Pestalozzigesellschaft, Oberwil BL
Elektra Birseck, Münchenstein
Bider & Tanner AG, Basel
Matra AG, Flüh
Einwohnergemeinde Bättwil
Einwohnergemeinde Biel-Benken
Einwohnergemeinde Binningen
Einwohnergemeinde Bottmingen
Einwohnergemeinde Burg
Einwohnergemeinde Ettingen
Einwohnergemeinde Hofstetten-Flüh
Einwohnergemeinde Metzerlen-Mariastein
Einwohnergemeinde Oberwil
Einwohnergemeinde Rodersdorf
Einwohnergemeinde Witterswil
Bürgergemeinde Biel-Benken
Bürgergemeinde Binningen
Bürgergemeinde Ettingen
Bürgergemeinde Oberwil
Bürgergemeinde Rodersdorf
Bürgergemeinde Therwil
Bürgergemeinde Witterswil

Dank an die Helfer:

Dr. h.c. Peter Brodmann-Kron, Ettingen
Yolanda Brodmann-Mikes, Oberwil BL
Dr. Johann Brunner-Zimmerli, Hofstetten SO
Otto Buser-Gutzwiller, Therwil
Klara Düblin, Oberwil BL
Walter Gerber, Ettingen
Paul Gschwind-Morerod, Biel-Benken
Martha Jäggy-Bader, Biel-Benken
Susanne Schenker, Therwil
Georg Sigrist-Weiss, Hofstetten SO
Eduard Spielmann-Vaudroz, Rodersdorf
Jens Stocker-Wirz, Therwil
Pater Notker Strässle, Mariastein
Johann Rudolph Thüring-Favre, Ettingen
Dr. Hans Utz, Ettingen
Kurt G.I. Walter, Basel
Dr. Jacques Wirz-Heitz, Therwil
Dr. Michael Zemp-Fankhauser, Basel

Literatur

Amiet B.:
Solothurnische Geschichte. Bd. I und II, Solothurn 1952 und 1976.

Baumann E.:
Das Solothurnische Leimental. Basel 1980.

Billing S. von:
Geschichte und Beschreibung des Elsasses und seiner Bewohner. Basel 1782, Reprint Freiburg 1999.

Boell A.:
Kurze Geschichte des Klosters und der Wallfahrt zu Maria Stein. Einsiedeln 1871.

G. Burckhardt:
«Basler Heimatkunde». Benno Schwabe, Basel 1925. Kommunale Heimatkunden

Ellerbach J.B.:
Der Dreissigjährige Krieg im Elsass. Bd. I, Carspach 1912; Bd. II Mülhausen 1925; Bd. III Mülhausen 1928.

Ewald J. / Tauber J.:
Tatort Vergangenheit. Basel 1998.

Furger A. / Höneisen M. / Fischer C.:
Die ersten Jahrtausende. Zürich 1998.

Furger A./Jäggi C./Martin M. /Windler W.:
Die Schweiz zwischen Antike und Mittelalter. Zürich 1996

Dr.h.c. Eduard Golder:
«Der Birsig und seine Nebengewässer». Baudepartement Basel-Stadt 1995.

Heyer H.-R.:
Die Kunstdenkmäler des Kantons Basel-Landschaft. Bd. I, Basel 1969.

Lätt A.:
Ratsherr Urs Joseph Lüthy, 1765 –1837, Vierzig Jahre solothurnische Geschichte. Olten 1926.

Loertscher G.:
Die Kunstdenkmäler des Kantons Solothurn. Bd. III, Basel 1957.

Merz W.:
Die Burgen des Sisgaus. Bd. I–IV, Aarau 1909–1914.

Meyer W.:
Burgen von A–Z. Basel 1981.

Bildernachweis

Umschlag Kurt G.I. Walter

Geschichte des Leimentals

9	Steinbeil	Eduard Spielmann
12	Übersicht über die Ausgrabungen bei der Johanneskappelle in Hofstetten 1983/84	Kantonsarchäologie Solothurn
14	Scheibenfibel	Kantonsarchäologie Solothurn
22	Siegel Bischof Blarer	
28	Karte des Kantons Basel von G. Preuschen und W. Haas, Basel 1776	Orig. Staatsarchiv Basel-Stadt, Faksimile-Druck Basler Papiermühle
31	Maria Stein	Stich von Büchel/Herrliberger
37	Dampfzug in Flüh um 1890	100 Jahre Baselland Transport AG
39	Blockhütte bei der Oele nördl. Rodersdorf	Solothurn und die Grenzbesetzung 1914–1918
40	Notgelandeter amerikanischer Bomber, 1944	Cecile Brodmann aus «Leimental»

Orte «Vo hinge füre»

44/45	Panorama	Susanne Schenker
46	Wolschwiller	Susanne Schenker
49	Kirche Wolschwiller	Eduard Spielmann
50	Burg	Susanne Schenker
53	Wegweiser Burg	Susanne Schenker
54	Biederthal	Susanne Schenker
57	Reichensteinisches Schloss	Susanne Schenker
58	Rodersdorf	P. Notker Strässle
63	Liebenswiller	Susanne Schenker
65	Levez le pied	Susanne Schenker
66	Leymen	Susanne Schenker
70	Station Leimen (Leymen)	Susanne Schenker
72	Landskron	P. Notker Strässle
76	Landskron	Eduard Spielmann
77	Landskron	Eduard Spielmann
78	Plan Landskron	Die Landskron Verein «Pro Landskron»
80	Hofstetten	P. Notker Strässle
83	Flüh	P. Notker Strässle
84	Basilika Mariastein	P. Notker Strässle
88	Glasfenster Basilika	P. Notker Strässle
89	Mariastein	Eduard Spielmann
90	Metzerlen	P. Notker Strässle
93	Metzerlen	P. Notker Strässle
94	Biel-Benken	Susanne Schenker
97	Wegweiser	Susanne Schenker
98	Bättwil	P. Notker Strässle
101	Kreisschule Leimental	Susanne Schenker
102	Witterswil	P. Notker Strässle
105	Landskronberg	Susanne Schenker

106	Ettingen	Susanne Schenker
109	Ettingen	Susanne Schenker
110	Therwil	Susanne Schenker
113	Kreisel Therwil	Susanne Schenker
114	Oberwil	Susanne Schenker
118	Weiherschloss Bottmingen	Susanne Schenker
122	St. Margarethen-Kirchlein	Susanne Schenker
125	Binningen	Susanne Schenker
126	Birsigparkplatz	Susanne Schenker
129	Schifflände	Susanne Schenker

Baselland Transport AG

130	Depot Oberwil 1984	100 Jahre Baselland Transport AG
136		100 Jahre Baselland Transport AG
138	Endbahnhof Heuwaage um 1892	100 Jahre Baselland Transport AG
139	Postkarte Station Oberwil um 1900	100 Jahre Baselland Transport AG
140	Fahrplan Sommer 1907	100 Jahre Baselland Transport AG
141	Bahnhof Rodersdorf, 1915	100 Jahre Baselland Transport AG
143	Kiosk Binniger Schlossgasse 1942	100 Jahre Baselland Transport AG
144	Motorwagen MOB 30.6.1953	100 Jahre Baselland Transport AG
145	Linie 10 in Rodersdorf	Susanne Schenker
146	Linie 10 bei Flüh	Susanne Schenker
148	Station Flüh	Susanne Schenker

Brauchtum im Leimental

150	Pfingsblitter Ettingen	Karl Thüring
152	Neujahrsdegen	J.R. Thüring
155	Fasnachtsfeuer	Susanne Schenker
156	Reedli Schnitzen	Balz Knobel
157	Palmsonntag	Karl Thüring
158	Karfreitag	Susanne Schenker
159	Eierlesen	Susanne Schenker
160	Hochzeit	Karl Thüring
161	Pfingstblitter	Heiner Leuthardt
162	Fronleichnam	Karl Thüring
163	Feuerwerk	Bildagentur Baumann
164	Winzern	Karl Thüring
165	Öpfelhauet	Tino Briner / BAZ
168	Hl. Niklaus	Therese Maechler
169	Heiliwoog	Karl Thüring

Kulturschaffende im Leimental

170	Dr. Ernst Baumann	Leo Gschwind
172	Peter Mösch	Privat
	Ernst Simonetti	Privat
	Bruno S. Scherrer	Privat
	Getti Brandstätter	Privat
173	Felix Moeschlin	Keystone Press AG
	Hermann Hiltbrunner	Keystone Press AG
174	Jaques Düblin	Privat
175	Heinrich Sutermeister	Keystone Press AG
	Maria Aebersold	Keystone Press AG

Grund und Boden

176		
178	Geolog. Querschnitt	

Gewässer

180	Birsig bei Burg	Susanne Schenker
183	Schliefbach Therwil	Susanne Schenker
	Birsig Mündung	Otto Buser
184	Herzogenmatt Binningen	Susanne Schenker

Pflanzen im Leimental

187	Weinbergstulpe	Michael Zemp
190	Immergrünes Felsenblümchen	Michael Zemp
	Blaugras	Michael Zemp
	Trauben-Steinbrech	Michael Zemp
	Felsen Aurikel	Michael Zemp
192	Hirschzunge	Michael Zemp
	Weisse Pestwurz	Michael Zemp
	Lorbeer-Seidelbast	Michael Zemp
	Grauer Alpendost	Michael Zemp
194	Kleinling	Michael Zemp
	Sumpf-Ruhrkraut	Michael Zemp
	Weinbergstulpe	Michael Zemp
	Windendes Geissblatt	Michael Zemp
197	Rheinische Flockenblume	Michael Zemp
198	Stinkender Pippau	Michael Zemp
	Kleines Liebesgras	Michael Zemp

Tierwelt im Leimental

201	Roter Milan	Karl Weber
206	Bachforelle	Peter Brodmann-Kron
	Blauflüglige Prachtsjungfer	Peter Brodmann-Kron
	Dohlenkrebs	Peter Brodmann-Kron
	Groppe	Peter Brodmann-Kron
207	Wiedehopf	Peter Brodmann-Kron
	Graureiher	Peter Brodmann-Kron
	Storch	Peter Brodmann-Kron
	Storch auf Kirchturm	Peter Brodmann-Kron
211	Steinkauz	Peter Brodmann-Kron
	Uhu	Peter Brodmann-Kron
	Mittlerer Buntspecht	Peter Brodmann-Kron
	Schwarzspecht	Peter Brodmann-Kron
217	Fasan	Peter Brodmann-Kron
	Bachstelze / Kuckuck	Peter Brodmann-Kron
	Feldhasen	Peter Brodmann-Kron
	Igel	Peter Brodmann-Kron
218	Quelljungfer	Peter Brodmann-Kron

Wolschwiller
444
Leihausen
Wissländ
Liebenswiller
372
Heiligenbrunn
Eichwald
411
424
451
Dieperswiller
Börsegraben
Müli
Öli
Sisesdorf
Steinmatten
Birsig
Vieux Moulin
Biederthal
388
391
Rittimatte
Rodersdorf
338
Moulin Neuf
Weisskirch
380
Leymen
Benken
Galgenfels
Schloss Burg
481
Burg i.L.
Metzerlen
526
581
Ruine Waldeck
Ruine Landskron
559
Rugglingen
Mariastein
512
Heulen
379
Flüh
Bättwil
359
Chaiilhöchi
804
Hard
725
Challplatten
747
875
Flüemüli
Chöpfli
551
Ruine Sternenberg
525
Schloss Rotberg
716
Hörnlichopf
810
Forstberg
Metzerlenchrüz
789
Hofstettenspitz
Chälengraben
462
Hofstetten
Witterswil
338
Cholholz
Burgchopf
689
770
Obmert
Bergmatten
820
Rinelfingen
Hollen
391
Dittingen
Wallental
Ruine Fürste